U0857532

构建区域创新生态的研究与探索

「以济南高新区为例」

王来军 著

山东大学出版社

图书在版编目(CIP)数据

构建区域创新生态的研究与探索:以济南高新区为例/王来军著.—济南:山东大学出版社,2019.1
ISBN 978-7-5607-6294-4

Ⅰ.①构… Ⅱ.①王… Ⅲ.①高技术产业区—产业发展—研究—济南 Ⅳ.①F127.521

中国版本图书馆 CIP 数据核字(2019)第 014939 号

责任编辑:李　港
封面设计:李勇进
美术编辑:牛　钧

出版发行:山东大学出版社
　　社　址　山东省济南市山大南路 20 号
　　邮　编　250100
　　电　话　市场部(0531)88363008
经　　销:新华书店
印　　刷:济南华林彩印有限公司
规　　格:720 毫米×1000 毫米　1/16
　　　　16.25 印张　301 千字
版　　次:2019 年 1 月第 1 版
印　　次:2019 年 1 月第 1 次印刷
定　　价:79.00 元

序　言

创新是引领发展的第一动力，是建设现代化经济体系的战略支撑。世界新一轮科技革命和产业变革既为我国实现高质量发展提供了难得的机遇，同时也带来了不小的挑战。在全球化进程受阻、贸易保护主义日益走强的国际大背景下，如何变机遇为优势，化挑战为动力，以创新助推实体经济转型升级，是我国当前和今后一段时期需要迫切解决的重大课题。

在创新驱动发展战略的指引下，我国各地都积极探索本地创新驱动发展的方式和途径。如何营造良好的创新生态，构筑区域创新高地，成为当下实施创新驱动发展战略、促进产业转型升级、加快构建现代化经济体系的重要举措。从区域层面看，无论国内还是国外，产业园区和科技园区都是重要的创新要素集聚地。其中，国家级高新区是集聚创新要素的高地和引领创新发展的先行区，是创新生态系统实践的试验田。因此，聚焦区域层面，科技园区尤其是国家级高新区的创新发展实践和区域创新系统构建，对指导其他区域的发展具有较强的理论和现实意义。

济南高新区是国务院批准的首批国家级高新区之一，是济南市科技创新和高科技产业的核心区。在山东省新旧动能转换、济南市建设区域性科技创新中心的背景下，济南高新区率先提出“生态赋能”发展理念，运用生态系统理论研究创新创业环境，探索“生态赋能”发展模式，着力构建充满活力的创新创业生态、青山绿水的自然生态、简洁高效的政务生态、公平法治的社会生态和正气充盈的政治生态，加快建设世界一流园区。这种“生态赋能”发展模式的探索和实践，对于其他地区推进以培育创新生态为路径的创新发展，具有很强的借鉴意义。

王来军同志以济南高新区为案例，在广泛搜集资料、深度调查研究的基础上，勇于推进实践基础上的理论探索，撰写了本书。该书的主要内容可以概括为“四个一”：提出了一种理念，即生态赋能发展理念；构建了一个模型，即创新生态系统理论模型和评价模型；梳理了一批案例，即国内外区域创新生态系统先进经验和典型作法；树立了一个典型，即以济南高新区为例对创新生态系统进行评估和布局。该书探索了区域创新生态系统运行的一般规律，构建了区域创新生态系统模型，形成了“五个维度”评估、“七个体系”布局的区域创新生态系统研究实践框架，对国家创新系统理论和区域创新理论做出了探索性贡献。该书理论联系实际、内容丰富、资料翔实，既有理论脉络的梳理、理论模型的构建，也有典型经验的借鉴和现实实践的总结，并有针对性地提出了对策建议和展望，兼具理论性和实操性。相信这本以济南高新区为案例的区域创新生态系统研究成果，将对其他科技园区和城市建设创新生态，实现创新驱动发展，提供有价值的参考。

创新生态系统是一个与实践结合紧密、不断动态发展的课题。改革开放40年来，不少地区在区域创新生态方面进行了大量有益的探索，但仍需要更多的专家学者对此进行深入研究和总结提炼，探索其一般规律，形成可复制的经验，为我国创新驱动发展和创新型国家建设贡献智慧和力量。

国务院发展研究中心　马名杰

2018年12月

目　录

第一章　创新生态系统理论综述

创新生态系统是创新系统的生态学隐喻。人们对创新的理解和研究经历了从线性模型到系统模型再到生态系统模型的转变。本章首先介绍了创新生态系统的理论基础，包括创新理论、国家创新系统理论和生态系统理论，然后对创新生态系统理论的主要概念、特征和系统模型进行了综述，并介绍了基于创新生态系统理论的创新政策范式的演变过程和当前关于创新生态系统的政策实践，最后基于已有的研究，构建了一个区域创新生态系统模型，该模型包括“创新发生→创新扩散→创新实现”的核心流程以及知识创新体系、产业创新体系、技术转移转化体系、创业孵化体系、要素供给体系、环境支撑体系和开放创新体系共七个子体系。

第一节　创新生态系统的理论基础

研究创新生态系统的形成、发展与演化可以从诸多学科中得到理论启迪和思想启发。从本质上看，创新生态系统，是创新系统的生态学隐喻。因此，创新理论和生态学相关理论，特别是生态系统理论是研究创新生态系统的最直接、最重要的理论渊源。而此后发展的视创新过程为不断运动、变化和演进的演化理论以及认为创新系统是一个复杂适应的社会经济系统的创新系统理论等，都是基于这两个基础理论形成的，因此，本节将重点介绍创新理论、国家创新系统理论和生态系统理论。

一、创新理论

熊彼特是最早将创新引入经济学的学者，被誉为“创新理论的鼻祖”。经过五六十年的沉寂之后，随着高新技术产业的发展，创新理论重新引起学者和决策者的关注，创新理论得到了前所未有的发展。在熊彼特创新理论的基础上，人们对创新过程的认识不断深入，相继提出了创新的线性模型、链环模型等理论模型，后来逐渐意识到创新不是一个简单的线性过程，而是一个非线性的、动态的、交互的过程，由此开启了由线性模型到系统模型的进化。因此，本小节主要介绍熊彼特的创新理论、创新的两种模型。

（一）熊彼特的创新理论

古典经济学理论大厦里并不考虑创新的因素，它是被忽略的外生变量。在创新理论的开山之作——美籍奥地利经济学家熊彼特 1912 年的论著《经济发展理论》中，熊彼特首次把创新引入经济学的分析。熊彼特在其著作中提出：创新是指把一种新的生产要素和生产条件的“新结合”引入生产体系。它包括以下情况：开发一种新产品，采用一种新的生产方法，开拓一个新的市场，获得原材料或半成品的一种新的供应来源。可以看出，熊彼特提出的创新的概念的含义很广，既包括技术创新，也包括非技术性的组织或制度创新。

在随后的一系列著作中，熊彼特深入地分析了创新对经济发展的作用机理，重新阐释了“利润”“创新扩散”“竞争”和“经济周期”等重要概念。利润作为“成功创新的额外奖励”，不存在于静态的循环流中。市场上供给者的互相模仿和竞争会导致价格下降，熊彼特称之为“降价下跌”，这最终导致整个经济体系收益。在假设创新者和模仿者的相互竞争会对经济增长产生影响的基础上，熊彼特进一步假设这种互相作用是非线性的，创新的发生和扩散会造成经济在不同时间点上的波动，从而在均衡和不均衡之间交替。熊彼特将创新视为资本主义社会发展的重要影响因素，认为企业通过创新来构筑竞争优势，并通过专利固化创新优势，以此获得垄断利润。对于创新，熊彼特还分析了大公司的优势，认为大公司有能力组织更大规模的创新，并以最优的方式去使用创新的成果。这在其 1942 年出版的《资本主义、社会主义和民主》一书中被阐释为“创造性破坏”，并全面阐述了创新及企业家对资本主义发展的根本性影响。[①]。

（二）创新的线性模型

线性模型是最早的一种针对创新过程的认识模型。线性模型将创新描述成为一个从基础科学研究到创新价值实现的线性过程。创新起源于大学实验室里的基础性研究，结束于新产品的销售和消费。线性模型的一个重要观点是：只要增加对基础科学的研究，就会自然而然地形成对下游创新产品和服务的供给。线性模型又分为三种类型：技术推动模型、需求拉动模型、技术推动—需求拉动综合作用模型（见图 1-1）。

① ［美］约瑟夫·熊彼特著，杨中秋译．资本主义、社会主义和民主［M］．电子工业出版社，2013：156．

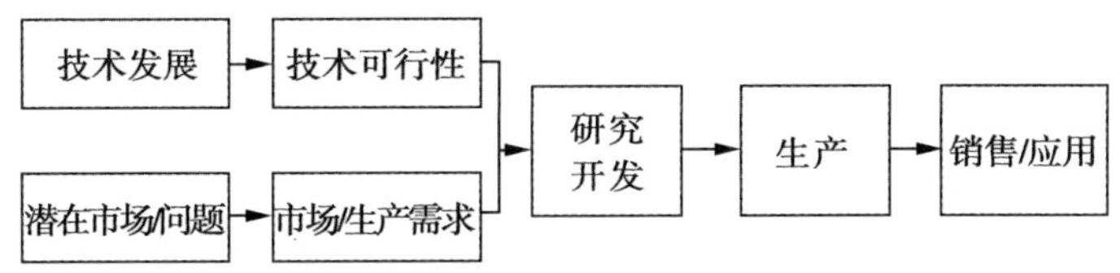

图 1-1 技术推动—需求拉动综合作用模型

最早明确提出线性模型观点是万尼瓦尔·布什在向美国总统罗斯福提交的《科学——无止境的前沿》中。该报告有两个基本观点：基础研究或纯研究本身是不考虑实际后果的；基础科学有长远的根本性的意义，是技术创新的源。泉[①]以线性模型为基本模型形成了技术推动型和市场拉动型两种创新模式。技术推动型是指源自科学研究的发现或突破带来的新产品或新工艺，而市场拉动型是指由于存在强烈的市场需求，进而产生对上游科学技术的需求，促使新技术的开发和新产品的应用。在很长一段时间里，线性模型是人们对创新活动认识的主流模型。但是后来有学者通过研究发现，发表论文的数量与产业创新能力并没有直接联系，这尤其为日本和新兴工业化国家所证实。线性模型忽略了创新过程各阶段的交互往复以及创新互动与环境的互动反馈，后来便被更为复杂、更为系统化的模型所取代。

（三）创新的链环模型

创新的来源多种多样，不仅来源实验室和市场，而且还来源企业内部。在认识到线性模型对于创新过程是一种过于简化的描述之后，美国工程院院士、斯坦福大学教授克莱因(Stephen Kline)于 1985 年提出了链环模型[②](Chain-Linked Model，见图 1-2)。

整个图描述了创新活动的五种不同路径，每条路径链接起研发、生产等创新活动。这五条路径为：(1)创新链(Chain of Innovation)，在图中用字母 C 代表，指的是从市场调查开始，到产品设计、生产组织，再到产品销售的链条。(2)反馈环路(Feedback Links)，在图中用字母 f 或者 F 代表，链接创新的早期和后期活动。(3)创新链与研究活动的联系(Connections to Research)，在图中用数字 1、2、3 代表，该过程是由知识的生产和扩散传动的。(4)发明与设计活动和研究活动的直接联系，在图中用字母 D 代表，发明往往是研究与开放活动之间的桥梁纽带。(5)产品与研究之间的直接联系，在图中分别用字母 I 和 S 代表，市场需求往往会设定新的科学研究的主题，尤其是国防需求，会带来长期的科学研究课题。

① [美]V. 布什等著，范岱年等译. 科学：没有止境的前沿[M]. 2004:57.

② Kline S J. Innovation Is Not a Linear Process[J]. Research Management, 1985, 28(4):36-45.

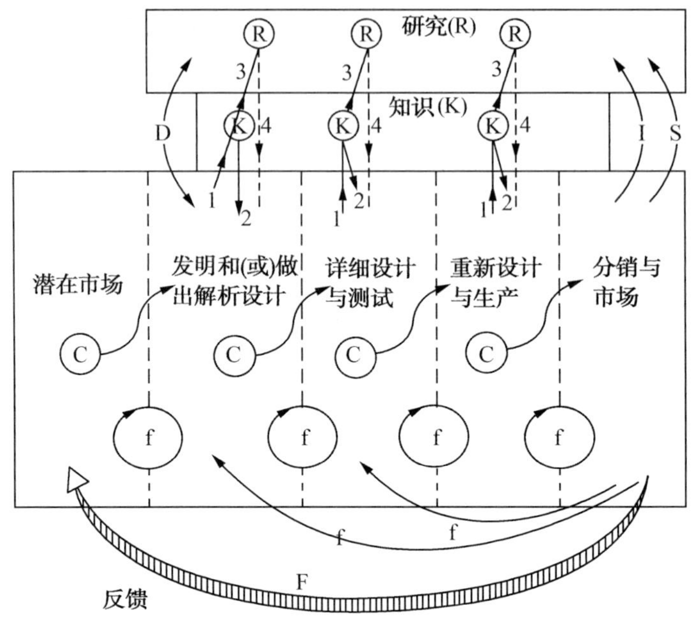

图 1-2　创新的链环模型①

来源:Kline S J,Rosenberg N. An Overview of Innovation[M] Studies On Science And The Innovation Process:Selected Works of Nathan Rosenberg. 1986:173-203.

总体而言,链环模型能比线性模型更准确地描述技术创新过程,主要体现五个方面。第一,在链环模型中,科学研究活动并不是创新的唯一来源,而是多种多样的;第二,链环模型将系统研究和工艺研发也视为创新,而这类创新活动并未被线性模型考虑;第三,链环模型突出了发明家和发明在整个创新活动的重要作用;第四,链环模型将工程设计也作为重要的创新活动之一;第五,在链环模型中,不存在纯粹的技术推动或市场拉动,创新活动是综合。

克莱因的链环模型发表之后,反响很大,不仅成为主流的创新活动模型之一,而且 1996 年 OECD 出版的《知识经济》报告中,就采用了克莱因的链环模型。报告认为,由于创新活动实际上涉及大学、企业、用户等不同类主体,创新活

① 符号说明:C 为创新的中心环节;f 为反馈回路;F 为特别重要的反馈;K-R 为知识与研究之间的路径,如果问题在 K 点解决了,K 到 R 的链接 3 就不起作用;链接 4 所代表的路径尚存疑问,故用虚线表示;D 为发明与设计活动和研究活动之间的直接关系;I 为仪器、机器、工具、技术流程对科学研究的帮助;S 为直接或者通过监控外部环境获取信息(获取信息的渠道包括链上所有环节),用以支持与产品相关的科学研究。

动有新产品、新工艺、新设计等多种形态、多种来源，因此，全面考虑创新的多主体性、多形态性和多来源性，进行系统性的制度设计非常重要。由此，也就形成了国家创新系统理论的观念基础。

二、国家创新系统理论

“创新系统”的概念由伦德瓦尔于1985年率先提出。此后，弗里曼在其1987年发表的著作《技术政策与经济绩效：日本的经验》中，首次使用“国家创新系统”的概念来解释日本在部分产业对美国的成功追赶。[①] 紧接着，伦德瓦尔、尼尔森也分别从不同角度提出了自己的国家创新系统模型。OECD在1994年启动了国家创新体系研究项目(NIS Project)，并在两年后相继发布了《以知识为基础的经济》和《国家创新体系》两个报告，这标志着“国家创新系统”的概念被广泛接受，并上升到了各国的决策层面。

当前，对于国家创新系统的研究大致可以划分为两个学派。一个是侧重于从宏观角度，尤其是影响国家创新绩效的宏观制度的角度进行比较性研究的宏观学派，以弗里曼、尼尔森为代表；另一个是侧重于从微观角度，以伦德瓦尔所提出的“生产者—使用者”关系模型为基础，通过研究国家创新系统中行动者之间的交互作用来认识国家创新系统的微观学派。而OECD的报告则侧重从知识的生产、创新的扩散等角度来描述国家创新系统。

本小节重点介绍弗里曼、伦德瓦尔和OCED的国家创新系统理论。

(一)弗里曼的国家创新系统理论

1987年，英国经济学家克里斯托弗·弗里曼首次提出“国家创新系统”的概念。弗里曼提出“国家创新系统”的概念，是为了解释战后日本为何只用了短短几十年时间，就崛起为新的工业大国。他认为，国家尤其是国家整体的制度因素，在日本的技术和经济追赶中发挥了非常重要的作用。弗里曼进一步扩展，认为在整个人类历史上，技术进步和领先与制度创新相辅相成，密不可分。特定类型的国家创新系统适宜于特定类型的技术创新。弗里曼进而强调了在技术进步和国家追赶中国家政府的作用，政府通过整套制度安排和提供能够激发创新发生和扩散的公共产品，来帮助国家获得创新的竞争优势，日本的通产省正是一个非常好的案例。日本的国家创新系统有四个重要的特征。(1)政府强有力的干涉和组织，尤其是通产省的作用；(2)企业积极的研究开发活动，尤其是对技术引进的学习和再创新；(3)教育系统和人才培训的重要作用，比如日本就十分重视

① ［英］克里斯托夫·弗里曼著，张宇轩译.技术政策与经济绩效：日本国家创新系统的经验［M］.东南大学出版社，2008：3.

对工人的教育培训以及白领和技工之间的平等地位;(4)在产业结构中,大企业发挥的领导性作用。在弗里曼的国家创新系统模型框架中,政府政策、产业结构、企业研发活动、教育与培训是影响创新系统绩效的四个要素。四个要素之间的互动对于创新的发生和扩散非常重要(见图 1-3)。

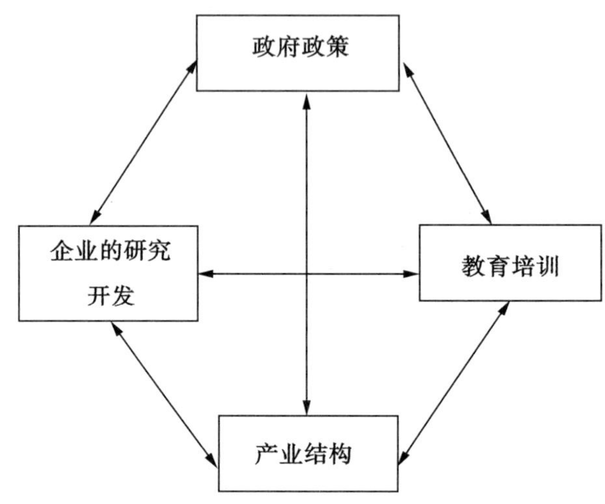

图 1-3 费里曼的国家创新系统结构

(二)伦德瓦尔的国家创新系统理论

伦德瓦尔通过研究用户和厂商之间的互相作用考察国家创新体系的运作,是国家创新系统微观学派的代表。伦德瓦尔在其 1992 年主编的《国家创新系统:建构创新和交互学习的理论》一书中,详细阐述了国家创新系统的构成与运作。伦德瓦尔认为创新是一个经济系统内用户和制造商相互作用的过程,市场是一个有组织的市场,由此创新就成为一个系统。① 早在 1987 年,伦德瓦尔就详细分析了厂商与用户之间的相互作用对于技术创新的影响,并且指出:"一个高度发达的纵向劳动分工与普遍的创新活动相结合时,它意味着大多数市场将是'有组织的市场',而不是纯粹的市场。"②

在伦德瓦尔的理论中,用户和生产者的互动是一个基本过程,这个过程受到

① [丹麦]本特-奥克·伦德瓦尔著,李正风等译. 国家创新系统:建构创新和交互学习的理论[M]. 知识产权出版社,2016:64.

② B-A Lundvall, Innovation as An Interactive Process: From User—producer Interaction to the National System of Innovation, In G. Dosi et al (eds)[M]. Technical Change and Economic Theory, London: Pinter, 1988:74.

不同国家的地理、文化和政府等因素的影响。在国家维度进行分析，国家作为影响用户—生产者作用关系的框架，其制度和文化特征是长久的历史演化的产物，不同的国家和地区之间存在显著差异，不能简单移植。伦德瓦尔认为："在一个经济的技术基础迅速变化的时期，已经建立起来的有组织的、制度化的现状可能对完全潜在的新技术的开发是最大的障碍。在这种时期内，社会创新对国家财富创造来说可能比技术创新更为重要。"[①]伦德瓦尔实际上强调了社会系统对创新活动的影响，认为创新体系中的一个中心活动就是学习，而且学习是一种社会活动，它包括人与人之间的相互作用。它也是一个动态的系统，以正反馈和再生产为特征。[②]

伦德瓦尔给出的国家创新系统的定义是：一个创新系统是由在新的、有经济价值的知识的生产、扩散和使用上互相作用的要素和关系所构成的。国家创新系统包括了在国家含义上的要素和关系。伦德瓦尔的国家创新系统中的主要子系统是：企业内部组织、企业间的联系、政府公共部门、金融和其他部门、研发部门（见图 1-4）。伦德瓦尔国家创新系统的特点是强调了学习的作用，而学习是一个社会过程，受到制度和文化因素的强烈影响。

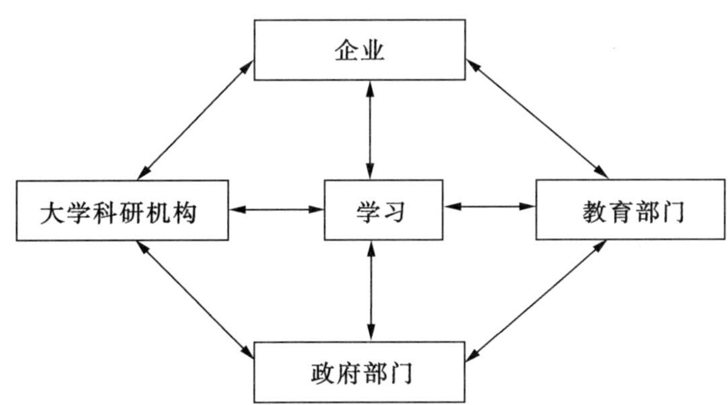

图 1-4　伦德瓦尔的国家创新系统结构

（三）OECD 的国家创新系统理论

OECD 是国家创新系统理论的重要倡导者，对将国家创新系统视角引入各国政府视野和政策实践发挥了重要的作用。OECD 在 1996 年的报告《以知识为基础的经济》中就强调国家创新系统结构是经济发展的重要决定性因素。1997 年，OECD 又发布了《国家创新系统》报告，较为完整地论述了国家创新系统。

---

① ［意］多西编，钟学义译. 技术进步与经济理论［M］，经济科学出版社，1992：62.

② Mark Dodgson & John Bessant：Effective Innovation Policy［M］. Interantional Thomson Business Press，1996：25

OECD 主要关注知识在经济中的生产、扩散和应用过程，因为国家创新系统就是作用于知识生产、扩散和应用过程，并且强调了政府在国家创新系统中的组织和协调作用。

在 OECD 的国家创新系统模型中，大学、企业、公共研究机构和政府扮演着重要角色，而大学、企业、公共研究机构之间的联系和互动决定了国家创新系统的绩效。不同主体之间的互动可以以合作研究、人员流动、技术授权、设备购买等多种形式进行。OECD 主要关注主体之间的互动，并通过一些指标将这种联系量化和实用化。这种互动联系主要分为四种类型。

为了便于对各国创新绩效进行考察，OECD 将“国家创新系统”的概念进行指标化，重点关注四种类型的知识或信息的流动。第一，企业之间的互动，主要形式是企业之间的正式或非正式的合作研发。这是国家创新系统中最重要的知识流动形式之一。在生物技术和电子信息技术领域，这种合作尤其普遍，企业之间成立行业联盟或是签订技术合作协议的方式，组织更有效率的研发，并有利于产业整体技术实力的提升。第二，公共研究部门与私人部门之间的互动，主要是大学、科研机构与企业之间的合作，也就是产学研合作，合作的形式主要包括合作研发、专利授权、出版物和人才流动等。大学、科研机构是具有国家稳定经费支持的机构，在人才储备、科研设施、技术积累方面比私人企业更具优势。因而，知识从公共部门向私人部门的流动，构成了国家创新系统中的一个重要流动形式。第三，知识和技术的转移扩散，这种扩散的形式主要基于机器设备等物理载体。采用新技术和新设备往往是产业领域最快速、最有效的技术扩散方式。第四，人员的流动。人才本身就是科学和知识的重要载体，尤其是那些内隐化的特殊才能，是难以表达和复制的缄默性知识。不论是正式的人员转移还是非正式的社交，人员流动都是国家创新系统中不同主体之间进行知识互动的一条重要通道(见图 1-5)。

其一，企业之间的相互作用，主要是合作研究活动和其他技术合作。在 OECD 国家中，由于商业部门是研究开发的主要承担者和创新的主要来源，国家创新系统中最重要的知识流动形式之一就是企业的技术合作以及它们的非正式相互作用。在大多数国家，企业间的研究开发合作与策略性技术联盟增加迅速。在生物技术和信息技术领域，这种形式最多。在日本，企业之间的许多非正式合作或许是技术发展的关键，而欧洲联盟框架计划或许是欧洲技术合作的主要载体。在美国，企业之间的技术协议在 20 世纪 80 年代中期以前与欧洲和日本几乎并驾齐驱，而中期以后则迅速增加，把欧洲和日本远远地甩在了后边。

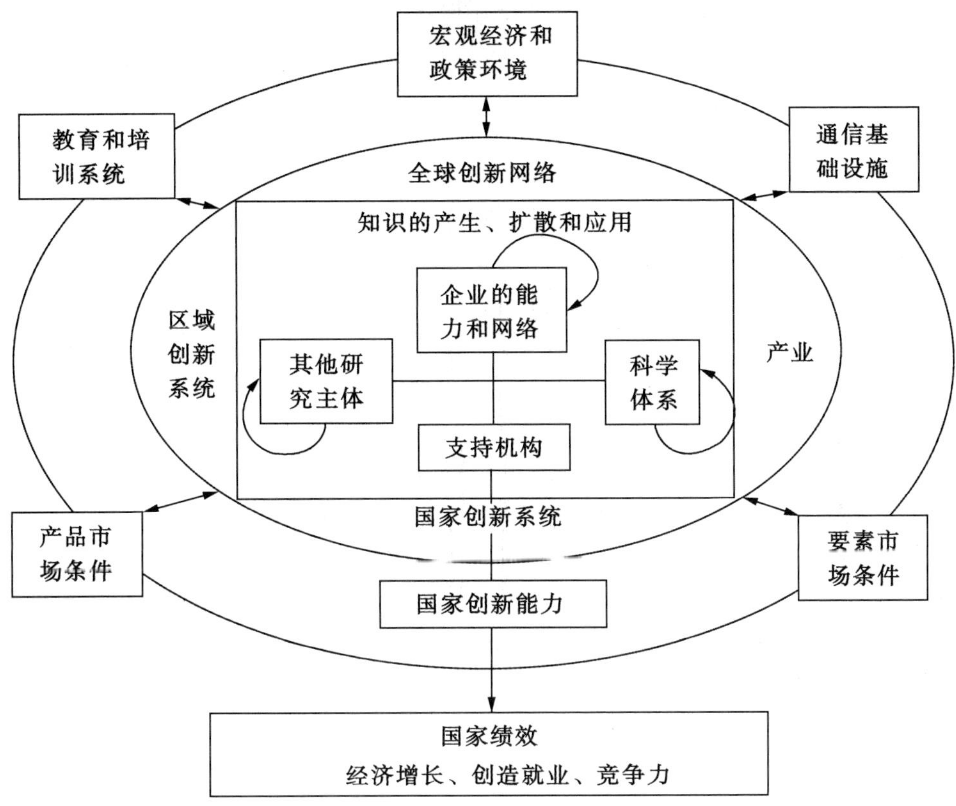

图 1-5 OECD的国家创新系统结构图

其二,公私相互作用,主要是指企业、大学与公共研究机构之间的相互作用,包括合作研究、专利共享、合作出版和更正规的联系。一方面公共部门主要是由公共研究机构和大学组成的,另一方面则是私人企业。公共研究基础设施的质量及其与工业界的联系是支持创新的一项最重要的国家资产。政府支持的研究机构和大学是通用性研究的主要承担者,它们不仅为工业界生产基础知识体系,而且还是新的技术方法、技术工具以及无价的技术技能的主要来源。它们所从事的研究活动不仅得到了政府的支持和指导,而且还得到了工业界的大力支持,具体形式包括与公共研究部门从事合作技术项目,订立技术研究开发合同以及对研究人员提供资助等。除了这种研究开发合作以外,公共研究部门还充当了特定科学技术领域的储备基地,大量公共研究成果是无偿向社会公开提供的。西方学者认为,对于国家创新系统的研究表明,公共研究部门作为一个间接的知识来源较之作为一个间接的科学或者技术来源或许更为重要。对于大多数部门来说，由于基础研究与创新之间存在着时滞，工业界需要付出相当的适应性努力以及技术创新的多个来源等，因此，基础研究与创新之间的直接联系是有限的。与此相对照，从公共研究向私人部门的溢出——通过一般接近知识基础和技术网络——对于许多部门来说是显著的或是比较显著的。

其三，知识和技术的扩散，包括新技术的工业采用率和通过机器设备等途径的扩散，这是创新系统中最传统型的知识流动。在这种情况下，创新扩散是一种缓慢移动的过程，需要花费数年的时间，而且技术的采用率在部门之间也有很大的不同。然而，企业的创新实绩越来越取决于通过采用创新和产品并将技术投入应用。对于传统的制造业部门和自己并不进行研究开发或者创新的服务业来说，技术扩散是特别重要的。由于这个原因，政府采用了一系列计划和项目以将技术扩散到工业部门，从制造业推广中心到示范项目再到技术中介人，应有尽有。

其四，人员流动，主要是技术人员在公私部门内部以及两者之间的流动。将这些流动与企业实绩联系起来的企图表明，高水平的技术合作、技术扩散和人员流动对于按产品、专利和生产率来计算改进了的企业创新能力做出了贡献。人员和他们所携带的知识(往往称为“Tacit Knowledge”)的流动在国家创新系统中起着极其重要的作用。不论是正式的还是非正式的，人员流动都是在工业界内部以及在公私部门之间转移知识的一条重要渠道。大多数有关技术扩散的研究都表明，人员的技巧与网络能力是实施和适应新技术的关键。在先进技术上的投资必须与这种采用能力相匹配，后者又主要是由总体隐含经验类技术和劳动力的流动性所决定的。

从上述框架出发，OECD 开发了国家创新系统的政策意义。《国家创新系统》报告指出：创新是不同主体和机构间复杂的互相作用的结果。技术变革并不以一个完美的线性方式出现，而是系统内部各要素之间的互相作用和反馈的结果。这一系统的核心是企业，是企业组织生产和创新、获取外部知识的方式。外部知识的主要来源则是别的企业、公共或私有的研究机构、大学和中介组织。因此，企业、科研机构和高校、中介机构是创新系统中的主体。研究报告还指出，研究国家创新系统的政策意义是纠正技术创新中的系统失效和市场失效，即纠正企业因过短的眼光而对技术开发的投入不足。通过创新的产学研合作计划、网络计划，建立创新中介机构，以纠正创新的系统失效。国家创新系统的政策意义之一是加强整个创新系统内的互相作用和联系的网络，包括：企业与企业间的创新合作联系，企业与科研机构和高校的创新合作联系；中介机构在各创新主体间的重要桥梁作用；政府在创新中的产业发展战略与政策引导作用以及政府各部门在工作职能上的协调一致和集成。

在OECD的框架中，联系取代弗里曼当年提出的国家而成为决定国家创新系统绩效的关键。从基于国家的角度、纠正市场失效的角度及纠正部门之间不能协调的角度出发，国家创新系统的建设是政策的范畴，理应是政府的职能。

三、生态系统理论

生态系统是创新系统生物学“隐喻”的理论基础，生态系统的相关概念、结构特征、基本功能对进一步研究分析和阐述创新生态系统具有基础性的作用。

（一）生态系统的相关概念

生态系统（Ecosystem），又称“自然生态系统”，是生态学研究的重要理论命题。1866年，德国生物学家海克尔（Ernst Haeckel）首次提出了生态学的定义。他认为，生态学是一门研究生物与其所处的自然环境的相互关系的综合性科学。1935年，英国生物学家坦斯利爵士首创了“生态系统”的概念。他认为，生物与环境形成了一个自然系统，即生态系统，正是这种系统构成了地球表面上具有大小和类型的基本单位，因此，我们不能把生物与其特定的自然环境分开。

一般认为，生态系统是指在一定时间和地理空间范围内，生物群落与其周边环境组成的、具有一定大小和特定结构的功能复合体。“生态系统”作为生态学研究的一个核心概念，与“物种”（Species）、“种群”（Population）、“生物群落”（Biological Community）等概念密切相关。物种、种群和群落紧密相连，是生命系统构成的不同等级。

物种是指具有一定的形态结构和生理功能，并在自然状态下能相互交配、产生可育后代的生物个体。

种群是在一定时间内占据一定地理空间的物种的集合体。物种和种群的区别在于，物种更多的是强调生物的个体，种群更多的是强调在一定时间和某一地理范围内同一物种的集合。也就说，不同自然区域内的同种生物个体是同类物种，却是不同的种群。

生物群落是指在相同时间内生活在共同地域范围内的，存在直接或间接捕食、共生或寄生关系的所有生物种群的集合。在自然生态系统中，生物群落由不同的生物种群组成。生物群落既有个别生物种群的一些基本特征，如繁衍、变异、遗传等，也有单个生物种群不具备的整体性特征，如生物物种的多样性、结构性和层次性等。在某一生物群落中，不同生物物种所起的作用是不同的。一些物种对群落的形成、演化和发展起着非常重要的作用，这就是所谓的“优势种”或“关键种”，它们的数量通常比较多，对某一营养级有着决定性的影响，能够左右群落演化的方向和路径。

在生态系统理论中，还有两个概念比较重要。一是“生态位”(Ecological Niche)。它指生态系统中某个物种或种群在时间空间上的位置及其与其他种群之间的功能关系，表示该物种或种群在该生态系统中维持生存所必需的生境最小阈值。二是“食物链”(Food Chain)。它是英国动物生态学家埃尔顿于1927年首次提出的，指生态系统内各种生物之间由于食物而形成的一种联系。在生态系统中，储存于有机物中的化学能依托食物链层层传导。通俗地讲，食物链是各种生物通过一系列“吃”与“被吃”的关系紧密联系而成的。这种生物之间食物营养关系彼此联系起来的序列，就像一条链子一样，一环扣一环，在生态学上称为“食物链”。

（二）生态系统的功能与演化

生态系统之所以能够处于一种动态平衡的状态，在于其与外界经常保持一定的活动性功能，即生态系统与外界环境之间不断进行着物质、能量和信息交换，通过物质、能量、信息的持续性输入和输出，进行系统的自我反馈和调节，从而维持系统的存在和演化。

作为一个生命复合体，生态系统具有生命有机体的一系列生物学特性，如发育、代谢、繁殖、生长与衰老等，这也说明进化是生态系统的本质特征。生态系统内各种生命层次及各层次的整体特性和系统功能都是生物与环境长期协同进化的产物，都处于不断进化之中。任何一个生态系统总是处于不断的发展、进化和演变之中，就是所说的生态系统的演替。演替是指一个先锋植物群落在裸地形成后，植物群落一个接一个地相继不断地为另一个植物群落所代替，直到形成顶级群落的过程。生态系统演替是在生态系统内部因素的驱动下生态系统类型的演变和替代过程，通常表现为物种数量随时间的变化、种类间的更替、复杂程度的改变和生态系统组分的变化等，同时将伴随着相应的生物地球化学、水文格局气候等多种进程的改变。

按演替的方向，生态系统的演替可分为正向演替和逆向演替。正向演替是从裸地开始，经过一系列中间阶段，最后形成生物群落与环境相适应的动态平衡的稳定状态，即演替到了最后阶段。这一最后阶段的生物群落叫作“顶极群落”，这一阶段的生态系统属于顶极稳定状态的生态系统。反之，由顶级群落向原生群落方向的退化演变称为“逆向演替”。逆向演替的结果是产生退化的生态系统。

生态系统的演替过程是一种从低级走向高级、从无序到有序的信息积累、自组织、自优化的过程。根据生态系统发育的状况，演替过程分为幼年期、成长期、成熟期等不同阶段。处于不同演替的生态系统,其种群数量、系统结构和系统功能都是不一样的。

综上,用生物学隐喻可以更深刻地揭示创新过程。创新过程被揭示为物种、种群乃至群落对环境变迁、扰动形成的应答过程。每一种创新系统中的名词都可以在生态学中找到相对应的隐喻(见表 1-1)。创新生态系统组成的基本要素是物种(如企业、高校、科研院所、政府等),物种联结形成了各种群落,物种和群落在共生竞合的相互作用中动态演化,并形成系统整体演化。公共政策可通过加强物种的联系来促进创新。

表 1-1　　创新生态系统中的生物学隐喻①

创新生态系统	生物学隐喻
创新活动(支持)单元	物种
某类创新单元集合	种群
多种创新单位形成群居共生关系	群落
惯例(库)	基因(库)
新奇的思想、技术、模式等	变异
学习、模仿——创新的大量企业跟进	繁殖
市场竞争	选择
资源禀赋	生境

创新生态系统通过物质流、能量流、信息流实现内部物种、种群、群落之间及与环境之间的物质、能量和信息交换,以维持系统的稳定性和高效性。在一定程度上,物质流包括人力资本、实物资本等,能量流包括知识资本、金融资本等信息流包括政策、市场信息等。作为能量流的知识或知识资本对创新生态系统的运行和演化往往发挥着主导作用——“人、企业和体制之间的技术和信息流对于充满活力的创新过程至关重要”,以更可持续的创新涌现来区分创新生态系统的等级。创新生态系统主要包含三大群落:研究、开发和应用。研究群落以长远的眼光发现新知和观念,开发群落推动产品和服务的生产与交付,应用群落把这些技术进步向全世界散布。创新生态系统进化发展的根本目的在于持续性地创新。可持续性取决于上述三个群落之间能否实现健康的平衡。

① 李万,常静,王敏杰等. 创新 3.0 与创新生态系统[J]. 科学学研究,2014,32(12):1761-1770.

第二节　创新生态系统理论的主要内容

生态体系的思想已有较长的历史渊源。1935 年,英国生物学家坦斯利爵士就提出"生态系统"的概念,并试图以系统的眼光研究有机生物界与自然环境的关系问题。后来,"生态系统"的概念开始向经济管理等社会学领域渗透。这些领域的学者开始借用"生态系统"的概念,描述人类社会的组织演化以及共生共存的现象。2004 年 12 月,美国竞争力委员会提出了"创新生态系统"的概念。从此,创新生态系统理念迅速在全球得到普及和应用,并由此引起了学界的广泛关注,相继有相当多的学者投入该领域的研究。

一、创新生态系统的概念内涵

"创新生态系统"是以生态学的理念来考察、审视、研究创新系统而形成的一个理论概念体系。20 世纪 80 年代开始兴起的关于国家创新系统的研究和实践,已让人们认识到"创新"是一个系统的概念。90 年代以后,特别是进入 21 世纪以后,在对创新系统理论和实践进行反思之后,创新的研究者和实践者们开始将生态的理念引入创新系统,创新生态的理念由此萌芽,随后形成了关于创新生态系统的广泛研究和深入讨论。与创新系统相比,创新生态系统更加突出创新主体要素之间的互动性和创新主体要素对外部创新环境的紧密依赖性,它把"创新"看成是一个内容更加丰富、联系更加紧密、结构更加复杂、整体愈加优化的复杂的开放的自组织系统。既然创新生态系统是借鉴生态系统的基本理念来分析和解释创新系统而产生的一个概念体系,是对创新组织及其活动规律的一种隐喻,那么,借鉴自然生态系统的基本概念对创新生态系统进行界定和解读,也就成为学术界普遍采取的方法。

(一)创新生态系统的内涵定义

2004 年 12 月,美国竞争力委员会在《创新美国:在挑战和变革的世界中实现繁荣》的研究报告中首次明确提出了"创新生态系统"的概念,强调"最好不要把创新视为一个线性或机械的过程,而要把它看作一个生态系统。在这个生态系统中,我们经济和社会的诸多方面之间存在连续不断的、多方面的相互作用”[1]。虽然目前对于创新生态系统尚未形成统一的界定，但是学者们基本上认同创新生态系统理论是对创新系统的理论思想进行扬弃，同时吸收生态学理论和演化经济学的主体观点而形成的理论体系，是创新理论深化发展的最新成果。因此，我们从创新及创新系统定义出发，进一步阐述创新生态系统的概念内涵。

从国内外研究进展来看，自 2003 年美国总统科技顾问委员会在其咨询报告中首次提出“创新生态系统”的概念以来，国内外学者基于自身不同的学术背景和实践环境，对“创新生态系统”的概念进行了界定(见表 1-2)。

表 1-2　　国内外关于“创新生态系统”概念的相关研究

时间	提出者	主要内涵	文献
2003 年	美国总统科技顾问委员会	企业、政府、教育家和工人之间需要建立一种新的关系，形成一个 21 世纪的创新生态系统	《构建国家创新生态系统，信息技术制造业和竞争力》和《维持国家创新生态系统：保持科技竞争力》
2006 年	达特茅斯大学塔克商学院战略教授罗恩·阿德纳(Ron Adner)	创新生态系统是一种协同整合机制，是将系统中各个企业的创新成果整合成一套协调一致的、面向客户的解决方案。创新生态系统的整体创新能力是影响企业绩效的关键要素	Value Creation in Innovation Ecosystems: How the Structure of Technological Interdependence Affects Firm Performance in New Technology Generations
2006 年	蒋珠燕	在一定区域范围内，创新群落与创新环境之间以及创新群落内部形成的相互作用和相互影响的有机整体	《关于自主创新生态系统的构建》
2009 年	张利飞	由高科技企业以技术标准为创新耦合纽带，在全球范围内形成的基于构件/模块的知识异化、协同配套、共生共存、共同进化的技术创新体系在一定区域内相互作用的各种创新	《高科技产业创新生态系统耦合理论综述》

① 罗晖，程如烟，侯国清．优化整个社会建设创新经济——《创新美国——在充满挑战和变革的世界中繁荣昌盛》述评[J]．中国软科学，2005(5)：156-158.

续表

时间	提出者	主要内涵	文献
2012 年	杜德斌	在一定区域内相互作用的各种创新机构(企业、大学、研究机构)与创新服务机构(政府、金融、法律、中介等)和创新环境的各个要素之间形成的统一整体	《区域社会经济自然环境决定创新生态系统》
2013 年	曾国屏、苟尤钊、刘磊	创新要素集聚并聚合的反应、创新价值链和网络形成并拓展的开放系统;创新物种、群落、创新链的复杂系统;系统中科技创新"序参量"主导的演化系统,不断演化和自我超越的系统	《从"创新系统"到"创新生态系统"》
2014 年	冉奥博、刘云	在企业、科研院所、政府等多个主体之间形成"技术研发—技术应用—技术衍生",通过信息传递而充分利用发展技术的复杂系统	《创新生态系统结构、特征与模式研究》
2014 年	李万、常静、王敏杰等	一个区间内各种创新群落之间及与创新环境之间,通过物质流、能量流、信息流的联结传导,形成共生竞合、动态演化的开放、复杂系统	《创新 3.0 与创新生态系统》
2015 年	杜勇宏	一定区域范围内,创新群落与创新环境之间以及创新群落内部相互作用、相互影响的有机整体	《基于三螺旋理论的创新生态系统》
2016 年	陈健、高太山、柳卸林等	创新生态系统是指围绕在一个或多个核心企业或平台周围,包含生产方和需求方在内的多方主体与外部环境相互联系、共同进化,实现价值共创和利益共享的创新网络	《创新生态系统:概念、理论基础与治理》

(二)创新生态系统的相关概念

在对创新生态系统的概念进行界定的同时,学者们也提出了一些与"创新生态系统"相关的概念,如"企业技术创新生态系统""区域技术创新生态系统""城市创新生态系统""产业集群创新生态系统""开发区创新生态系统""学科创新生态系统"等(见表 1-3),这些概念对理解和把握"创新生态系统"的内涵具有重要的参考意义。

表 1-3　与“创新生态系统”相关的概念

概念	主要内涵	来源
区域技术创新生态系统	在一定的空间范围内技术创新复合组织与技术创新复合环境，通过创新物质、能量和信息流动而相互作用、相互依存形成的系统	黄鲁成．区域技术创新系统研究：生态学的思考[J]．科学学研究，2003，21(2)：215-219.
城市创新生态系统	城市创新的扩散效应和科技产业集聚效应的矢量集合以及一个独特科技、经济、社会结构的自组织创新体系和相互依赖的创新生态系统	隋映辉．城市创新生态系统与“城市创新圈”[J]．社会科学辑刊，2004，2：65-70.
开发区创新生态系统	以入区企业为主的创新系统内各结点之间、开发区创新系统与开发区外部创新环境之间相互作用、相互影响而形成的综合开放系统，具有成员复杂性、系统开放性和自组织性等典型特征	孙洪昌．开发区创新生态系统建构，评价与二次创业研究[D]．天津大学，2007.
高科技企业创新生态系统	面向客户需求，以技术标准为纽带，基于配套技术由高科技企业在全球范围内形成的共存共生、共同进化的创新体系	张运生．高科技企业创新生态系统边界与结构解析[J]．软科学，2008，22(11)：95-97.
企业技术创新生态系统	在一定时期和一定空间内由企业技术创新复合组织与企业技术创新复合环境，通过创新物质、能量和信息流动而相互作用、相互依存形成的整体系统	陈斯琴，顾力刚．企业技术创新生态系统分析[J]．科技管理研究，2008，28(7)：453-454.
知识创新生态系统	知识创新具有生态系统特征，知识创新生态系统将组织知识创新视为一个生态系统，认为组织中的知识资产是生态系统内不同的知识族群，这些知识族群在组织内形成一个稳定的分布态势，彼此具有互动、竞争的关系，并且受到环境压力的影响而不断地进行演化	贺团涛，曾德明．知识创新生态系统的理论框架与运行机制研究[J]．情报杂志，2008，27(6)：23-25.

续表

概念	主要内涵	来源
自主创新生态系统	创新主体为获得创新资源、提升自主创新能力、促使创新成果不断涌现，与研究和开发机构、政府部门、技术链关联企业、金融机构及其他相关的中介机构之间在长期合作与交流的基础上建立的彼此信任、互动互利的各种合作制度安排	陈丽. 海洋生物制药自主创新生态系统分析及构建[J]. 中国集体经济，2008(7):39-40.
学科创新生态系统	在一定时间和一定的空间内由大学学科创新复合组织与创新复合环境，通过创新物质、能量和信息流而相互作用、相互依存、相互促进形成的一个良性生态循环系统	黄敏. 基于协同创新的大学学科创新生态系统模型构建的研究[D]. 第三军医大学，2011.
产业集群创新生态系统	在某一地理区位中，以一个主导产业为中心，大量联系密切的创新组织以及相关支撑环境要素在特定空间集聚，通过各种进化方式，持续不断地促进技术创新、知识创新、组织创新、制度创新等，所形成的具有自组织性和可控性的创新网络系统	傅羿芳，朱斌. 高科技产业集群持续创新生态体系研究[J]. 科学学研究，2004(z1):128-135.
	基于共同的创新目标，在特定地理区位和产业领域内聚集的各种不同创新组织，彼此之间以及其相关环境之间密切联系、相互作用，通过资金交换、知识传递和人才流动，成为具有特定空间、稳定结构和创新功能的动态平衡整体	颜永才. 产业集群创新生态系统的构建及其治理研究[D]. 武汉理工大学，2013.

综上所述，参照自然生态系统的内涵，可对创新生态系统作如下定义：创新生态系统是在一定地理时空范围之内，各类创新主体(创新组织、创新物种)与外部环境通过知识、技术、文化等联系而成的一个具有一定大小和特定结构的功能复合体，是一个开放的复杂的适应的系统。

二、创新生态系统的特征

(一)创新生态系统的特征

创新生态系统研究将从以往的关注要素构成和资源配置的静态结构性分析，演变为强调各创新主体之间作用机制的动态演化分析。总体而言，创新生态系统具有以下三种主要特征：

第一，多样性共生。创新物种的多样性是一个创新生态系统保持旺盛生命力的重要基础，是创新持续迸发的基本前提。创新物种通过知识、技术、人才、资本为主要纽带形成了复杂的价值网络，在竞争性合作共生中不断演化和发展。当一个系统中这种价值网络或共生关系被打破，系统的平衡性、稳定性就受到了破坏，系统就必须进行调整，以达到新的平衡。多样性共生的特征意味着创新主体与创新环境之间进行着频繁的试错与应答，多样性要求创新生态系统应容纳尽可能多的创新基因库，而竞争性合作共生则在一定程度上实现了系统达到最适宜的多样性程度。

第二，自组织演化。良性的创新生态系统不断向前进化发展，持续接近动态最优目标。系统内部要素、物种、种群、群落等都在相互作用、相互适应中不断发展变化，甚至相互转化。该特征意味着市场对创新资源配置的决定性作用得到了充分发挥，促进着系统的良性变异、创新的优化选择、知识的学习扩散，“遗传—变异—选择”在这个过程中交替着发挥作用。政府对创新生态系统的演化至关重要，在相当程度上决定着系统的进化或退化；政府创新治理在推动制度创新、保持技术创新活力方面尤为重要。

第三，开放式协同。在全球化背景下，一个国家或地区的创新生态系统不再是孤立封闭的“生态圈”，而是广泛联系起来的。在开放环境中，外来创新物种的不断移入，促使创新生态系统不断发生着物种竞争、群落演替，甚至系统的整体涨落。在一个开放式的创新生态系统中，研究群落、开发群落、应用群落、服务群落保持着与外界的密切关联。企业逐渐突破地理边界，依赖整个创新链、产业链和价值链进行根本性创新（对大企业而言是创造性破坏，对中小企业而言则是创造性累积）。换言之，创新型领袖企业之间的竞争已经从单个企业间的竞争演变为两个创新链、两个产业链、两个价值链和两个创新网络之间的竞争。

（二）对创新生态系统的理解

科学、全面理解创新生态系统应把握以下几个方面：

第一，创新生态系统与自然生态系统密切相关。一般而言，自然生态系统反映了一种互动（Interaction）、均衡（Equilibration）、边界（Boundaries）、稳定（Stability）、靠近（Closure）、持续（Persistence）和动态性（Dynamics）的运行模式。这些典型的特征也基本上适合于创新生态系统（见表1-4）。在创新生态系统中，不同的创新要素和创新机构主体之间以及创新机构、要素和主体与环境之间也在源源不断地进行知识和信息的交流，地理临近、互动交流对创新活动的产生、发展及至形成价值具有重要的意义。

表 1-4　　自然生态系统与创新生态系统的类比①

基本特征	自然生态系统	创新生态系统
主体与要素	由空气、温度、土壤、光照、水分等环境要素和生产者、消费者、分解者等多样化的生物体及种群和群落构成的有机统一	由地理位置、基础设施、创新文化、政府支持等经济、社会和自然环境与企业、高校、科研机构、顾客、政府、中介机构等创新主体及研究、开发和应用群落构成的创新网络
结构与边界	在组成结构上，具有不同的优势种和相对丰盛度；在时空结构上，包含不同群落在水平分布上的镶嵌性、垂直分布上的成层性和时间分布上的发展演替性；在营养结构上，多条食物链相互交错构成复杂的食物网	通常围绕核心企业或共享技术平台进行架构设计，基于互补性要素形成一个“中心—外围—扩展”的多层次网络，具有开放、模糊和流动的边界，加速了创新要素的自由流动
功能与目标	通过变异、繁殖、选择、进化等行为实现能量流动、物质循环和信息传递等基本功能，最终实现生态系统的自组织、自维持、自适应	通过新技术涌现、组织变革、新企业创建、市场竞争、合作伙伴评估和选择、战略制定等组织行为实现持续创新以及生产率、稳健性和利基市场的创造等健康度指标的提升

第二，创新生态系统与创新系统密切相关，是创新系统的“生态版”。通过前面的分析已经得出，创新生态系统本质上是创新系统的“生态学隐喻”。创新生态系统本质上仍然是创新系统，具有创新系统类似的结构、功能和网络特征，不同的只是创新生态系统更加强调创新系统与外界环境的互动关系，更加强调创新环境的独特性和不可复制性。创新生态系统以生物学视角解释系统的动态演化问题，关注系统内在运行机理和规律的揭示，更强调系统的动态变化，特别是直观的反应速度。

第三，创新生态系统是一个演化系统。在自然生态系统中，生物之间或竞争或共生或寄生，具有从产生、生长、成熟、衰退到死亡的过程。在创新生态系统中也同样如此，自然生态系统中的进化律、优化律、平衡律等规律也适合于创新生态系统。企业仿生学认为，企业的创新系统就好像是一个生命的系统，遵循产生、成长、成熟、衰退等四个发展阶段，其结果极可能是衰亡，也可能是被新的其

① 陈健，高太山，柳卸林等. 创新生态系统：概念，理论基础与治理[J]. 科技进步与对策，2016，33(17)：153-160.

他的系统所取代，或者在旧有的系统中孕育出新的生命使原有的系统转型或者升级。

第四，创新生态系统是一个复杂系统。正如美国国家科学基金会的杰克逊所指出的那样，创新生态系统模拟的是复杂关系的经济动力学，这种复杂关系表现为不同创新主体之间的相互作用，这种相互作用使得技术发展和创新成为可能。创新生态系统构成要素相互作用，形成物质流、能量流、价值流、信息流等，使得创新生态系统有着更加深刻的内涵和更加丰富多彩的表现。由于强调系统的生态性——动态的自组织演化性，包括新事物（主要是生态系统中的新物种、新种群、新生态链等）的诞生、成长和消亡在内。在此过程中，创新生态系统通过内部和外部之间就会形成日趋复杂的相互关系和作用机制。

第五，创新生态系统是一个开放系统。开放、流动是创新生态系统的本质内涵，创新生态系统通过更顺畅的知识流动来促进创新的价值实现。创新生态系统通过物质流、能量流、信息流实现内部物种、种群、群落之间及它们与外部环境之间的物质、能量和信息的交流或交换，从而达到维持系统的稳定性和高效性的目的。对创新生态系统来说，开放是其发展的前提，只有在开放的环境中，它才会最终呈现出波浪式发展、螺旋式上升的进化前景。

三、创新生态系统模型

（一）典型的创新生态系统模型

《斯坦福社会创新评论》于2013年发表的《下一代经济与创新生态系统》认为社会网络、团队、信任等六大要素是营造良好创新生态系统和创新型经济发展的关键要素。

在《创新美国》的报告中，将创新定义为发明和眼光的相互作用而导致社会和经济价值的创造，创新最好不要看作是某种线性的或机械的过程，而是看作在我们的经济和社会的许多方面具有多面性并不断相互作用的生态系统，并给出一个创新生态系统模型（见图1-6）。

图1-6 创新生态系统模型

朱迪·埃斯特琳在《弥合创新鸿沟:在全球经济中再点燃创造星火》[①]一文中指出,任何一家企业或组织的创新生态系统,都要依靠整个国家和世界的创新大环境。创新生态系统里的不同栖息者主要可以分为三大群落:研究、开发和应用,正是三大群落之间健康的平衡决定了国家创新生态系统的可持续性。她由此提出一个创新生态模型(见图 1-7),并特别强调,正如生物生态系统背景有着基本的规律一样,扶持创新也有一套包括五个要素的核心价值观:询问、冒险、开放、耐心与信任。正是这些价值观成为创新的基础,共同地决定着个人、组织和国家的应变能力。

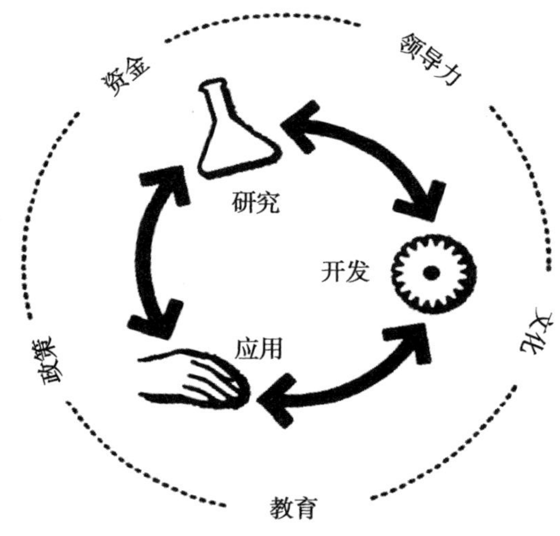

图 1-7　三大创新群落创新生态系统模型

(二)综合的创新生态系统框架

然而进入 21 世纪以后,随着对可持续发展、全球化、社会文化、用户需求以及社会创新、开放式创新、低技术创新和服务创新等理解的加深,传统的创新系统的结构和功能已经无法适应新的实践发展需要。近期的关于创新系统的文献提出了多层次的概念框架,用于综合分析不同部门和技术领域的创新,并衔接不同地域尺度的创新政策。在此基础上提出的创新生态系统的框架中,构成要素极为复杂,既有高校、企业、科研院所等各类创新主体,也有政府、中介服务机构等,还有各类创新环境及资源要素(见图 1-8)。此外,各类创新创业人才贯穿于

① Estrin J. Closing the Innovation Gap: Reigniting the Spark of Creativity in a Global Economy[J]. Business Horizons,2008,52(5):513-514.

创新生态系统的各个构成单位，是创新生态系统中最能动的要素。因此，可将创新生态系统的构成要素划分为四大类：一是主体性要素，包括高校、企业和科研院所等各类创新组织与机构；二是能动性要素，主要指创新创业人才：三是服务性要素，指各类创新的中介服务机构和组织；四是环境性要素，包括创新的经济环境、政策环境、社会文化环境甚至自然环境等。其中，主体性要素、能动性要素和服务性要素都属于创新物种（生命系统），而环境性要素则属于创新环境（非生命系统）。

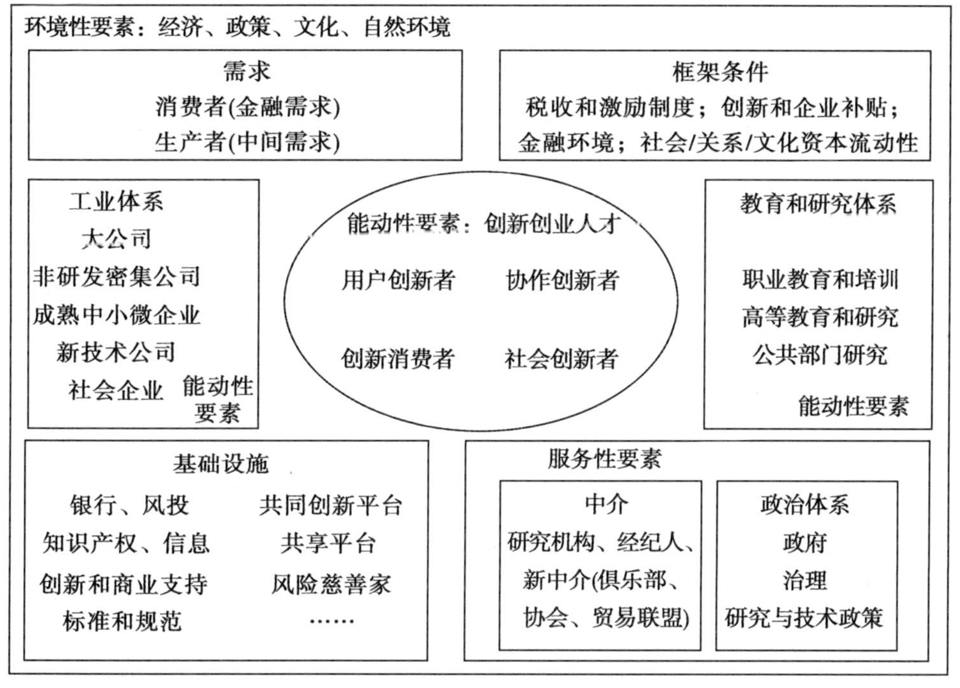

图 1-8　创新生态系统的要素构成

创新生态系统可以从不同主体的视角和层次进行探讨，包括企业层次、产业层次、区域层次和国家层次。本书主要从区域和国家层次对创新生态系统进行描述。

第三节 基于创新生态系统的政策实践

从古典经济学理论，到国家创新体系理论以及演化经济学的最新发展，西方经济学和管理学界对创新范式的研究已经历了三大阶段。[①] 创新范式经历了线性范式（创新范式 1.0）、创新体系（创新范式 2.0）后，开始进入创新生态系统（创新范式 3.0）的时段。与此相关，企业创新模式、政府创新政策也都开始转向 3.0 时代。

一、创新政策的范式演进

（一）创新政策范式

彼得·霍尔借鉴库恩范式概念提出了“政策范式”概念。他认为，所谓的“政策范式”就是由各种理念和标准组成的框架，这一框架指明了政策目标和政策工具，政策制定者不仅习惯性地在这个框架中工作，而且开展工作所使用的每一个术语和工具都将受到框架的极大影响。政策范式代表着政策行动的框架，往往决定了政策制定者和执行者对政策问题的界定、政策目标的设计、政策工具的选择和政策资源的利用，政策的变迁往往以政策范式的演变为表现形式。[②]

伦德瓦尔和博拉斯把科学、技术和创新政策定义为“为实现国家目标，政府能够而且已经实行的关于推进科学、技术知识的生产、扩散和应用的公共政策”[③]。从理论发展与实践探索的历程来看[④]，以英国苏赛克斯大学科学政策研究中心（SPRU）约翰·萧特为代表的一批欧洲学者提出：创新政策的发展经历了从“创新政策 1.0”“创新政策 2.0”到“创新政策 3.0”的演进历程。传统的创新政策致力于解决创新活动中的“市场失灵”问题，可以视为“创新政策1.0”；而基于国家创新体系视角的创新政策更加注重解决创新过程中的“系统失灵”问题，通过建立创新主体相互作用过程中的学习机制发挥系统性的作用，可以视为“创新政策 2.0”；与此不同，“创新政策 3.0”认为创新与经济、社会发展紧密相关，相应的创新政策的功能也不能仅局限于解决创新活动中出现的问题，而应包

---

① Laranja M，Uyarra E，Flanagan K. Policies for Science，Technology and Innovation：Translating Rationales into Regional Policies in A MultiLevel Setting[J]. Research Policy，2008，37(5)：823-835.

② Hall P A. Policy Paradigms，Social Learning，and the State：The Case of Economic Policymaking in Britain[J]. Comparative Politics，2007，25(3)：275-296.

③ Bengt-Åke Lundvall，Borrás S. Science，Technology and Innovation Policy[J]. 2006，51(2-3)：180.

④ 梁正. 从科技政策到科技与创新政策——创新驱动发展战略下的政策范式转型与思考[J]. 科学学研究，2017，35(2)：170-176.

括鼓励投资和提供方向两个方面：一方面，创新政策应着眼于创新活动的全过程，应通过整个创新链条来鼓励投资，包括从初始发明到改进创新，再到应用扩散；另一方面，创新政策应该为创新活动提供方向，包括进行前瞻性预见、开展创新试验、培育新的制度以及融合不同的专长与技能。[①] 与既有的范式不同，创新政策3.0更关注系统变革和转型，更加具有前瞻性，将社会科学与科学技术有机结合，以解决技术变革问题所带来的社会—技术特性方面的问题，从而对政策的制定、实施与评价提出新的、更高的要求[②]（见表1-5）。

表1-5　三种创新政策范式的政策比较[③]

项目	线性创新阶段	系统创新阶段	创新生态系统阶段
创新宏观管理（治理）	政府（科学研究/科技制高点）	政府＋市场（研发产业化/经济增长点）	政府＋市场＋社会（生态化创新/民生关注点）
政府介入缘由	市场失灵	系统失灵	演化失灵
研发投入产出关系	线性	非线性	动态非线性
政府支持重点	提供科研经费	提供框架性政策	提供创新生态
主导创新政策	供给侧政策	供给侧政策、环境面政策	需求侧政策、环境面政策

（二）创新政策范式从1.0到3.0

创新政策及理论主要探讨一国/区域如何通过创新获得繁荣的问题，因此，它天然就具备系统和整体的观点。很多学者在研究创新系统时，会不自觉地应用生态学的思路。

因创新范式和企业创新模式本质特征的变化，不少国家和地区开始积极探索新一代创新政策。创新政策1.0对应于线性范式，认为创新外部性和市场失灵是政府介入的主要理由，只要政府资助基础研究，市场可以自动将其转化为成果。创新政策2.0则引导和服务于国家创新体系，政府主要提供研发投入、税收优惠、知识产权等框架性政策，强调产学研协同的重要性。[④]

① Schot J. Transforming Innovation Policy, Keynote Address at Edges, Horizons and Transformations: The Future of Innovation Policy[R]. London: The Royal Society of Art, 2014.

② Schot J, Steinmueller E. Framing Innovation Policy for Transformative Change: Innovation Policy 3.0[J]. SPRU Science Policy Research Unit, University of Sussex: Brighton, UK, 2016.

③ 李万，常静，王敏杰等. 创新3.0与创新生态系统[J]. 科学学研究，2014，32(12)：1761-1770.

④ OECD. The Knowledge, Based Economy[J]. General Distribution Ocde/gd, 1996: 96.

在弗里曼和OECD等的报告中，20世纪60～80年代的日本被认为是后发展国家和地区学习的“典范”。随着日本的衰退和美国的再度崛起，到2003年，两份来自美国总统科技顾问委员会的报告则指出，美国的繁荣和领先是基于一种新的体系——创新生态系统，并提出了一系列政策建议。科技政策学正是在这一背景下被提出的，并被认为是第三代创新政策的重要方法之一。美国白宫科技政策办公室自2005年开始，大力倡导并积极推进科学政策研究的学科发展与建设。在美国及国际学界积极响应和参与下，目前已经取得了阶段性成果，《科学政策学手册》在2011年5月正式公布。[①]

近年来，OECD、欧盟、日本也都纷纷展开第三代创新政策的研究与探索。2002年，学者莱格兰德(Lengrand)基于法国和英国的案例，在《创新的明天》报告中最早提出了知识经济时代需要第三代创新政策[②]的论断。2008年，曼彻斯特大学尤亚达(Elvira Uyarra)提出第三代创新政策需要多维度思考和工具方法[③]，《欧洲创新政策：测量与战略》一书综述了三代创新政策的演化过程[④]。2011年，欧委会内部会议报告中提出了第四代创新政策的提法，认为“将社会需求置于政策中心”是第四代创新政策的基本特征。2013年，欧盟发布以开放式创新2.0为核心的“都柏林宣言”，部署了新一代创新政策，即聚焦创新生态系统的11项策略与政策路径[⑤]。这标志着美欧等世界主要发达国家和地区已跨入创新政策3.0时代，不仅重视创新生态系统这一新的创新范式，而且还将其上升至国家战略部署层面，国家创新生态系统理论与实践在未来将得以深入的建构与发展。日本于2011年部署了改良版的科技政策学项目，对《第四期科技基本规划》的制定起到了重要的支撑作用。

总体上，第三代创新政策的内涵与要素正在形成和孕育中。

二、创新生态系统的政策实践

(一)苏州构建一流创新生态

2018年6月26日，苏州市政府发布了《关于构建一流创新生态　建设创新

---

① Fealing K. The Science of Science Policy: A Handbook[M]. Stanford University Press, 2011: 76.

② Lengrand L. Innovation Tomorrow: Innovation Policy and the Regulatory Framework: Making Innovation An Integral Part of the Broader Structural Agenda[M]. Office for Official Publications of the European Communities, 2003: 75.

③ Filho W L. Fostering Innovation and Knowledge Transfer in European Regions[M]. 2008: 157.

④ Nauwelaers C, Wintjes R. Innovation Policy in Europe[J]. Books, 2008: 51.

⑤ The European Commission. Open Innovation 2.0 (OI2) Sustainable Economy & Socitey, Stability. Jobs. Prosperity. Dublin, Ireland[R]. 2013.

创业名城的若干政策措施》。主要内容包括:(1)在培育企业创新主体方面,重申面广量大的科技型中小企业、高新技术企业、知识产权示范优势企业的扶持政策,加大力度支持瞪羚企业,新增独角兽培育企业扶持政策。(2)在推进产业技术创新方面,强化先导产业技术创新和发展布局,出台人工智能、生物医药、纳米技术等产业规划或指导意见,努力在先导产业技术领域抢占创新制高点。新增支撑产业创新的国家、省级产业创新中心、技术创新中心的扶持政策。(3)在科技金融结合方面,围绕科技贷款、科技保险、创业投资等方面修订完善原有科技金融结合政策措施,积极推动科技金融扩大覆盖面和受益面,切实降低企业融资成本。(4)在强化人才发展方面,重申从创客、领军、团队、顶尖的人才的扶持政策,新增对优秀人才的乐居保障和贡献激励政策,全面厚植创新创业人才优势。(5)在推进科技研发和成果转化方面,持续支持新型研发机构建设,落实国家对成果转化的激励举措,加快建设市产业技术研究院,主动引入创新资源,统筹协调各类新型研发载体,加速全市科技创新成果的培育和产出。(6)在推进开放创新方面,鼓励支持企业"引进来"和"走出去",落实外资研发中心、功能总部支持政策,加快新型海外引才联络站建设,吸引更多具有国际水平的学术论坛、会议落户苏州,推进开放创新迈上新台阶。(7)在创新创业孵化方面,启动科技服务业发展实施方案,在大型仪器共享、技术转移、服务机构、众创空间等方面给予支持,新增推动科技服务集聚区发展政策,力争形成创新创业孵化新格局。(8)在营造创新创业氛围方面,围绕创新驱动考核、税收优惠、知识产权保护等方面加大政策力度,根据上级文件停止执行原市级科学技术奖励政策,鼓励社会力量设立科技奖励,加大对创新典型的宣传,进一步营造更加优良的创新创业氛围。

(二)重庆加快建设创新生态圈

2017 年 4 月,重庆市政府印发了《大力实施创新驱动发展战略 加快建设创新生态圈的若干政策》及相关配套文件。主要内容包括:(1)培育高成长性企业、创新型企业、高新技术企业等创新主体。(2)从人才补贴、项目支持、购房教育医疗支持等方面建设创新人才队伍。(3)发展科研、联盟、孵化、众创空间等科技创新平台。(4)建立包含创新创业投资基金、科技保险补贴、知识产权担保和风险补偿等的科技金融支撑体系。(5)实施品牌、标准、专利战略。(6)从技术转移机构建设、科研人员激励等方面入手促进科技成果转移转化。(7)从财政科技资金管理、商事制度改革、知识产权保护等方面优化创新环境。

第四节 创新生态模型构建

在借鉴已有的创新生态系统模型的基础上，本节构建了一个创新生态系统模型。该创新生态系统模型包括一个核心流程和七个子体系（见图 1-9）。

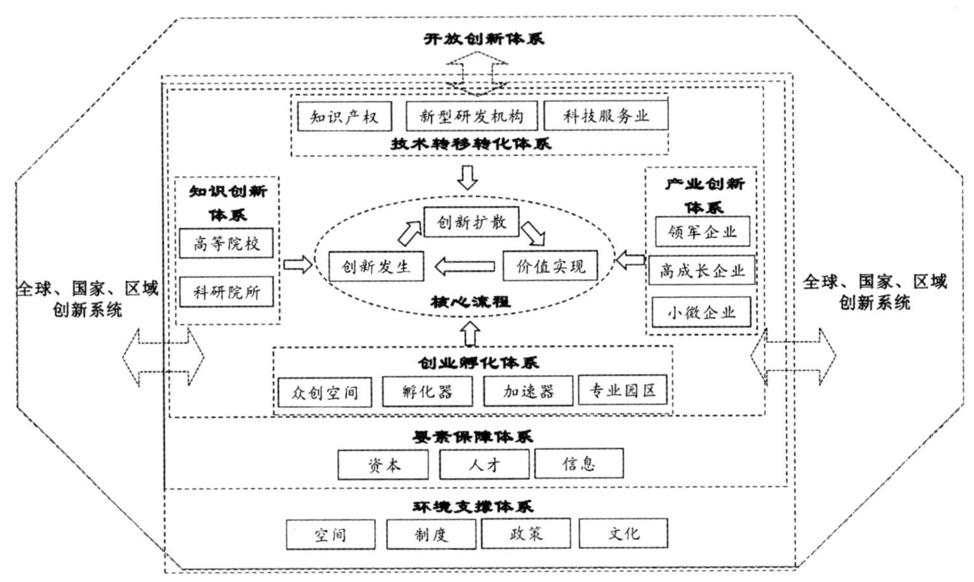

图 1-9 区域创新生态系统模型

一、创新生态系统的核心流程

核心流程是“创新发生→创新扩散→创新实现”的过程。系统中所有的七个子体系，与体系中的要素和主体活动，都围绕如何激发、促进和提升核心流程而展开。创新生态的核心流程是一个双向的循环过程，创新的发生、扩散和实现环节会相互作用。

创新的发生包括新的科学发现、新的技术发明、新的概念和创意。这些创新发生的场景是泛在的，并且这些创新具有潜在的经济、社会和文化价值。就科技创新而言，其发生场景往往是高校、科研院所、企业的实验室，而非科技创新则往往发生在接近市场的一线。

创新的扩散是指创新的流动过程，流动的方向主要是从科教领域流向产业领域，也包括从创新创意的产生者，流向能够促进创新创意价值实现的决策者和资源拥有者。创新的扩散形式上表现为创新在不同主体、不同领域之间的流动，但实质是形成创新共识的过程,即创新创意凝聚更多的人和资源为实现其价值而运作。

创新的价值实现主要是指创新创意在产业领域得到应用,形成新产品或新服务的过程。创新的价值实现已经是在产业领域内发生的。需要注意的是,创新的价值实现往往是一个缓慢的渐进过程,并且需要考虑其与各种环境条件,包括技术条件、成本条件,甚至制度与文化的适配性。

二、创新生态系统的体系构成

创新生态系统模式是基于创新系统模型,加上生态学视角和特征构建起来的,其要素和主题的构成与国家创新系统基本一致。虽然不同研究机构和学者给出的创新生态系统模型都存在差异,但关于科研机构、人才、企业、政府、中介机构、制度等的关键主体要素已经形成共识,其差异主要体现在对主体要素的分类和联系的描述上。本书充分借鉴了知名机构、学者的创新生态系统模型,将生态系统模型划分为七个子体系,即知识创新体系、产业创新体系、技术转移转化体系、创业孵化体系、要素供给体系、环境支撑体系和开放创新体系。这七个子体系基本囊括所有主流创新生态系统模式中的关键主体要素,并且在逻辑关系上更加清晰,要素上更加丰富。

知识创新体系:知识创新体系主要包含两类主体:高等院校和科研院所。高等院校、科研院所都是知识创新的关键主体。其中高等院校不仅有知识生产的功能,而且还有人才培养的功能。因此,知识创新体系主要通过知识、技术和人才的供给或溢出对核心流程和系统模型中的其他主体产生作用。

产业创新体系:企业是产业环境中技术创新和模式创新的主体。产业创新体系主要包含各类企业,包括领军企业、以独角兽企业和瞪羚企业为代表的高成长企业以及多处于创业期的小微企业。产业创新体系中还包含各类企业之间的互动关系,尤其是在大中小企业融通发展的背景下,各类企业基于创新的联系就更为重要。

技术转移转化体系:技术转移转化体系主要针对技术的横向和纵向转移过程。横向的技术在不同产业内不同企业间的转移扩散,纵向的科技成果从高校、科研院所到产业场景的转移,即科技成果转化过程。技术转移转化体系的主体主要包括提供技术转移转化服务的各类机构,包括新型研发机构、技术市场、知识产权和从事科技服务业的机构等。

创业孵化体系:创业孵化体系是为创业企业成长的全过程提供各类服务的体系。创业孵化体系内的主体主要包括苗圃、众创空间、孵化器、加速器和专业园区等。这些创业服务机构针对不同成长阶段企业的成长需要,提供空间物业、研发、融资、管理、人力资源、财务、法务等各类服务，帮助和加速创业企业的成长。

要素供给体系：要素供给体系是为整个创新生态系统提供要素供给的体系。这些要素主要包括人才、资本、信息（数据）等要素。创新生态系统的成长发育需要充足的要素保障。优质的、充足的人才、资本、信息供给会增加创新生态系统内各主体的能力，有利于其功能发挥。对于发育初期的创新生态系统，其要素需要外部输入，而对于成熟的创新生态系统，要素可以实现自我供给。

环境支撑体系：环境支撑体系是整个创新生态系统所处的环境系统。环境支撑体系既包括空间、设施等硬环境，也包括制度、文化等软环境，还包括自然生态环境。环境支撑体系对创新生态系统中的所有主体和要素产生影响，这些影响可以是有形的，也可以是无形的。环境支撑体系内的构成要素往往有很大一部分是我们认为的公共产品。

开放创新体系：开放创新体系是整个创新生态系统与外部进行互动交流的体系。与其他体系不同的是，开放创新体系并没有十分明确的主体和结构。创新生态系统与外部的交互，是由分散于创新生态中的各类主体承担的。创新生态系统本身就是开放的，既接受外部的人才、资金和信息的输入，也存在人才、资金和信息的流出。创新生态系统的开放性与创新生态系统的绩效密切相关。

第二章　创新生态系统案例研究

培育优越的创新生态系统，已经是全球范围内创新高地崛起和发展的共同经验，而培育完善的、富有活力的创新生态系统，也已经成为全球谋求实现创新发展的国家、地区和科技园区的共同路径选择。本章选取了国际和国内公认的创新尖峰或创新高地，基于创新生态的分析框架，对其实现创新发展的经验做法进行了梳理总结。国际案例选取了美国硅谷、美国硅巷、以色列、德国巴登-符腾堡州和英国伦敦共五个地区或城市，国内案例主要选取了台湾新竹科技园、北京中关村、深圳国家自主创新示范区、武汉东湖高新区、杭州高新区（滨江区）、成都高新区、合肥高新区等七家高科技园区。通过对这些案例的分析可以发现，政府强有力的引导和支持、丰富的科教和人才资源、活跃的风险投资、创新导向型的制度和文化是这些园区和城市成功的共同经验。

第一节　国际案例

科技园区的模式最早源于美国硅谷，硅谷的成功也形成了巨大的示范效应，导致其他国家和地区纷纷效仿。随着世界范围内高科技产业的竞争日趋激烈，谁能够打造具有竞争力的创新生态系统，谁就能够赢得创新发展的主动权，摘取创新带来的高额利润。本节选取了世界上公认的创新发展的尖峰或典范地区或城市，包括美国硅谷、美国硅巷、以色列、德国巴登-符腾堡州和英国伦敦。这些地区、城市都以卓越的创新能力和突出的创新绩效闻名，但其创新生态又各具特色。本节分析这些地区、城市创新生态的特征和培育创新生态的经验做法。

一、美国硅谷

硅谷位于加利福尼亚北部旧金山市的圣克拉拉县，濒临太平洋，沿 101 号高速公路顺势延展，总长 80 多千米。硅谷由 39 个城市组成，总面积为 4802 平方千米，是北京面积的1/2。硅谷脱胎于1951年成立的斯坦福工业园，是世界上最早的高科技园区。时至今日，硅谷仍然是全球高科技园区的标杆。硅谷聚集了近2万家高科技公司，世界100强科技企业中，有20多家在硅谷，包括惠普、思科、英特尔、苹果等。硅谷GDP约占美国总GDP的5%，并以占美国不足2%的人口创造了全美13%的专利。硅谷每年获得的风险投资约占全美的35%。硅谷拥有斯坦福大学、加州大学等十几所世界顶级大学，拥有50多位诺贝尔奖获得者。硅谷总人口有300万，其中79%的人口拥有本科及以上学历，近60%在硅谷科技和工程领域工作的毕业生出生于美国本土之外。硅谷以半导体、互联网等电子信息产业为主，该产业领域的就业人数约占总就业人数的25.7%。从风险投资、就业增长和专利申请的技术领域看，信息技术和生物医药占据支柱地位。此外，硅谷在人工智能、自动驾驶、深度学习、区块链、虚拟和增强现实、锂电池、肿瘤免疫治疗、新药研发、大健康等前沿科技领域也具有引领优势。

硅谷拥有世界级的创新生态系统，是全球高科技园区学习的对象。优越的创新生态一直是硅谷生生不息、充满活力的动力源泉。在硅谷的创新生态中，政府、企业、高校和风险投资机构在硅谷的创新生态系统中发挥了重要的作用。硅谷开放包容的移民文化和崇尚创新的创业文化，更是硅谷创新生态的强力催化剂。硅谷创新生态的优势和特征可以总结为四个方面。

(一)国防需求和政府的大力支持

硅谷早期的发展受益于政府的大力支持，政府部门及其相关单位同时扮演了资助者和客户的双重角色。美国政府和州政府的许多举措和政策推动了硅谷的起步和发展。一方面，政府资助高校进行基础科学研究，工业界也提供资金支持斯坦福大学等进行应用性技术的研发；另一方面，硅谷最早是美国国防工业的聚集地，国防需求为硅谷早期的发展提供了重要的资金和技术支持。两次世界大战产生的巨大军用需求助推了无线电和电子工程的早期发展。集成电路、电子计算机的研发，也主要得益于美国政府和美国宇航局等单位的资助。

此外，美国政府还通过制定一系列优化风险资本环境的政策和发展计划，刺激和引导企业进行创新。这些政策包括：(1)出台一系列鼓励对科技型小企业进行长期风险投资的优惠政策，直接刺激社会风险投资供给规模；(2)优化风险投资的投资结构来源；(3)改革风险投资公司组织形式；(4)推行小企业投资(SBIC)发展计划，进一步提高政府对风险投资的参与度。

(二)与产业紧密联系的高校

斯坦福大学在硅谷的发展中发挥了历史性和关键性的作用。在所有大学都以“象牙塔”式的科学研究为主的时候，斯坦福大学开风气之先，主张大学增进与产业界的联系和合作。斯坦福大学的“另类”举动播下了硅谷诞生的种子。硅谷的前身就是斯坦福工业园。斯坦福工业园区为硅谷公司的聚集提供了初始空间。硅谷电子信息产业最早的技术和人才也来自斯坦福大学电子工程系。从那时候开始，斯坦福大学的师生创业就逐渐成为一种文化和传统。硅谷的许多知名公司都是由斯坦福大学的学生创办的。斯坦福大学为硅谷的发展提供了源源不断的技术和人才，是美国与产业联系最紧密的大学。据不完全统计，时至今日，与斯坦福大学相关的公司(即由斯坦福大学师生创办的公司)占到硅谷产值的 50% ～60%。

除了斯坦福大学，硅谷地区还有很多高校(硅谷有 8 所研究开发型大学、9 所社区大学)，例如西北理工大学、旧金山大学、加州大学伯克利分校以及美国 SLAC 国家加速器实验室、帕罗奥多研究中心等全球知名的研究机构。这些学校和研究机构通过产学研合作和技术转移，与产业界保持密切联系，并为硅谷产业界提供了技术源头和优秀人才。

(三)成熟健全的风险投资体系

高科技产业兴起于第二次世界大战后，伴随着高科技产业的兴起，风险投资也随之兴起。各种投资者特别是风险投资人，通过整合产学研各类主体，连接技术和市场，在硅谷的发展中发挥至关重要的作用。在硅谷发展早期，风险投资也较为薄弱，主要靠政府资助。20 世纪 60 年代以后，硅谷的风险投资迅速增长。斯坦福大学附近的沙丘路汇集了美国近一半的风险投资公司，硅谷已经成为美国风险投资的中心。更重要的是，硅谷活跃着一群高素质、经验丰富的风险投资家。他们不仅为投资的企业提供资金，而且还利用自己的资源为企业的发展出谋划策，在技术研发、管理、市场拓展等方方面面提供帮助。硅谷的风险投资机构培育了一大批世界级的企业，英特尔、苹果都曾得到风险投资机构的资助。美国的金融服务还形成了完整的链条。高校、研究机构和创新型企业是创新活动的“发球手”，风投资本则是“接球手”。[①] 当创业公司经过多轮融资发展成大公司后，风险基金、投资基金继而介入，大大推动了创业公司的快速成长。大多数硅谷公司在筹集资金时还没有盈利，不具备在纽约证券交易所上市的条件，而美国纳斯达克股票市场则接纳了这些公司，为这些公司的发展募集了宝贵的资金。

此外，针对风险投资活动的特点，美国也逐渐建立起一套成熟的风险投资机制和与之相应的健全、规范、系统的投融资法律法规。

(四)开放、包容、进取的移民文化

硅谷聚集了来自世界各地、不同民族、不同国家的青年才俊，形成了包容、多

① 张泰. 美国创新生态系统启示录：谷歌、脸谱、思科……这些世界级企业是怎样生成的[J]. 中国经济周刊，2017(8)：72-74.

元化的文化氛围。不同文化意味着不同的知识结构和思考角度,文化之间互相交流碰撞,可以激发出更多的创造力。外来移民为硅谷提供了源源不断的智力资源。加州大学伯克利分校的安娜·李·萨克森尼安所做的一项研究表明,外国出生人口占硅谷高级科学和工程工作者的1/3。印度人和中国人占多数,占总数的75%左右。"IC"最初是集成电路的缩写,在硅谷,成了印度人和中国人的英文缩写。这些外来移民由于没有资源和背景,背水一战,工作非常努力,取得了不凡成就(有学者研究发现,1998年,中国和印度移民在硅谷经营了1/4的高科技公司,销售总额约为168亿美元,为社会提供了逾58000个就业岗位)。

硅谷聚集的大多是年轻人,他们质疑权威,拒绝平庸,梦想着改变世界。硅谷企业家的创业多由想法和爱好驱动而非金钱。硅谷人的生活和工作观是"活着为了工作"(Live to Work),而在其他地方,则是"工作为了活着"(Work to Live)。硅谷还提倡创新,宽容失败。一方面,不存在对创业失败者的歧视,连续创业者大有人在;另一方面,在制度上,加州法律比较倾向于支持跳槽者,员工辞职或跳槽之后,可以继续从事原来的工作,伴随着人才流动的是信息的流动和知识的传播。

硅谷的开放性也反映在工业体系中,硅谷的生产结构是开放的。在《区域优势——硅谷和128号公路的文化和竞争》一书中,128号公路周围的公司(如王安、数码、Prime计算机等)大而完整,设备齐全,但配件不通用,这是一种封闭式的生产方式。而在硅谷,公司规模不大但很全、专业,而且不同公司生产的零件兼容。这种开放式的生产方法有助于技术和产品的快速创新。[①]

二、美国硅巷

硅巷(Silicon Alley)被称为美国的"东部硅谷"。硅巷并不是传统意义上的科技园区,而是一个无边界的园区,主体是聚集在纽约市从曼哈顿下城区的熨斗大楼到苏豪区和特里贝卡区等地的互联网与移动信息技术企业集群。早期的硅巷形成于20世纪80年代,当时纽约制造业衰退,大量制造业企业的搬离导致纽约的房屋空置率一度高达18.6%。租金的下降吸引了大批新媒体、互联网、金融技术领域的初创企业在此聚集。到2006年,许多高科技公司巨头开始在硅巷设立机构。谷歌把其从事Google docs、语音识别技术、安卓App开发的研发部门搬到纽约。2008年的金融危机使纽约的金融业严重受挫,年轻人离开华尔街转投互联网产业。而今,硅巷已经聚集了超过500家的初创企业。与硅谷相比,硅巷在创业领域上偏"软",创业企业注重将技术与时尚、商业和服务相结合,创

① 钱颖一. 硅谷的故事[J]. 经济社会体制比较, 2000(1):28-35.

业项目主要集中在移动互联网、社交网络、时尚传媒、教育、商业服务等领域。

虽然被誉为"东部硅谷"，但硅巷却走出了完全不同于硅谷的东岸模式。除了将创业项目与城市的服务与文化有效结合外，硅巷还通过一系列措施克服了大城市商务成本和生活成本高昂、空间缺乏的问题。这对全球其他城市在老城区构建创新创业生态提供了经验借鉴。纽约州政府打造硅巷的主要做法和硅巷创新生态特征可以总结为以下四个方面。

(一)政府推动转型和优惠政策支持

早在20世纪80年代，制造业搬离纽约导致房屋空置、城区衰败的时候，纽约市政府就采取了一系列措施，以降低企业成本，吸引企业入驻，包括房地产税特别减征5年计划、免除商业房租税、麦哈顿优惠能源计划等。1997年，纽约市政府与纽约商业区联盟和楼房业主合作，对办公楼资源进行推销，吸引全球信息技术公司来硅巷落户。2000年，纽约市政府成立了新媒体理事会，专门促进新媒体产业的发展。纽约市还大力改善城市基础设施，推行数字化纽约计划，加强网络通信基础设施、地铁站 Wi-fi 和移动信号建设。纽约还举办程序评选大赛和"绿色"编程马拉松。纽约州政府还通过了数据公开法案，鼓励企业利用公共数据资源进行创业，还将空闲职位在纽约地图上标记，打造"科技地图"。政府设立了支持创业的基金，提供开放性的办公场地和孵化器，帮助创业企业降低成本。这些举措都极大地提升了纽约城区对互联网企业的承载能力和互联网企业的创业环境。2008年的金融危机更是促进了硅巷的发展，纽约市市长布隆伯格提出要把纽约打造成新一代的科技中心，促进纽约完成从依赖华尔街到依托高科技创新的转变。

(二)优质科教资源和创新人才组合

纽约拥有许多世界级的大学，包括康奈尔大学、哥伦比亚大学、纽约大学等，这些学校拥有出色的科研人员和优秀的学生群体。据不完全统计，纽约集聚了全美10%的博士、10%的美国国家科学院院士与近40万名科学家和工程师。这些学校兼具基础科学研究和应用技术研究的实力，能够为纽约持续提供知识、技术和人才支持。纽约还拥有大批的作家、导演、编辑、设计师和艺术家等，这些创新人才与在硅巷聚集的新媒体行业的技术人才聚集在硅巷，包括图像艺术家、软件设计师和电影制片人等相结合，为纽约媒体产业的发展提供了无可比拟的人才组合优势。

在人才培养方面，纽约市政府还有意促进本地高校之间、本地高校与国外高校之间的合作与交流，通过资助创业企业高管去美国各大院校招纳计算机和工程类学生，同时定期组织各大院校的学生来纽约访问企业等方式为硅巷集聚人才。本地丰富的高质量人才吸引了一大批高科技巨头企业，包括苹果、微软、

IBM、谷歌、雅虎、辉瑞、强生、惠氏等都在硅巷设立了研发中心，这些企业提供的工作机会加速人才成长，同时高科技企业的入驻也吸引了更多的人才流入。

（三）风险投资和创业服务资源丰富

作为国际金融中心，纽约拥有可与硅谷比拟的风险投资资源。纽约聚集了大量的风险投资公司和天使投资人。除了纯市场化的风险投资外，纽约市政府还主导建立了两只风险投资基金：一只是纽约种子基金。它提供种子投资，最高金额为200000美元，该基金投资的项目要求至少有一位企业家具备技术背景，公司的业务涉及软件或网络技术领域。另一只是纽约合作基金，主要投资金融技术、医疗保健IT和生命科学领域的初创公司。

硅巷还拥有丰富的孵化器资源。目前，纽约有74家政府资助的企业孵化器和220家廉租公司办公地点。这些场所的开放办公空间为负担不起办公楼的创业者提供了开会和工作的条件。硅巷初创公司的密度高，也让创业者更容易寻找到潜在合作伙伴、技术人才等。硅巷还有丰富的产业服务资源，拥有科技大会和299个科技产业组织，涵盖金融、时尚、媒体、出版及广告等各类行业，并建有行业互助系统。纽约利用本地丰富的客户群体资源，为创业企业寻找创业机会和打磨产品提供了现实场景。

（四）国际大都市文化浓郁

纽约是全球文化之都，拥有无与伦比的文化基础设施和活动资源。纽约有212家博物馆、420家剧院、15个大型音乐厅、721个艺术画廊和277个音乐场所。每年举办57个电影节，每10万人中有3个图书馆和9个书店。[①] 硅巷紧邻百老汇、格林尼治村、苏荷区等世界级的文化街区，这里聚集了大量的作家、导演、编辑、设计师、艺术家以及大学生、少数民族，新移民和雅皮士等不同的人群。这样的空间集聚有利于不同的文化和想法碰撞，产生创新的火花。国际大都市浓郁的文化氛围也使得在此创业的互联网创业者感到“生活在一个不是一天到晚谈论技术的城市是令人愉快的。”作家、媒体人、艺术家和高科技公司相互补充，使技术与时尚、媒体、商业和服务相结合变得更加容易，从而激发出互联网新的增长点。

三、以色列

以色列国土面积狭小，只有约2.5万平方千米，人口800万左右，年降雨量不足200毫米，自然资源贫乏，周围强敌环伺。但是以色列在1948年建国后就迅速崛起，成为世界三大创新尖峰之一，并取得了卓越的科技创新成就，拥有了

① 郑时龄. 上海2040总体规划与城市文化[J]. 上海城市规划，2017(4)：1-4.

众多个世界第一。第一个语音邮件、网络即时通信 ICQ、手机技术、闪存 U 盘、可吞服肠道摄像丸都在以色列率先被发明。以色列每万名居民中科学家与技术人员数量世界第一(以色列 145 人、美国 85 人、德国 60 人);以色列大学生比例世界第一,人均科研论文发表量世界第一;人均初创企业数量世界第一;研发支出占 GDP 比重世界第一。据不完全统计,以色列已经孵化了超过 6500 家初创企业;在美国纳斯达克上市的高科技公司中,来自以色列的企业数量位居第 3 位;2005～2014 年,平均每年约有 86 家以色列公司被行业巨头收购。

特拉维夫大学管理学院齐维兰(Moshe Zviran)认为,以色列的创新和创业环境依赖于大学、企业和政府之间的"三重螺旋"。以色列形成了比肩硅谷的良好创新生态,政府、企业、大学甚至军方都在其中发挥着重要作用(见图 2-1)。

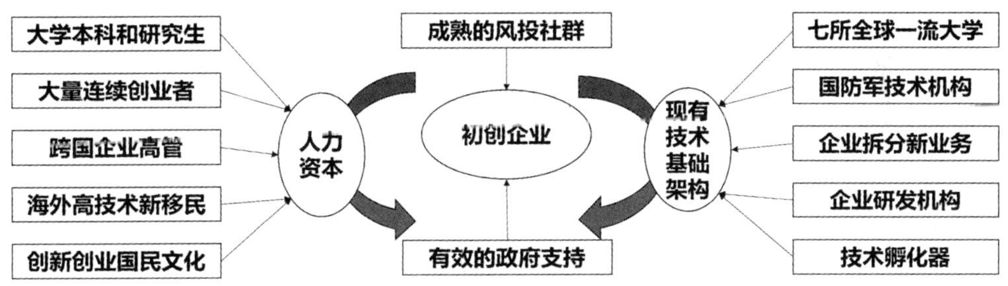

图 2-1 以色列创新生态

(一)政府的强力支持和政策创新

作为一个在险象环生的沙漠中建立的国家,以色列从一无所有到成为世界级的创新中心,政府在其中发挥了非常关键的作用。以色列政府颁布了许多有效而精准的促进创新创业的政策,其中一些政策享有盛誉,纷纷被别国效仿。以色列政府推出的"YOZMA"计划就曾被 2010 年经合组织的一份报告描述为"以色列较为悠久的创新政策历史上最成功和最具独创性的项目"。

1974 年,以色列政府制定了首席科学家制度,在 22 个政府部门设立了 13 个首席科学家办公室(The Office of Chief Scientist,OCS),首席科学家采用聘任制。OCS 的职责是促进内外部的产学研结合。OCS 每年都会援助一批科技项目,依托这些科技项目成立的企业如果创业成功,则每年销售收入的 3%进入 OCS 资助资金池,如果企业被收购或上市,则 15%交给 OCS。但是如果项目失败了,则无须返还资助。1992 年,以色列政府推出以色列风险投资行业的催化剂——"YOZMA"(希伯来语,"倡议"的意思)计划,即设立 1 亿美元的创新创业引导基金。组合型基金(Fund of Funds)计划由 50%外国投资者、10%风险投资和政府投资组成。对获得国际风险资本投资的科技公司,由政府为其提供 1∶1

的配对资金支持。这项计划使以色列的科技公司爆发式增长，从1000多家增长到了8000多家。2000年以后，以色列政府又推出孵化器计划，择优对全国20个孵化器机构内的100个项目进行投资。政府引导基金投资孵化器项目时，孵化器对创业企业投资15%，其他85%由政府投资，如果公司成功上市或并购，政府资金原价退出，失败则由政府承担。政府引导基金主要发挥对企业的引导作用，以企业发展早期投入为主。以2004年为例，政府通过首席科学家办公室投入的研发资金占全部风险投资的5%，民营资本占95%。但是在项目概念期，首席科学家办公室的投入占100%。

此外，以色列政府还颁布了如鼓励资本投资竞争补助金法、研发中心特殊税收优惠政策、风险资本投资免税办法、制造业免税办法、双国家基金等多项支持政策。这些政策都富有成效，显著激发了以色列的创新创业活力。

（二）广泛参与和国际化的风投体系

以色列是世界上风险投资最发达的国家之一，风险投资推动是其科技创新的一大特色。本土及国外投资者从早期种子轮到后期的Pre-IPO或IPO阶段给予被投资企业各种支持与帮助。就早期风险投资的数量和比例而言，以色列的早期投资占到整个欧洲的50%，并拥有全球最高的人均风投获得额。以色列最早的风险投资是由政府运作的。20世纪90年代初苏联解体，大量受过先进教育的犹太人回到以色列。为解决他们的就业问题，政府决定用创业带动就业，但当时以色列国内风险投资机构极少，国外资本又因为异地投资失败的风险裹足不前（还有地区动荡的因素）。在这种情况下，政府设立了“YOZMA”计划，利用投资杠杆放大效应，以官方资金引导民间资金增强对初创企业的支持。为鼓励投资，以色列政府承诺不干预基金运作，由私人风险投资家来决定基金的分配。如果投资获益，政府将所持股份按原始价格出让给投资方，实现资金撤出。在如此巨大政策的倾斜下，最初的10只风投基金全部获益，政府也于1998年通过拍卖和转让股份的方式撤出全部国有资本，完成了YOZMA基金的私有化改革。得益于该计划，1993～2000年的以色列私人VC募资年均增长率达85%。

到20世纪90年代，风险投资产业在以色列已经成为一个重要产业，国外风险投资机构纷纷在以色列设立办公室，进行直接投资。与其他国家将主要资金投资于成熟型公司不同，以色列的风险投资优先注资初创阶段的公司。专注于早期风险投资为以色列的初创企业提供了强有力的支持，并显著优化了以色列中小企业的生存和发展状况。

（三）科教立国与独特的人才培养体系

以色列的大学和科研机构在以色列创新生态中发挥着至关重要的作用。以色列是一个科教立国的国家，由于特殊的历史遭遇和建国条件，爱因斯坦就曾断言:以色列生存的唯一之道,在于培养技术领域的专家。现代以色列是由科学家和工程师主导创建的(这区别于政治家和军阀创建)。现代以色列的第一任总统就是著名的化学家魏茨曼教授。以色列政府对教育的投入水平远高于美国和英国等发达国家。自20世纪70年代中期以来,其教育经费占GDP的比例基本维持在8%以上。以色列具有高水平的教育系统,盛产一流素质的科学家和工程师。虽然以色列的国土面积只有2.5万平方千米、人口只有800多万,但却有7所高水平的研究型大学,有16人获得诺贝尔奖(按人口比例而言,犹太人获得的诺贝尔奖数量接近全球平均水平的100倍)。以色列的教育系统独具特色,其基础教育注重培养学生的独立思考和创造性思维,而高等教育则注重创新创业能力的培养,职业教育和业余教育则持续提升全面素质。更重要的是,以色列的大学还特别注重与政府、企业间的创新网络的构建和科技成果的商业化,每所大学都有自己的科技成果商业化中心和孵化公司,大学教授往往兼有科学家和创业者的双重身份。同时,政府也在大学周边设置孵化器,将产学研结合做到无缝对接。值得一提的是,以色列建国后,大批高素质犹太移民,其中包含许多科学家和工程师的回归,也极大地提升了科技创新人才的供给,为以色列经济的腾飞贡献了巨大力量。

此外,以色列人才培养体系中极为特殊的一点是,基于以色列全民兵役制度,以色列的军队系统也为以色列输送了大批创新型人才。由于以色列军事力量无法依靠规模取胜(以色列军队人数与周边阿拉伯国家无法相比),只能依靠士兵素质和高科技。因此,以色列士兵在服役过程中都要学习高科技武器的使用甚至开发(以色列军队的技术开发部门设置相关项目,每年招收最聪明的高中毕业生加入。在培训6个月以后,军队开发部门将会挑选这些没有工作经验的学生进入开发单位)。以色列国防军著名的8200电子部队的退役官兵,尤其是网络监控和安全方面的官兵,是以色列高科技创业的主力军。以色列的每个适龄国民在服完兵役后,每年还要有3～4周的时间回到军队服役,这样的制度安排不仅能够保证以色列随时能够动员大量军队奔赴战场,而且还孕育了社交和创新的土壤,培育了基于人脉的创新网络。更为重要的是,每个以色列军人在高度真实紧张的环境中服役成长,使得以色列官兵在生死考验之下,磨炼了坚忍的意志和成熟的心智,独立思考和创新力很强。士兵退役后进入大学学习,往往具有明确的目标,学习效率更高。同时,这种制度安排也促进了军用技术的民用化。

(四)独特而卓越的创新创业文化

以色列拥有有利于创新创业的文化。首先,以色列的Chutzpah文化。Chutzpah,在希伯来语中是“肆无忌惮”的意思,又可以理解为“放肆的没有等级的挑战”等。以色列人的社会等级概念非常淡薄，不会盲从权威，喜欢怀疑和争辩。在不同观点的碰撞中，激发新观念的产生，有利于创业机会的发现和创业活动的开展。以色列具有宽容失败的创新文化，民众对失败普遍采取宽容态度，强调试错和发现不足，而不是追求失败者的责任。正是因为对失败的包容，才有效激发了创业者的创造力，导致以色列涌现出许多颠覆性的、前沿性的技术创新。以色列还是一个典型的移民国家，人口的多样性促进了文化的多样性，多样性的文化本身就是一种创造力。以色列还具有基于社交的独特的创新网络，这种创新网络联系很大程度上来自于共同的入伍经历。每一个以色列人都要经历 2～3 年的强制服兵役：从军队到学校，再到社区，许多社会圈子相互交集，发展为一个庞大的、互联的社交网。社交联结形成行业联结，行业沟通亦推动社交沟通。

四、德国巴登-符腾堡州

德国巴登-符腾堡州(以下简称“巴符州”)是欧洲最重要的经济中心和创新中心之一，在欧盟区域创新指数排行榜上连续 5 年位列第 1 位。巴符州地处德国西南部及欧洲腹地，是德国第三大联邦州。该州以创新驱动和发明精神、高生产力及低失业率而闻名，在德国乃至欧洲处于领先地位。目前，巴符州 GDP 达到 4770 亿欧元，约占德国的 15.2%。人均 GDP 达到 4.37 万欧元(德国人均水平为 3.8 万欧元)，出口总值达到 1920 亿元，出口额在德国联邦州中排名第 1 位。研发支出占 GDP 的比重达到 4.9%(2015 年德国平均水平为 2.9%)。每 10 万居民申报专利数为 132 个，居全德国第 1 位。巴符州不仅拥有戴姆勒、保时捷、博世、SAP 等国际知名企业，而且还拥有数千家中小型规模的行业“隐形冠军”企业。

巴符州的创新生态系统也独具特色，可以总结为以下四个方面。

(一)政府助力中小企业发展

巴符州拥有大约 48 万家中小企业，占企业总数的 98%。中小企业虽然在企业规模和财富创造上无法与大企业相比，但却是产业创新生态系统中最具活力的成分。有研究表明，中小企业在新技术的应用推广上由于船小好调头，比大企业有优势。针对中小企业的培育，巴符州出台了专门的《中小企业促进法》，该政策通过采取多种措施，包括为中小企业提供低息贷款、免费的咨询与培训、加强与高校院所的合作交流、帮助中小企业开拓市场和上市融资等，帮助中小企业提升竞争力。

(二)双元制教育促进高技能人才的培养

巴符地区拥有多元化的高等教育体系，包括研究型大学、应用科学大学和巴符州应用技术研究所、教育大学、艺术与音乐大学和私立大学。9 所研究型大学构成了巴符州高等教育的核心。在11所德国精英大学中，有3所位于巴符州。应用科学大学是该州教育系统的第二个支柱，该系统成功地将学术教育与实践培训相结合。巴符州应用技术研究所是德国唯一一所提供双重研究的公立大学。

20世纪70年代，德国推行的教育系统改革统一将工程师学校升格为应用科技大学，这一改革带来了应用型人才短缺的副作用。为解决应用型人才短缺的问题，以博世公司为代表的50家巴符州大型企业与该州的斯图加特行政与经济学院开展合作，创建了德国第一所校企合办的新型高等学校——巴符州职业学院，由此形成了职业学院与相关企业双元办学、理论学习与技术培训双元教育的产学研创新教育模式 。双元教育模式的内容包括：(1)双元身份。入学的学生与企业签署劳动合同，在身份上为企业的正式员工，企业为学生支付工资和社会医疗保险。(2)双元模式。学生的学习是在学校和企业场景中交叉进行的，以3个月为周期，学生轮次参加大学的课程和企业的实习。学校教学的老师有很多是是来自企业的资深专家，而在企业的实习则由专门的师傅进行教授。(3)小班教学。双元教育模式中的师生比不超过1∶30，这样可以保证每个学生在学习过程中都能得到充分的指导。这种双元教育模式有效地将企业的需求纳入学生的培养活动中，并且增强了学生对企业的归属感。在双元教育模式的助力下，同时具有深厚理论功底和丰富实践经验的人才辈出，涌现出保时捷副总裁、奔驰人事部部长、IBM德国首席执行官等杰出校友。这些杰出校友通过捐赠等方式帮助母校发展，由此，双元制大学的产学研实现了良性循环。

(三)与产业紧密结合的应用导向科研

巴符州具有丰富的科教资源，拥有研究型大学9所、应用技术型大学23所、马克斯·普朗克协会研究所13家、弗劳恩霍夫协会研究所17家，还有12家州立研究所组成的巴符州创新联盟。尽管巴符州有一大批国字号研究所，但科研与产业脱节的问题仍比较突出。为解决这一问题，巴符州政府组织建立了一批覆盖信息通信、汽车制造、生物医药、环境能源等领域的应用型研究所，统称为“巴符州创新联盟”。该联盟具有三大功能：一是应用型科研，所有研究都按照产品入市必须符合的标准、法规和药典进行；二是为企业，特别是为中小企业提供技术服务，包括低价或免费提供仪器设备等；三是利用研究成果孵化衍生企业。[①] 以州立自然与医学科学研究所(NMI)为例，NMI在人员配置、资金来源、项目组织等方面都具有鲜明的应用导向。NMI的科研人员多出身于应用技术型大学，其实验室主任多由应用技术型院校的教授担当。在NMI的资金来源

① 赵程程，秦佳文．美国创新生态系统发展特征及启示[J]．合作经济与科技，2017，26(2)：33-43.

上,10%来自州政府、40%来自德国联邦科技部的科研项目资金,剩下的50%则都来自和企业的产学研合作项目。

(四)专业化的技术转移机构

巴符州区域创新系统中一类重要的主体,就是高水平、专业化的技术转移机构,包括史太白基金会、弗劳恩霍夫应用研究促进协会等世界闻名的技术转移机构。依托这些技术转移机构,在全球范围形成了一个较为完整的技术扩散网络。在区域创新系统中,州立研究所的功能通过应用型科研解决科研与产业脱节的问题,而技术转移机构则是通过更为灵活的服务方式。而今,史太白国际技术转移机构已经发展成为全球技术转移的“标杆”,有近千家转移、咨询和研究中心,专家来自科研机构和企业,合作伙伴遍及50多个国家,每年完成1万多个技术转移项目。史太白以“担当政府、学术界与工业界的联系界面,专门为顾客需要服务,把研究成果转化为有竞争力的工艺与产品”为目标,吸引了大学研究中心、独立研究中心和科技型企业加入联盟,并为其提供技术咨询、研究开发、人才培训等服务。①

史太白基金会的全职人员以项目经理为主,这些项目经理承担产学研结合的桥接角色。在科研端,与大学教授和科研人员合作,寻求将高校院所的科技成果向产业界转化;在产业端,则与企业合作,为企业的特定需求寻找合适的技术方案。在科技成果产业化的过程中,如果因不可预知的技术风险造成设备损坏等,由史太白基金会出资补偿,巴符州政府为基金会提供财政担保。②

五、英国伦敦

伦敦是以金融、商业闻名于世的全球顶级城市。进入21世纪后,伦敦开始推进创新发展,经过多年的建设,已经成为欧洲的创新创业中心之一。目前,伦敦已经聚集了Intel、Google、Facebook等科技巨头,也涌现了Transferwise、Shazam、Wonga等市值过百万美元的科技创业独角兽,还有超过4000家科技创业公司、36家孵化器和加速器、70多个共享办公室,在人工智能、可穿戴设备和金融科技等领域具有领先优势。在2016年创业国家峰会上,Nesta创新基金会和欧洲数字论坛(EDF)联合公布的欧洲数字城市指数(EDCi)显示:伦敦因为其充裕的创业资本、优秀的企业文化和高质量的劳动力市场,蝉联“欧洲最适合科技创业和发展的城市”榜首。

---

① 杜旭虹,曾铮.我国技术转移服务机构发展现状及对策研究[J].中国科技产业,2008(5):78-81.

② 秦佳文,赵程程.德国创新生态系统发展特征及启示[J].合作经济与科技,2016(19):22-25.

伦敦的创新生态系统具有独特优势，其特征和经验可以总结为以下四个方面。

（一）政府的强力推动和政策支持

2000 年，伦敦提出创新与创意发展战略，并联合政府部门和民间组织，共同制定发布了《伦敦科学、知识与创新战略规划》。在该规划中，提出要将伦敦打造成为世界创新之都的目标。由此，伦敦确立了创新的发展导向。这种导向在 2008 年金融危机后更加被强化。由于金融危机导致金融行业遭受重创，所以对英国发展的贡献大幅缩水，甚至导致失业潮。金融危机的重创让英国政府开始反思对金融业的依赖，并确立了以发展高科技产业为目标的总体发展战略。

英国政府在伦敦创新生态的打造中发挥了强有力的推动作用。其推动科技创新的手段不仅包括资金和政策支持，而且还通过一系列政府计划对创新创业进行系统性的支持。伦敦发展局（Greater London Authority，GLA）设立了吸引企业家前来英国创业的企业家签证（Entrepreneur Visa）制度。2012 年，英国政府颁布创业贷款计划（Startup Loan Scheme），通过直接资金扶持初创企业。2013 年，颁布专利盒政策（Patent Box Scheme），该政策将企业基于知识产权的收益的所得税降低 10%。英国政府还大力推动数据库资源开放，为数据驱动型创业打造土壤。英国政府还针对科技企业的特点，修订了 IPO 规则，显著降低了科技型企业的上市门槛。2010 年，英国首相卡梅伦提出打造“东部硅谷”的设想，并在东伦敦 Shoreditch 地区成立了支持科创产业的政府外组织——科技城。科技城启动了一系列与科创企业相关的项目，如 Future Fifty 项目，对入选英国 B 轮以上的 50 家高成长型企业提供政策、平台等各类支持；Digital Business Academy 项目，联合高校为毕业生提供免费在线创业培训课程；TechNation 项目，对入驻的科技型企业采取研发税收优惠政策，成功吸引了 Google 等科技巨头入驻。在《伦敦规划 2015》中，伦敦未来发展的核心愿景之一就是确保伦敦成为创新的可持续中心。

（二）优越的市场环境和资本条件

传统金融行业和时尚行业等通过应用新技术实现升级的需求构成了伦敦巨大的创新空间。作为全球顶级城市代表的伦敦，一直都以金融、商业、专业化服务、娱乐、零售、媒体和医学而闻名于世。伦敦许多具有国际声誉的产业部门还拥有诸多新兴知识与创意性优势，包括时尚、艺术与设计、创意产业、IT 与生物技术等。除了艺术、创意产业优势外，伦敦作为世界金融中心，具有深厚发达的传统金融业。伦敦拥有外资银行 200 多家，外资金融服务公司近 600 家。伦敦传统金融行业的“互联网＋”催生了巨大的市场需求，也催生了许多从事金融科技（Fintech）的创业公司。转账换汇（如 Azimo）、信用贷款（如 Funding Circle）、移动支付（如 Powa Technologies）等领域都聚集了一批十分有活力的创业企业，甚至有独角兽企业出现。同样地，伦敦时尚行业由线下到线上的变革也催生了一批电子商务企业的出现。其中，ASOS、FarFetch 目前都已是市值过百万美元、业务全球化的科创企业。

此外，得益于伦敦国际化大都市的地位、极度开放的制度条件、英语环境和独特的时区地理位置，创业公司在伦敦可以与世界进行交流。许多科技创业公司都把伦敦作为开拓整个欧洲市场的根据地。

伦敦作为老牌的金融城市，在融资方面具有无可比拟的优势。伦敦政府通过 EIS 和 SEIS 两项计划为投资者提供高达 50%的税收减免优惠，有力地激发了高收入人群参与创业投资活动的积极性。根据 Compass 2015 年的数据，伦敦种子轮融资金额超过欧洲平均水平 17%，A 轮融资则超过 26%。伦敦初期融资方面的优势非常明显，创业者可以获得投资的渠道从众筹到天使再到企业加速器。此外，伦敦堪称欧洲风险投资中心，也吸引了众多海外风投。

（三）科教资源和国际化人才结构

伦敦是英国乃至整个欧洲的科教中心之一。伦敦集中了英国 1/3 的高等院校和科研机构，同时还有大量的思想库和科研院所，每年高校毕业生占全国的 40%。伦敦还是世界顶级大学最多的城市，包括帝国理工学院、伦敦大学学院等。其中伦敦大学是英国及欧洲规模最大的大学，拥有 17000 多名在校生。这些大学和科研机构与本地的产业紧密联系，为高科技产业提供了技术和人才供给。伦敦涌现出的人工智能领域独角兽企业，如 2014 年 Google 收购的 Deepmind、2016 年 Microsoft 收购的 Swiftkey，都与伦敦帝国理工学院、伦敦大学学院、剑桥大学、牛津大学等在应用数学、计算机科学和机器学习领域的创新研究紧密关联。

伦敦还具有可以比肩硅谷和纽约的国际化的人才资源。得益于欧盟人才自由流通政策、天狼星计划（Sirius Programme）[①]和吸引国际科技人才前来英国就业的杰出人才移民签证（Exceptional Talent Visa），英国吸引了大量来自欧洲和全世界的高科技人才。而今，伦敦科技创业企业的从业人员多达 150 万，从研发到商业运营，外籍雇员比例高达 53%。人才的国际化还带来了创造力和开放性。对于创业企业来讲，不同的文化背景和语言能力不仅可在全球市场开发上受益良多，而且它所带来的技术理念的多视角和商业思维的多元化更有利于激

① 2013 年，伦敦启动天狼星计划（Sirius Programme），提供创业资金与培训资源以留住计划创业的海外学生。该计划要求创业团队必须两人以上，并且成员有一半不是英国居民，提供 1.2 万英镑的创业资金与创业培训资源等，计划为优秀的科技与数字产业人才提供免雇主担保签证，由科技城出面担保。

发创新。只要是在这个城市里生活、工作的人，都是“伦敦人(Londoner)”。外来人口塑造了整个城市的开放生态，而城市的开放生态又吸引更多的外来人口来此聚集。

(四)政府开放数据塑造数字经济

英国政府提出了发展数字经济的战略，并构建了相应的战略框架。该框架不仅强调了英国政府的作用，更是将与数字经济相关的各类主体纳入进来，而且包含人才、贸易、基础设施和投资等各类要素，要求各类主体和要素高度协同，推动创新的可持续性。

伦敦政府通过多种政策和举措促进政府数据的开放共享，这些开放的数据为数字型经济的创业制造了新的机会。伦敦2013年颁布的《伦敦政府统计数据使用实施规范》和《地方政府统计数据使用实施规范》规范了数据平台建设维护标准。2016年颁布的《开放数据战略》确立了伦敦市政府直接管理、专业公司配合的运维机制。在基础性的数据服务上，伦敦数据仓库还开发了多种功能模块，为用户进行数据分析和开发提供支持。这些功能包括：提供在线定制工具，根据研究复杂程度和数据需求设定权限；开发伦敦城市仪表盘计划(London City Dashboard,LCD)，通过定期更新伦敦数据仓库中的关键数据，反映城市的整体运营状况；提供标准化数据的API接口，鼓励创新应用等。

英国政府在推动数据开放方面成效显著。根据《全球开放资料研究报告》的评价，在开放资料执行和成效上，英国排名第1位。伦敦数据仓库是一个综合性的数据平台，其数据包含多个维度，内容上覆盖了人口、住房、商务与经济、就业与技能培训、生态环境、健康、规划实施、交通、体育、基础教育、犯罪与安全、艺术与文化12个大类、26个小类。巨量的开放数据形成了充足的新型生产要素的供给，为英国培育数据驱动型经济创造了有利条件。

第二节　国内案例

本书选取了7家科技园区进行介绍，包括台湾新竹科技园和6家国家高新区。台湾新竹科技园是亚洲最早、也是最成功的科技园区之一，是我国其他地区科技园区学习的典范。国家高新区是我国创新发展的主阵地，聚集了最多的创新资源、创新企业，并形成了优越的创新生态环境。本书选取了当前国家高新区中10家世界一流园区试点园区的6家，即北京中关村、深圳国家自主创新示范区、武汉东湖高新区、杭州高新区(滨江区)、成都高新区和合肥高新区。北京中关村是我国最早的科技园区，也是我国创新能力最强、创新生态最优越的科技园区。深圳国家自主创新示范区则被誉为“东方硅谷”，近年来爆发出强大的创新活力。武汉东湖高新区是中部转型升级的典范，依托密集的科教资源，通过促进产学研结合，提升城市形态，正崛起成为中部的创新高地。杭州高新区（滨江区）、成都高新区和合肥高新区则是国家高新区中的新贵，通过锐意改革、持续的创新投入和创新环境营造，成功把握住了新经济的发展机遇。

一、台湾新竹科技园[①]

台湾新竹科技园于1980年12月创立，规划面积21平方千米。新竹科技园的诞生寄托着台湾“突破台湾劳动密集产业发展瓶颈，促进本地区科技生根、产业升级”的希望，经过近40年的发展，新竹科技园取得了巨大的成功，成为全球最大的电子信息制造中心之一（其电子信息产业位居全球第3位，半导体产业位居全球第4位），拥有台基电、华硕、联合微电子等世界级企业，并形成集成电路、电脑及辅助设备、通信、光电、精密机械、生物技术六大支柱产业。这六大产业的总产值占园区总产值的90%以上。最新数据显示，新竹科技园累计入区登记厂商538家，从业人员15万余人（不含园区内工商服务业3000余人），园区总产值达万亿元新台币（约为2500亿元人民币，相当于每平方千米产值为400亿元新台币），园区GDP约占台湾地区GDP的10%。1995年5月，美国《商业周刊》将新竹称为“亚洲硅谷”。美国 *Site Science* 杂志还将其评为近年来全球发展最快的十大科技园区中第1位。

新竹科技园的成功源自塑造了优越的创新生态，有效整合了政府、企业、高校、科研院所等创新主体力量，有效促进了这些主体的互动和协同。新竹科技园区培育创新生态的主要做法和成功经验可以总结为以下四个方面。

（一）政府前瞻性的规划、有力引导和高效服务

当地政府对新竹科技园的发展寄予厚望，因而在一开始，就对园区进行了统一的规划布局和基础设施建设，除了在选址上尽可能靠近经济中心、港口和科教资源外，还确定了“高科技化”“学院化”“社区化”与“国际化”的建区方针。在产业发展定位上，当地政府极具战略眼光和前瞻性，为园区选择了电子计算机及外围设备、精密仪器机械、生物工程、集成电路、通信、光电等极具发展潜力的六大高科技领域。1994年，新竹科技园制定了《科学园区未来十年发展远景规划方案》，描绘了新竹科技园未来的发展。规划方案中提出：用10年时间，将新竹科

① 本案例主要参考资料：陶希东，安永生．全球科技创新中心建设的台湾经验及启示[J]．上海城市规划，2015(2)：34-38．石进平．台湾科技园区管理模式分析及对厦门火炬高新区的借鉴意义[J]．现代营销，2015(6)：111-113．夏海力，廖瑛．台湾新竹发展高新技术产业的经验及对苏州的启示研究[J]．科技创业月刊，2006，19(11)：107-108.

技园建设成为亚太高附加值产品开发制造中心。事实证明，这些产业都是21世纪的明星产业，集成电路产业更是成为市场规模最大、利润最丰厚、行业带动性最强的产业之一。

新竹科技园还构建了集中高效的行政管理体系。其管理部门由园区指导委员会和园区管理局组成，其中指导委员会为综合性的、跨部门的最高级别领导机构。指导委员会负责园区发展的重大决策，而管理局负责园区规划和日常运营。新竹科技园提出“厂商服务，区内完成”的口号，通过一系列措施实现了行政服务的集中化和便利化。新竹科技园还实施了一系列的税收优惠政策，用于激励科技创新和孵育高科技企业成长。这些政策包括《产业创新条例》《创业投资事业推动方案》《科学工业园区创新技术研究发展计划奖助实施要点》及《科学工业园区固本精进计划》等。新竹科技园还基于园区的发展目标，建立了相应的绩效考评制度，评价的指标包括技术价值、有效税率、就业增加、税收回馈等量化数据，考评的结果既作为奖励的依据，也为园区未来的决策提供参考支持。

(二)拥有丰富的科教资源和人才优势

新竹科技园在创立之初就有意靠近科技资源，因而附近云集了许多高水平的高校和科研机构，包括台湾“清华大学”、台湾“交通大学”、台湾“中华工学院”、台湾工业技术研究院等。其中，台湾工业技术研究院对台湾高技术产业，尤其是半导体产业的崛起产生了举足轻重的影响。台湾工业技术研究院设有电子、光电、计算机与通信、材料、机械、化工、能源与资源等7个研究所以及航天、量测、纳米、生物工程、工业安全卫生等5个研究中心，拥有5000多名研究人员。自成立以来，台湾工业技术研究院培育出70多位产业CEO，创立及孵化企业200多家，累积授权专利超过两万件，不但为台湾产业提供了许多前沿性、关键性技术，培育了大批高水平的科技人才，而且还通过人才衍生创业培育出许多高科技企业。这些高科技企业一部分成长为世界级的高科技企业。新竹科技园还拥有一大批优秀的科技人员和技术工人，高学历人才规模是平均水平的两倍以上。新竹科技园十分重视人才的引进和培养。在人才引进上，科技园会提供经费邀请在硅谷的留学生和华人技术人员参观新竹。他们为台湾高科技产业带来了先进的理念和技术，是园区高科技产业的主体力量。为了更有效地促进技术转移和培育本土人才，新竹科技园还规定企业雇用的本地科技人员至少要占到全部科技人员的一半以上，否则无法享受免税政策。新竹科技园还通过多种手段，促进人力资源的开发和利用。如允许科技人员用其专利权或专门技术作为股份投资(其作价最高达总投资额的25%)，成立人力资源管理协会、科学管理学会等团体组织。鼓励企业分配股份给员工，鼓励园区科技人员在职进修等。

(三)构建以本土企业为主体的创新体系

新竹科技园在发展高科技产业的策略上,坚持自主创新为主,培育本土企业为主。台湾的10大企业中,有7家是从新竹培育出来的本土企业。新竹科技园现有的众多公司中,几乎没有外资企业。从台湾本土高科技企业的成长轨迹来看,其自主创新能力的培养,是在开放创新的基础上分阶段实现的。在园区早期发展阶段,园区企业致力于与硅谷企业建立联系,引进技术、人才和项目,以技术引进和学习为主。以半导体产业为例,在该阶段,台湾的联电、台积电等企业通过获取美国订单,以进行OEM生产的方式完成产业技术和产业链上、下游的积累,然后通过加大资本和人才投入,致力于核心技术开发和自有品牌建设,摆脱了纯粹的OEM代工角色,成功实现了技术突破和产业链的爬升。围绕高科技企业的需求,新竹科技园还注重培育各种专业化的中介服务机构。这些中介机构是园区创新生态的有机组成部分,通过提供专业化的服务,为企业成长,尤其是中小企业的成长提供了重要资金、技术、人才、信息等方面的支撑。园区企业之间的人才流动以及从大企业离职的衍生创业十分活跃,实现了从大企业到大中小企业共生的企业集群的扩展。新竹科技园的人均公司密度世界第一,平均每18个人就有1个公司。数量众多的中小企业极具创新活力,不仅显著提升了新竹科技园的创新能力,而且还为园区文化氛围的打造发挥了重要的作用。

(四)活跃的风险投资和资本市场建设

现代高科技产业的发展离不开风险投资,新竹科技园十分注重利用风险投资助力园区高科技产业的成长。在园区发展早期,市场化的风险投资机构还比较匮乏。当地政府通过加强政府投入来弥补风险投资的不足,先后颁布了组织基金的公司法,设立多项科技专项资助资金和种子基金参与创业投资活动。台湾还陆续开放保险公司、民营银行资金投资创办投资公司,这不仅促进了台湾本土民间的、市场化的金融机构的发展,而且还吸引了美国、德国、日本的许多国际风投资金进入台湾。台湾还注重培育发展本土的资本市场,构建了由集中交易市场、柜台市场和兴柜市场三部分组成的证券市场。其中柜台市场主要面向未上市的高科技中小企业,解决这类企业募集资金的问题,同时也为这些早期资本提供了退出通道。

此外,新竹科技园的成功还源自鼓励创新、注重合作、宽容失败的文化氛围。这种文化氛围作为一种泛在的非制度因素影响着新竹科技园发展的方方面面。

二、北京中关村

北京中关村示范区(简称“中关村”)起源于20世纪80年代初的“中关村电子一条街”。1988年5月,国务院批准成立“北京新技术产业开发实验区”,是我国第一家国家级高新区。2009 年,又成为第一家国家自主创新示范区。中关村是我国科技体制改革的发源地,占据我国科技园区的头把交椅。

经过 30 年的发展,中关村已经扩展到“一区十六园”,总占地面积约 488 平方千米。2017 年,中关村企业总收入超过 5 万亿元,对北京经济增长贡献率达 34%。截至 2017 年年底,中关村企业总数超过 2 万家,其中高新技术企业 1.3 万家,上市公司 300 多家,新三板挂牌企业 1600 多家,独角兽企业近 70 家。中关村在人工智能、大数据、新材料、生物医药等战略性新兴产业领域新涌现出大批原创性成果和创新型企业。在新时期,中关村科技园将自身的目标定位于成为在全世界具有较高影响力的科技创新中心。

世界一流的创新创业生态是中关村创新发展的核心竞争力。中关村创新创业生态系统包括高校院所、科技企业、优秀人才、创业投资、孵化服务、创新政策等要素。中关村打造创新生态的经验做法可以总结为以下四个方面。

(一)密集的科教资源和顶尖的技术创新实力

中关村是全球罕见的科教资源密集区,高等学府、科研院所云集,科教资源的数量和质量都一骑绝尘。数据显示,仅中关村核心区就有以北京大学、清华大学为代表的高等院校 32 所,拥有中国科学院为代表的国家级及省市级科研院所 206 个。科研实力雄厚的高校和科研院所为中关村的科技创新提供了强力支撑,也为中关村提供了充沛的高端人才供给。

中关村依托国内一流高校和大院大所,瞄准世界科技创新前沿趋势进行超前布局,努力提升自主创新能力。中关村在重大科技创新上取得了突出的成就,仅 2017 年,中关村企业就获得国家科学技术奖励 51 项,包括国家科学技术进步奖 36 项、国家技术发明奖 15 项。中关村还注重加快科技成果转化,培育“高精尖”产业集群。中关村的技术合同交易额占到全国的 1/3,其中 80%的技术辐射到全国。中关村从 20 世纪 80 年代开始,每年都诞生一批世界级的领军企业,从最早的联想、方正,到搜狐、百度,再到小米和旷视科技,中关村始终是世界高科技产业的策源地和大本营之一。在移动互联网、电子商务、计算机视觉、人工智能芯片、无人驾驶、高清和液晶显示技术等领域走在了世界的前列。

(二)突出的人才优势和完善的人才政策

中关村还是我国第一个国家级人才特区(2011 年,中组部、国家发改委、教育部、科技部等 15 个中央和国家部委与北京市联合出台政策,决定在中关村全面建设中国特色人才特区)。围绕人才特区建设,中关村建立了完善的政策支撑体系。

在人才引进方面,中关村先后实施了 13 项人才政策、人才八条、中关村先行先试 10 项人才政策等,建立起多层次的引才聚才通道。有面向海外人才的国家高层次人才和海聚工程,还有中关村高聚工程和面向青年才俊的雏鹰计划。特别是2018年年初，中关村联合相关国家部委出台了中关村国际人才20条等，在外籍人才出入境(如出入境新政中的绿卡直通车政策，被外籍人才誉为“世界上办理速度最快的绿卡”)、外籍人才申请在华永久居留积分评估制度等方面作出突破性探索。在人才激励方面，中关村针对科技成果转化中的痛点和堵点问题，推出“1+6”、新四条、新新四条等先行先试政策，有效破解了科技成果转化中的瓶颈问题，激发了科技人员的积极性。在人才评价方面，中关村针对人才评价中唯学历、唯职称、唯论文的问题，出台了“中关村高端领军人才教授级高工职称评审直通车”，建立了以业绩和能力为主要指标的评价导向。在人才留用方面，中关村支持顶尖科学家领衔新型研发机构建设，建成中关村海外人才创业园42家，为海外人才提供孵化面积60多万平方米。

人才资源方面的先天优势和完善领先的人才支撑政策，使得中关村成为世界级的人才高地。截至2018年6月，中关村拥有全国19%的国家高层次人才，拥有近4万人的海归创业人才，本科以上学历人数占比达到50%以上。

(三)国家支持和政策先行先试优势

中关村是我国第一个国家高新区和第一个自主创新示范区，是我国重要的国家战略支撑力量，党中央国务院一直高度重视中关村的创新发展，在各方面给予强力支持。1999年6月，国务院批复要求加快建设中关村科技园区。2009年3月，国务院批复建设中关村国家自主创新示范区，要求把中关村建设成为具有全球影响力的科技创新中心。在科技部等部委的支持下，组建中关村创新平台，形成跨层级、跨部门的协同工作机制。成立了由科技部牵头的部际协调小组，数次召开部际协调小组会议，研究解决中关村发展中的重大问题。特别是党的十八大以来，国务院批复的《北京加强建设全国科技创新中心总体方案》《北京城市总体规划(2016～2035年)》都明确提出以中关村为主要建设载体。

作为国家科技体制改革的试验田和国家自主创新示范区，中关村拥有政策“先行先试”的独特优势。在中关村，诞生了我国第一家民营科技企业，第一家不核定经营范围的企业，第一家无形资产占注册资本100%的企业，第一家有限合伙投资机构，第一只政府引导基金，第一部科技园区地方立法。2009年以来，国务院先后支持中关村开展3批先行先试政策试点，分别是“1+6”“新四条”“新新四条”系列政策，在下放成果管理权限、实施股权激励、扩大科研经费使用自主权、研发费用税前加计扣除等方面进行了有益探索，试点成熟的16项科技创新政策先后推广至全国范围实施。此外，在有关部委的大力支持下，中关村围绕人才管理改革试验、金融中心建设、现代服务业试点、入境动植物生物材料检验检疫、国际人才居留等方面，积极推进各项改革试点，均取得了积极成效。尤其是2018年年初的中关村人才20条政策的多项条款均为全国首创。

(四)科技资本云集和优越的创新创业服务

中关村还是中国风险投资和国际风投资本在中国业务的大本营。目前,中关村活跃着2万多名天使投资人,有670多家知名创业投资机构,IDG、联想投资、今日资本、北极光创投、启迪创投等一批境内外知名投资机构已成为中关村的合作伙伴,管理资金规模超过200亿美元。中关村还活跃着全国最大的天使投资人队伍,创业投资持续活跃,创业投资案例数、投资额约占全国的1/3。2017年,中关村股权投资案例和金额均占全国的1/3以上。

中关村聚集了1000余家高水平、多元化的创新创业服务机构,形成了完善的创新创业服务体系。中关村拥有航天云网等大企业双创平台30余家,以车库咖啡、天使汇、创业邦为代表的创新型孵化器90多家,29家大学科技园,26家特色产业孵化平台,形成了以中关村创业大街、中关村智造大街、"回+"双创社区为代表的特色创新创业集聚区。中关村的创新创业服务机构不仅在规模上优势突出,而且模式先进,形成了大企业加速模式、天使孵化模式、股权众筹模式、创客孵化模式等十大服务模式,构建了创新与创业相结合、线上与线下相结合、孵化与投资相结合的双创服务体系。

三、深圳国家自主创新示范区

深圳一直是我国改革开放的一面旗帜,而今,深圳又成为我国科技创新的一面旗帜,被誉为"东方硅谷""创新之城"。深圳已经实现了从加工制造基地向科技产业创新中心的转变。目前,深圳的全社会研发投入占GDP的比重超过4%。深圳拥有全国一半的PCT国际专利申请量,万人有效发明专利拥有量为全国均值的1.3倍。深圳在通信、显示、基因、新型材料、新能源汽车和无人机等领域,创新能力居于世界前沿,培育了华为、中兴、腾讯、创维、大疆、迈瑞等一大批本土成长的世界级科技企业。2014年,深圳获批国家自主创新示范区,是我国首个以城市为单元的国家自主创新示范区。2018年,深圳明确了"面向两个一百年"的城市发展目标——到2020年,基本建成现代化国际化创新型城市,到2035年,建成可持续发展的全球创新之都,到21世纪中叶,成为竞争力、影响力卓著的创新引领型全球城市。深圳国家自主创新示范区打造创新生态的经验做法可以总结为以下五个方面。

(一)政府深谋远虑,强力推动转型升级

深圳实现从"科技荒漠"到"科技绿洲"的转变,与深圳市政府的深谋远虑和强力投入密不可分。早在1995年,深圳就提出了"二次创业"的口号,率先提出调整产业结构、发展高新科技产业的发展观。到2005年,深圳又自我解剖,指出现有发展模式下的"四个难以为继"(土地、空间难以为继;能源、水资源难以为继;城市不堪人口重负,难以为继;环境承载力难以为继),由此提出从"速度深圳"向"效益深圳"的升级转型。随后,深圳通过"效益深圳"指数引导评价导向的调整,指数以"经济增长中科技贡献率显著提高"为三项原则之一,将"研究与试验发展经费支出占GDP比重、财政性教育经费支出占GDP比重、高新技术产品增加值占GDP比重、全社会劳动生产率"等作为重要指标。此后,深圳在立法保障财政科技投入稳定增长、规划布局战略性新兴产业发展、完善科技创新政策法规方面开展了大量实践。2015年,深圳提出构建综合创新生态体系。深圳市政府的自省和自觉行动,为深圳市转型升级和创新发展赢得了宝贵的窗口期,很大程度上造就了深圳今日在科技创新上的辉煌成就。

深圳政府一直是科技创新的重要投入者。深圳的科技财政投入水平逐年增长,尤其是2009年,虽然国际金融危机导致财政收入下降,但科技财政支出的水平却仍然同比增长超过40%。深圳政府的科技投入起到了很强的引导和杠杆作用,带动全社会的研发投入也逐年攀升。到2017年,深圳研发投入超过900亿元,占GDP的比重为4.13%,与世界排名第1位、第2位的以色列和韩国的水平相当。深圳还围绕创新发展加强统筹协调,出台了全国首部国家创新型城市总体规划和第一部地方性科技创新法规,先后出台自主创新33条、创新驱动发展"1+10"文件、战略性新兴产业及未来产业规划等系列政策,形成了覆盖创新全过程的、完善的创新政策体系。深圳还通过出台知识产权保护专项法规、专项政策,设立知识产权法庭,加强实施产权执法等多种授权,成为我国知识产权保护最严格的城市之一。

(二)加强创新载体建设,聚集创新资源

深圳经济特区起步于一个小渔村,国家布局的科教资源很少,缺少高等院校和科研院所一直是深圳区域创新系统的突出短板。对此,深圳加大投入,外引内建。在高等教育方面,面向全球知名大学和高水平院校,通过合作办学等灵活形式,引入优质教育资源,建立了南方科技大学、深圳大学、清华伯克利深圳学院等多所特色学校。在科技服务平台建设方面,深圳重视依托企业,建成了1600多家国家、省、市级重点实验室、工程实验室、工程(技术)研究中心和企业技术中心等创新载体,建设了深圳清华研究院、光启研究院、华大基因研究院、中科院深圳先进院等一大批新型研发机构。深圳还重视科技资源的开放共享,实现了8000余台大中型科研仪器设备向企业的开放。近两年,深圳开始向基础科学、前沿科学领域发力,投资建设了12.3亿元的国家超级计算机深圳中心,在化学、医学、光电等领域建立10个由诺贝尔奖获奖科学家领衔的实验室。

深圳还重视高层次人才的引进和培育。通过实施孔雀计划,累计引进孔雀计划创新团队 86 个,海外留学归国人才 7 万多人。2017 年,深圳发布了《深圳经济特区人才工作条例》,更系统地、更大力度地加大了对人才的激励。“十三五”期间,深圳计划每年用于人才的市区两级财政投入达 125 亿元。深圳通过一系列有力举措,有效弥补了创新生态中的短板,并把短板变成了长板,在研发投入、科研机构、高企、专利产出等指标方面已经位居全国前列。

(三)市场机制和企业创新的主体地位

企业是创新的真正主体,是实现创新价值的关键推手。深圳是我国最开放、市场化程度最高、营商环境最优越的城市。深圳的区域创新体系是以企业为主体的,集中表现为“6 个 90%”,即 90%的创新型企业是本土企业、90%的研发人员在企业、90%的科研投入来源于企业、90%的专利产生于企业、90%的研发机构建在企业、90%以上的重大科技项目发明专利来源于龙头企业。企业在区域创新体系中扮演着主要角色,能够以最快速、最有效率的方式,将市场需求转变为产品和服务概念,再转变成为对科学技术的需求。深圳的高科技企业超过 3 万家,这些企业能够组织起足够规模和体量的研发互动,创造出澎湃的创新动力,支撑深圳成为世界级的创新高地。

(四)完善的产业配套和发达的金融服务

科技成果的产业化,或者从想法概念到产品实现,需要两个关键的实现条件:一个是完整的产业链支撑,另一个是风险投资等资本支撑。而对于这两个条件,深圳都具有突出优势。

深圳拥有完备成熟的产业配套,能够便捷、低成本地实现创新的产业化。经过 30 多年的积累,深圳拥有了较为完善的电子硬件领域的上、下游产业链。在深圳华强北,创客可以找到所有想要的原材料,在不到一星期的时间内,就能完成“产品原型—产品—小批量生产”的整个过程,而成本可能只相当于硅谷的 1%~5%。深圳的制造业基础加上产业链优势,让深圳变成了“创客天堂”。深圳还是中国的创投之都,聚集了全国 1/3 的创投机构和风险资本。深圳还针对创新活动的特征,创新财政投入方式,形成多元化、有偿和无偿相结合、保障性和择优性相结合的财政投机制。深圳市政府还鼓励传统金融机构创新产品和服务,提升对科技创新活动的金融供给。仅 2017 年,就发放 1568 万元的银政企合作项目贴息支持,合作银行发放贷款总额近 60 亿元。

(五)有利于创新创业的社会环境

深圳具有有利于创新创业的社会环境优势,主要体现在市场环境、法治环境、政策环境和文化环境四个方面。

第一，市场环境方面。深圳是我国改革开放的窗口，多年来形成了与国际接轨的、公平法制的营商环境。在深圳，开放透明、公平竞争的市场秩序得以维护，企业家精神能够得到尊重和激发。近年来，深圳市政府通过加强创新投入，建设创新平台等各种措施，加强了创新的公共产品的供给，有效弥补了在创新方面的“市场失灵”，让政府和市场形成了协同效应。第二，法治环境方面。法治是现代经济和社会治理的重要形式，深圳市政府重视通过法治手段支持创新。2008年，深圳出台了《深圳经济特区科技创新促进条例》，这是全国第一部地方性科技创新法规。2013年，深圳又出台了《深圳经济特区技术转移促进条例》，以地方性法规的方式推动科技成果转移转化。第三，政策环境方面。深圳市通过制定创新型城市规划、创新驱动“1＋10”等政策文件，构建了完整的创新政策体系。第四，文化环境方面。深圳是典型的移民城市，在开放包容的移民文化之上，又注入了鼓励创新、宽容失败的内涵，让深圳形成了创新创业的文化优势。

四、武汉东湖高新区

武汉东湖高新区创建于1988年，是国务院批准成立的首批国家高新区之一。2001年，东湖高新区被国家计委、科技部批准为国家光电子产业基地，即“武汉·中国光谷”。2006年，被科技部列为世界一流高科技园区试点园区。2009年12月，被国务院批准为第二个国家自主创新示范区。2017年4月，东湖高新区成为湖北自贸区核心片区。近年来，东湖高新区围绕建设有全球影响力的创新创业中心和世界一流科技园区的目标，在双创、特色和新兴产业培育、生态建设等方面取得了突出的成绩。2017年，东湖高新区总营收突破1.2万亿元，高新技术企业总数达到1800多家，初步形成了以光电子信息、生命健康、节能环保、高端装备制造、高技术服务五大千亿元级产业为主导，集成电路和新型显示、数字经济两大新兴领域蓬勃发展的“5＋2”产业体系。东湖高新区在光电子信息产业方面拥有全球影响力，已建成国内最大的光纤光缆制造基地、光电器件生产基地、光通信技术研发基地和激光设备生产基地。

2018年6月19日，东湖高新区发布《中国光谷2035创新驱动发展战略行动纲要》。纲要提出实施“三步走”战略，其中，到2035年，光谷综合实力进入全球高科技园区前列，成为全球创新创业网络的重要枢纽，基本建成“世界光谷”。发展路径为“一个生态、双轮驱动、三条路径、四大经济”。一个生态，指构建具有光谷特色的全球创新创业生态高地；双轮驱动，指科技创新和体制机制创新相互协调、持续发力；三条路径，指实施创业成长、科技创新转化、全球开放链接；四大经济，指大力发展智能经济、网络经济、平台经济、健康经济。

东湖高新区打造具有光谷特色的创新创业生态的经验做法可以总结为以下四个方面。

(一)加强双创平台建设，形成浓郁创新创业文化

东湖高新区汇聚了42家高校、56家科研院所、30多家国家重点科研机构，是国家高新区中第二大智力资源密集区。因此，东湖高新区通过建设工研院等多种措施，有效增进了产业与高校的联系，初步形成了“老板当教授，教授当老板”的人才良性流动机制，探索了“引进一个人才，创办一家企业，带动一个产业，反哺一门学科”的循环发展模式。在创新平台建设方面，东湖高新区还围绕主导产业发展需求，推进建设了精密重力测量国家重大科技基础设施、武汉光电国家研究中心、华科大生物医学成像设施等重大科技创新平台以及国家信息光电子创新中心、数字化设计与制造国家创新中心、先进存储产业创新中心等重大产业创新平台，增强了新兴产业创新支撑能力。截至2018年年底，东湖高新区已经建成工研院9家、产业技术创新联盟近60家、企业为主体的省级以上技术创新平台270多家(国家级29家)。在创业平台载体建设方面，东湖高新区拥有孵化器(加速器)60多家，其中国家级17家，孵化面积达500万平方米；建设众创空间80多家，其中国家级30家(含5家国家级专业化众创空间)。东湖高新区还鼓励龙头企业内部创业，建设了烽火创新谷、华工科技光造空间、盛隆创业大学等内部创业平台。

东湖高新区通过打造光谷青桐汇、东湖创客汇、楚才回家等活动品牌，营造浓郁的创新创业文化氛围，有效激发区域的双创活力，形成了“敢于冒险、鼓励创新、崇尚成功、宽容失败”的光谷文化。东湖高新区成功推动举办了斗鱼嘉年华、中国电子竞技青年大赛等创新创业活动，日均创业活动达到6场，其中，光谷青桐汇已经形成品牌，模式输出到全国。

(二)加强新兴产业培育，形成光谷特色产业集群

东湖高新区构建了以产业链为核心，创新链、人才链、资金链、政策链为外围的五链协同产业培育体系。东湖高新区还探索出“创业—瞪羚—独角兽”的科技型企业非线性成长机制，构建了“众创空间—孵化器—加速器—专业园”的全链条科技创业孵化链条，年新增创业企业万家以上。2017年，东湖高新区拥有瞪羚企业320家、独角兽企业5家，居全国高新区第4位。

光通信产业是东湖高新区发展最早、独具特色的产业，也是得名“光谷”的原因。2017年，东湖高新区光电子信息产业总收入超过5500亿元，拥有长飞、烽

火等百亿元企业7家、规模以上企业138家,已经形成“芯—屏—端—网”万亿级的光电子信息产业集群。东湖高新区已经成为我国最大的光纤光缆、光电器件生产基地和光通信技术研发基地。激光产业市场占有率国内领先,是全国三大激光研发和产业基地之一。东湖高新区还积极抢抓国家战略性产业布局,在储存器、芯片、液晶面板等领域成为国家级产业基地。在集成电路方面,东湖高新区拥有国家投资额度最大的集成电路产业化项目;在新型显示方面,东湖高新区拥有总投资超过1000亿元的全球最大中小尺寸显示器生产和研发基地。

在数字经济方面,东湖高新区致力于推进互联网领军企业在区内设立第二总部,目前已经有小米科技、科大讯飞、海康威视、奇虎360等20余家企业的第二总部入驻。东湖高新区还瞄准未来产业,进行前瞻性布局,出台了全国首个地方性人工智能产业发展政策及产业规划,以3D打印、网络直播、VR/AR为代表的新兴产业业态已经形成先发优势,涌现出了斗鱼直播、奇米网络、斑马快跑等该领域的独角兽或准独角兽企业。东湖高新区的生物医药产业也发展迅速,根据《2018年中国生物医药产业园区发展现状分析报告》,武汉东湖高新区的生物医药产业综合排名第3位,其中人才竞争力位列第1位。

(三)加快体制机制创新,提升区域创新发展活力

东湖高新区一直是我国体制机制创新的排头兵,诞生了我国第一个科技企业孵化器、第一个知识产权工作示范园,实施了我国第一家央企股权激励试点,出台了“科技十条”“汉十条”“黄金十条”“光谷创业十条”等具有影响力的创新创业政策,出台了首个国家自主创新示范区条例,为创新者和改革者提供法律保障。

在新时期,东湖高新区推进国家自创区和自贸区“双自联动”,以“四制创新”为抓手,加速改革创新。在政务服务改革方面,围绕“马上办、网上办、一次办”,出台“三办”改革新八条,发布“三办”清单,推进“互联网+政务服务”新模式,不断提升政府服务效能。在促进科技成果转化方面,制定“新黄金十条”“文化科技十条”“大学生十条”等系列支持政策,构建科技成果“四级跳”模式,实施科技成果所有权混合所有制改革,设立“科技悬赏奖”,并建立了重点产业的专利导航和知识产权保护机制。在金融服务方面,组建光谷金控集团,设立500亿元产业引导基金,探索投贷联动、融资租赁、商业保理等新型金融服务模式和业态,推出全国首个海外留学回国人员创新创业板。在海外投资贸易方面,升级负面抢单,不断深化投资贸易便利化制度改革。

武汉——成立科技成果转化局

近年来，武汉通过在组织层面的“高段位”“大手笔”有力破除产学研部门的协同障碍，围绕实施“大学＋”战略，加强改革措施的系统集成及实施。

武汉市建立统一高效的组织领导机构，成立由市委主要领导任组长，市政府主要领导、在汉“985”高校校长、中科院武汉分院院长任副组长，9所在汉高校和科研院所主要负责人及科技局、发改委等25个市直部门和开发区主要负责人共同参与的科技成果转化工作领导小组，负责顶层设计、研究重大问题、制定重要政策；设立“虚拟机构、实体运作”的科技成果转化局，统一负责制定工作计划、出台支持政策、建立服务体系、搭建服务平台、开展对接活动、实施督办考核等；组建院士专家顾问团，为科技成果转化提供高水平的智力支持；成立武汉市知识产权保护中心，建立集快速审查、快速确权、快速维权为一体的知识产权快速协同保护体制机制；创新建设“环大学经济带”，探索建立工业技术研究院，分类建设科创小微企业园和现代产业园等，打造共性技术研发、产品试制、中试熟化、检测检验等服务载体，促进科技成果转化的前端服务，培育引进领军企业、带动一批配套企业，构建梯次布局、有序联动的技术转移转化通道和产业承载基地。

武汉市通过组织创新、供需对接、服务联动、载体建设，汇聚政府、高校、企业的作用，合力打通科技成果转化的“最后一公里”。

（四）强力引聚智力资源，全面推进开放创新发展

东湖高新区以打造全球创新网络重要节点为目标，以“四大资智聚汉工程”为依托，加快“走出去”“引进来”。主要做法如下：

强力推动招才引智。发挥光谷地区智力资源密集优势，大力实施“百万大学生留汉创业就业”“百万校友资智回汉”“高校科研成果转化对接”“海外科创人才来汉发展”四大资智聚汉工程，聚力发展“菁英经济”“校友经济”“院士经济”“海归经济”。在硅谷、波士顿、伦敦、多伦多、圣地亚哥、北京、深圳等世界创新创业高地举办招才引智万里行和“3551”国际创新创业大赛、“楚才回家”等活动，成功推动一批海内外高端人才落地和一批科技成果转移转化。

东湖高新区通过会展活动加强与全球领军企业、知名风投机构和创业服务机构的交流合作，成功举办光博会、华创会、生博会等多项国际性会展活动，引进了西门子、Founders Space、Fab-Lab等国际知名创业服务机构。东湖高新区积极响应“一带一路”倡议，强力推动区内企业以建立境外产业园、海外孵化器和创新中心等各种形式“走出去”，区内龙头企业长飞光纤在南非、印度尼西亚等地建设境外产业园，高新区在硅谷建立了光谷创新中心，在波士顿设立了百桥汇海外孵化器，在比利时建设了中比创新园。

五、杭州高新区(滨江区)

杭州高新区成立于1990年，是国务院批准设立的首批国家级高新区之一。2002年6月，杭州高新区与杭州滨江区合并(滨江区于1996年12月设立，由萧山划出的3个乡镇新建而成)，实行“两块牌子，一套人马”。目前，杭州高新区(滨江区)下辖3个街道、59个社区，总面积约92平方千米，户籍人口22.1万。近年来，杭州高新区实施“产业引领、创新驱动、产城融合、民生优先”四大战略，向建设世界一流高科技园区的目标迈进。2017年，杭州高新区的地区生产总值突破千亿元，财政收入达到280多亿元。在2017年科技部火炬中心对全国国家高新区的排名中，杭州高新区排名第4位，仅次于北京、上海和深圳。

杭州高新区打造创新生态、促进创新发展的主要经验可以总结为以下四个方面。

(一)坚持科技创新、人才引进与创业孵化

杭州高新区以科技创新为第一动力，提出把“把技术搞得棒棒的”“把人才搞得多多的”“把孵化器搞得大大的”等口号，在科技创新、人才引进、创业孵化方面取得了突出的成绩。

在科技创新方面，杭州高新区不断提升创新投入水平，科技活动增长率保持在20%左右，研发投入占GDP的比重达13%以上。2017年，杭州高新区专利申请量达到14000多件，其中有近6000件发明专利。专利授权达到7400多件，其中发明专利近2000件。杭州高新区无论是专利申请还是授权，在浙江省都排名第1位。杭州高新区的区内企业先后获得国家科技进步奖16项、国家技术发明奖5项、省级科技奖130项，参与制定国际标准19项、国家标准260多项和行业标准250项，综合创新能力在浙江省各区(县、市)中一直居首位。

在人才引进方面，杭州高新区秉持“聚天下英才而用之”的理念，通过推行“5050计划”，实施20项人才新政，吸引了一大批高端人才来杭州高新区创新创业。截至2017年年底，杭州高新累计引进国际和省级“千人计划”200多人、海外高层次人才6700余人，年均新增大学生就业2.5万人左右，全区本科学历人员占企业总就业人数的50%。2017年引进各类人才26626人，其中理工类本科及以上人员18640人，海外高层次人才1200人。

在创业孵化方面，杭州高新区提出“滨江就是一个大孵化器”的口号，把孵化器建设作为政府推动创新的重要抓手。全区拥有市级以上科技孵化器、众创空间49家，其中国家级19家，每年新注册企业超过8000家。杭州高新区还推进孵化器转型升级，由以场地为主要资源的“二房东”转向以“场地＋服务”为主的“酒店式公寓”，再转向以“场地＋服务＋资本”为主的创新服务综合体，支持制定孵化器标准体系。支持孵化器众创空间集群发展，实现众创、孵化、加速和产业园区全过程精准服务和高效承接。

（二）培育创新型产业集群，抢抓新兴产业机遇

杭州这座城市的崛起与互联网密不可分。杭州的崛起在很大程度上源自抓住了电子信息和新兴互联网产业，包括物联网、大数据、电子商务、数字安防、高端制造等产业的机遇，诞生了阿里这一新兴产业领域的世界级企业。杭州高新区瞄准新兴产业机遇，探索新型产业孵化模式，针对不同类别的产业、不同阶段的企业、不同功能的平台实施全方位、全流程的精准扶持，培育出了一大批领军企业、骨干企业、瞪羚企业、隐形冠军和独角兽企业，享受着新兴产业快速增长乃至爆发式增长带来的发展红利。

当前，杭州高新区已经形成五大新兴高科技产业集群，每个产业集群均有行业领军企业。其中，智慧互联产业集群以阿里巴巴、网易为代表；智慧安防产业集群以海康威视、大华股份、宇视科技为代表；新能源节能环保产业集群以正泰太阳能、聚光科技、英飞特等为代表；网络金融服务产业集群以恒生电子、信雅达、连连科技、pingpong 为代表；智慧医疗产业集群以丁香园、医惠科技等为代表；软件产业集群以浙江中控、迪普科技为代表；集成电路产业集群以士兰微、国芯科技、矽力杰为代表；文化创意产业集群以华数传媒、电魂网络为代表。以信息技术产业为例，杭州高新区 2017 年信息技术产业营收达到 2798.2 亿元，高新技术产业占规模以上工业企业增加值的 96%、占规模以上工业企业利税的 85%、占规模以上工业企业出口总额的 90%，信息经济增加值占地区生产总值的 81.4%。杭州高新区走出了一条主导产业突出、高新特色鲜明的产业发展之路。

（三）推进体制机制创新，努力提升营商环境

杭州高新区坚信“依靠改革可以解决发展中的种种困难”，将推进政府自我变革和先行先试作为激发市场活力的重要手段，提出“不仅要当好店小二，更要当好良医”，做到“望闻问切、对症下药、药到病除”。近年来，在商事制度改革等方面领先全国，输出了许多先进经验和做法，其中“最多跑一次”改革已在全国推广。

杭州高新区持续推动商事制度改革，努力提升营商环境。杭州高新区率先在杭州市完成商事登记、不动产登记、社保医保等 7 个事项的“一事、一窗、一次”改革。在浙江省全省率先推行“1＋X”多证合一改革，建立多证合一、证照联办动态清单，实现外商投资企业设立备案等 17 个多证合一事项、27 个证照联办事项。杭州高新区还率先启动 7×24 小时“不打烊”自助政务服务。内资企业注册可以实现全程网上登记。杭州高新区还实现了一站式的集成审批服务，建立了

投资项目集中服务区。杭州高新区的商事制度改革取得了显著的成效。2017年，杭州高新区全年新增企业8207家，增长了18.3%，新增注册资本500多亿元。

在创新政策和产业政策方面，杭州高新区也走在前面。杭州高新区率先推出海外引才计划，率先设立全省首个知识产权法庭，率先设立政府投资基金，率先布局科技金融服务中心，率先建成全省唯一的全景网路演中心。创新城市工业发展模式，坚定不移地培育和壮大工业企业，推行“研发总部+生产外移”新思路，帮助海康威视、大华股份、英飞特、聚光科技、施强药业、艺福堂等一批企业的生产基地在高新区周边地区落户，辐射带动了大杭州的产业发展。

(四)推进产城人融合，建设国际化生态新城

杭州高新区重视打造宜居宜业的城市环境，通过完善河道、交通、教育、医疗养老、文化体育、商业服务等城市公共服务设施，显著提升城市的宜居水平，获得了“国际滨”的称号。杭州高新区注重控制住宅房地产用地，扩大高新产业用地，确保城市公共配套用地。杭州高新区还落实“绿水青山就是金山银山”的发展理念，有序增加城市绿地公园，大力推进全域城市化、全域景区化。牢固树立节约、集约、高效利用土地的理念，力求“有限空间实现无限发展”，坚持“3+2”产业供地准入门槛(每亩投入600万元、产出1000万元、税收100万元，地下空间开发两层，企业员工300人)。每亩产业用地增加值1100万元，是浙江省全省平均水平的9倍、全市平均水平的7倍，单位产出能耗为全省的1/13，获得全国“国土资源节约集约模范县”称号。

六、成都高新区

成都高新区是1991年国务院首批批准设立的国家高新区之一，是科技部首批确定的世界一流高科技园区试点园区之一，是西部首个国家自主创新示范区，还是四川省全面创新改革试验区和自由贸易试验区核心区。成都高新区实际管辖面积为600多平方千米，形成了“一区四园”的总体布局。四园包括空港新城、高新南区、高新西区和天府国际生物城。成都高新区形成了电子信息、生物医药和新经济三大产业。近年来，成都高新区快速发展，迅速崛起为西部的创新发展高地。2017年，成都高新区实现地区生产总值1600多亿元，聚集市场主体15万余家。新时期，成都高新区提出通过“三步走”跻身世界一流高科技园前列，成为全球科技与产业创新的主要策源地之一的发展目标。

成都高新区打造创新生态系统的主要经验做法可以总结为以下四个方面。

(一)构建高水平、专业化、便利化的综合双创服务体系

成都高新区致力于高水平、专业化、便利化的创新创业服务体系，围绕创新

链条布局服务链条，打通关键环节，形成协同效应。

在创新服务体系建设方面，成都高新区组建19个产业技术创新联盟、56家公共技术平台、40个国家级创新研发机构和13个国家级技术转移示范机构，打造西南首家高新技术服务超市，建成涵盖政务服务、商务服务、中介服务、平台服务、国际服务的创新服务体系，打造线上—线下结合的“双创”交易大市场。在创业服务体系建设方面，成都高新区建设25万平方米菁蓉国际广场创新创业旗舰，引进阿里百川(成都)创业基地、3W空间等22家知名新型孵化器，构建“创业苗圃+孵化器+加速器+产业园”全链条孵化体系，孵化载体总面积超过356万平方米，孵化器和众创空间总数达80家，总体规模和水平位居全国前列。

成都高新区还通过模式创新，解决双创服务中的痛点、难点和堵点问题，提升双创服务的便利性。在科技金融服务方面，形成涵盖天使投资、创业投资、私募股权基金、产业投资基金等在内的股权投资服务体系。“盈创动力”科技金融服务平台创新金融服务模式，累计为3000余家中小企业提供股权、债权融资，成功助推7家企业上市，作为全国全面创新改革经验的案例在全国进行经验推广。在科技成果转化服务方面，成都高新区依托西南交通大学探索职务科技成果混合所有制改革，形成“早确权、早分割、共享制”改革经验，推动电子科技大学18名科技人员进高新区创办企业、实施成果转化。在开放创新合作方面，成都高新区建设中国—欧洲中心，举办欧洽会、科技型企业欧洲行等活动，与法国索菲亚科技园结对建设首个姊妹园区，推动成立世界一流科技园区联盟。打造中韩创新创业园，设立5亿元西部首只中外合资创投基金，举办中韩青年创新创业大赛、中韩科技创新论坛等活动，建成中韩众创空间、中韩企业加速器、中韩技术交易中心等平台。

(二)抢抓新兴产业机遇，构建产业生态圈培育机制

成都高新区聚焦电子信息、生物医药、新经济三大新兴产业方向，在全球范围内积极引矩资源，抢占全球科技产业竞争制高点，构建现代化的产业体系。成都高新区提出打造产业生态圈的产业培育机制，外引与内培相结合，新兴产业得到迅猛发展。

在电子信息产业方面，成都高新区研究制定电子信息产业生态圈行动计划，创建了全国首个FD-SOI产业生态圈工作机制。成都高新区的电子信息产业总体规模占成都市的2/3，围绕“一芯一屏”，形成了集成电路、新型显示、软件与智能终端三大优势领域，聚集世界500强企业29家。其中，集成电路领域以英特尔、德州仪器、格罗方德等为代表，形成了较为完整的产业链，曙光芯片填补了国产高端通用CPU领域空白；新型显示领域以京东方为代表，国内首条全柔性AMOLED生产线实现量产，打破了三星公司在OLED显示行业的垄断地位。

在发展生物医药产业方面，成都高新区构建了“4 链 1 社区 1 体系”的生物产业生态圈，设立了 100 亿元的生物医药产业基金，引进了辉瑞，设立首个国内新药创制研发平台、京东方健康产业园、美敦力高端医疗创新中心、国药中生血液制品等重点项目 61 个，总投资超过 620 亿元，研制出我国第一台具有完全自主知识产权的超导磁共振医学成像系统。

在发展新经济方面，成都高新区出台了《成都高新区关于发展新经济培育新动能若干政策》，构建了支持新经济发展的政策体系。成都高新区还大力招引新经济领域的领军企业，引进了西门子工业软件全球研发中心和智能制造创新中心、果小美新零售全国总部基地、新华三集团成都研究院等重点项目。成都高新区还加强独角兽企业的培育，建立了独角兽企业后备库，储备了极美科技、天象互动等一批准独角兽企业。

（三）全方位推进体制机制创新，构建一流营商环境

成都高新区提出“项目管理工作机制是抓手，产业发展工作机制是核心，要素投入工作机制是支撑，城市共建共享共治机制改革是体现，目标管理体制改革是保障”，通过深化全方位体制机制改革，推进国际创新创业中心建设。

在双创服务机制方面，成都高新区发行全国首单“双创债”，盈创动力科技金融服务模式在全国复制推广。在开放创新方面，成都高新区发起成立世界一流科技园区联盟，首倡并实施全球顶级科技园区合伙人计划（TSPPP），40 个改革典型案例。在产业管理机制方面，成都高新区按照“产业局＋管委会（领导小组）＋专业化平台公司”的机制，充分发挥各产业局的专业作用，建立产业功能区管委会或领导小组，确保“一个产业局盯牢一个产业功能区”。在产业引进机制方面，成都高新区按照“统分结合、分工协作、高效便捷”思路，构建涵盖招商网络、信息管理、评估决策等的投资促进工作机制，进一步提升规范化、专业化水平，有效甄别出好项目、真项目。在产业培育机制方面，出台专项产业培育政策，构建“雏鹰＋瞪羚＋独角兽＋上市龙头企业”的企业梯次培育体系，建立“专业团队＋公共平台＋服务超市”的产业培育工作机制，为企业全生命周期需求提供服务。对存量企业按照经济贡献、成长阶段、创新能力进行分类分层梳理，建立重点企业名录，配置企业服务专员，进行精准服务。在政府服务方面，成都高新区努力提升政务服务水平。坚持“小机构、大社会、高效率”的体制机制优势，以推进“放管服”改革为重点，打造符合国际惯例的政务环境，建设法治化、国际化、便利化的一流营商环境，专业化服务能力在中西部保持领先。

（四）推进人产城融合，建设美丽宜居的公园城市

在环境建设方面，成都高新区抓住“人产城”三大要素，认为人才是关键、根本，产业是核心、命脉，生活城市是活力、基础，以人才优先发展、产业振兴崛起、生活城

市建设为重点，推动“人产城”融合有序发展。成都高新区相继出台成都高新人才新政十条，启动金熊猫人才计划，设立50亿元人才专项资金和21个海外人才离岸基地，加强全球顶尖人才招引。在人才服务方面，建立人才服务一卡通制度，在落户、入学、医疗、住房、居留和出入境证件申请等方面提供一站式服务。

成都高新区高水准推动民生社会事业发展，提高了住房、教育、医疗等公共服务设施供给。成都高新区通过实施全域乡村规划提升工程，开展老旧院落改造提升行动，加强生态环境建设和城乡治理，显著提升了城市形态。成都高新区还注重公园城市的理念，着力打造蓝绿交织、清新明亮、水城共融的生活城市。成都高新区还加强民生设施的建设和供给，通过建设文化、体育、商业、旅游等设施，提高城市的宜居水平，提升群众获得感和幸福指数。

七、合肥高新区

合肥高新区是1991年经国务院批准的首批国家高新区之一，区域面积128平方千米，是合肥综合性国家科学中心的核心区、国家自主创新示范区和首批国家双创示范基地。2018年4月，合肥高新区被科技部火炬中心纳入世界一流高科技园区建设序列。合肥高新区是国家高新区队伍中冉冉升起的一颗新星，已成为国内创新资源最为集中、原始创新能力最强的区域之一。2018年8月，被科技部纳入世界一流高科技园区建设序列。当前，合肥高新区已经形成了智能家电、汽车及配套、新一代信息技术、光伏新能源、应急、生物医药、节能环保等高新技术产业集群。2017年，合肥高新区实现营收4500多亿元，全口径地区生产总值1500多亿元，公共财政收入120多亿元。合肥高新区拥有各类市场主体3万多家、国家高新技术企业852家、自主培育上市企业21家。合肥高新区2017年当年申请专利13000余项，其中发明专利7700余项，万人拥有发明专利数达到313项，排在全国所有国家高新区的前列。近几年，合肥高新区通过构建优越的创新生态体系，成功把握了新经济发展机遇，在量子通信、智能语音等方面诞生了一批领先的科技成果和高科技企业。合肥高新区打造创新生态系统的经验做法可以总结为以下五个方面。

（一）打造原始创新策源地，搭建协同创新平台体系

合肥高新区拥有中国科学技术大学、中科院合肥物质研究院等高水平科教资源。依托科教资源，合肥高新区还推动中国科大高新园区和类脑智能国家工程实验室等世界一流大学和研发机构建设。合肥高新区还是合肥综合性国家科学中心核心区，拥有超导核聚变中心、国家量子信息实验室、天地一体化合肥信息网络中心、分布式智慧能源集成创新中心、离子医学中心五大创新平台。合肥高新区构建了“三位一体”的协同创新平台体系，对“源头创新—技

术开发—成果转化—新兴产业”形成全过程支撑。其中，基础核心科学平台的功能是开展多学科交叉前沿研究，研发颠覆性技术，该平台由一批大科学装置（全超导托克马克、稳态强磁场、同步辐射）和量子信息国家实验室构成；产业应用创新平台的功能是围绕产业重大需求开展系统性的产业应用创新，主要由离子医学中心、类脑智能国家工程实验室等一批重点应用领域产业创新中心构成；科研成果转化平台的功能是促进科技成果转移转化，主要由科大先研院、中科院合肥技术创新工程院、安徽省军民融合研究院等新型产业技术研究院和市场化共享开放平台构成。

合肥高新区的科教资源和创新平台优势已经转变为产业发展优势，科大讯飞、国盾量子、安科生物、阳光电源等一批行业领军企业均为高校和科研院所的衍生企业。

（二）创新培育模式，发展原创先导性产业

合肥高新区的崛起发展与把握住新兴产业的发展机遇密不可分。在新兴产业培育上，合肥高新区提出了“十个一”的培育机制，即一个发展平台、一只战略规划、一套工作方案、一套专项政策、一只投资基金、一批重点项目、一系列策划活动、一个基地或园区、一条配套产业链和一批新产品技术。合肥高新区以“十个一”机制为抓手，有效培育了公共安全、光伏新能源、集成电路、智能语音、生物医药等新兴产业集群。合肥高新区还围绕未来产业进行原创性研发和前瞻性布局，诞生了在全球范围内具有领先优势的人工智能、量子信息等先导产业。在人工智能领域，拥有科大讯飞、新华三、科大国创等领军企业，形成了以智能语音为核心，智能芯片、机器视觉、智能硬件为补充的工智能产业布局，2017 年产值超过 500 亿元。在量子信息产业领域，合肥高新区已经成为全球量子产业高地，拥有三院士组成的量子科技顶尖团队，设立了科大国盾、本源量子和国仪量子公司，在量子通信、量子计算和量子精密测量的产业化上，已经实现全球领跑。

（三）构建全链条的创业载体服务体系

合肥高新区重视双创载体的建设，通过外引内建的方式，构建了“众创空间—孵化器—加速器—创业社区”的全程双创载体链条。截至 2018 年 9 月，合肥高新区聚集 300 多家各类科技服务机构，其中，有 11 家国家级众创空间、8 家国家级孵化器（总孵化面积达到 300 万平方米），在孵企业超过 3000 家。合肥高新区还与科大讯飞合作，成立了国内首家混合所有制孵化器——“中国声谷·粒子空间”。在创业服务能力建设上，合肥高新区促进孵化器专业化发展，建设了一批可穿戴设备、生物医药等特定领域的新型产业孵化器。合肥高新区还与百度创新中心、腾讯众创空间等知名创业服务机构合作，引入优质创业服务资源。合肥高新区瞄准以色列等国际创新高地，在创业孵化方面拓展国际合作，搭建国际通道，引入外海技术和项目资源。

合肥高新区还努力提升创新创业活动氛围，打造区域双创活动品牌“合创汇”，搭建创业者与创业导师、企业家与金融家、双创群体与园区政府直接沟通对话平台。2017年，举办活动378场，超过350支创业团队、2000余创业者、150家投资机构踊跃参与，“鼓励探索、宽容失败、尊重知识、崇尚创造”的创新创业文化蔚然成风。

（四）打造人才和科技金融两大支撑

合肥高新区十分重视人才引进，把人才作为第一资源，坚持以产引才、多元育才、项目用才和实惠留才的人才理念。在人才引进方面，合肥高新区通过“江淮硅谷”名校引才等人才工程，突出“高精尖缺”导向，围绕园区产业方向，近3年引进各类、各层次人才约3万人，其中国家高层次人次23人，获批科技部创新人才培养示范基地。在人才培育上，创新人才培养模式，针对不同层次人才的特点，构建“企业出订单、培训机构出菜单、政府来买单”的定向培养模式。在人才利用上，打造各类人才创新创业的平台载体，为人才创造价值提供配套条件。在留才上，完善生活设施，提高教育和医疗配套，还通过组建合肥高新区创新创业高层次人才协会，搭建人才交流社区。

在科技金融方面，合肥高新区提出打造各类基金聚集的区域性金融中心。目前，合肥高新区已经聚集超百只社会基金，其中政府参控基金23只，覆盖科技企业成长全链条，基金总规模超过1600亿元；近3年投资支持企业近700家。合肥高新区还通过增信背书、风险共担等方式，有效联合政府和市场的力量，开发出青创资金、创新贷、政保贷等八大双创金融产品。

（五）推进创新改革试验，构建创新政策体系

合肥高新区的建设发展是安徽省和合肥市层面聚力共建的结果。安徽省将合肥高新区争创世界一流园区的工作纳入省部会商事项，同时成立了由省市领导组成的创建工作领导小组，并在财税政策、规划建设、体制机制改革等方面对合肥高新区给予大力支持。在财税政策方面，合肥市政府将合肥高新区共享税分成比例提升到70%，印花税与房产税等税种全部留存，极大地增强了合肥高新区的财力。在规划建设方面，修编城市总体规划，提升合肥高新区的发展空间供给。在体制机制改革方面，在合肥高新区开展“证照分离”改革试点，加大行政权力下放，实行“一章通办”，提升合肥高新区发展的自主权。

合肥高新区以创新改革试验区建设为抓手，在科技成果转化、新型研发机构建设等方面积极探索，积累了一批具有创新性的改革经验。合肥高新区在提高科研人员成果转化收益的基础上，还提出鼓励通过技术许可和技术入股的方式向企业转移科技成果。合肥高新区提出新型研发机构的事业单位企业化、技术

开发契约化、成果转化资本化运作模式。

在政策创新方面，合肥高新区出台“1＋2＋N”的园区创新发展政策体系，“1”是《支持争创“世界一流高科技园区”若干政策》即创新十条；“2”是围绕“产业”“创新”两大主题和“人才”“金融”两大支撑，打造支持双创发展的“2＋2”普惠政策体系；N是人工智能、集成电路等重点发展的N个产业专项政策。合肥高新区还通过应用新技术，提升政策精准性，建设合创汇“互联网＋创业创新”平台，开设合创券、政策通、房源汇、金融超市、双创活动5个板块，运用信息化手段实现企业成长和政策服务数据汇集互通。

第三章　济南高新区构建创新生态的实践探索

济南高新区是我国最早成立的国家高新区之一，近30年来，取得了突出的发展成就，在国家高新区的综合排名中持续提升。在新时代，济南高新区探索生态赋能型发展模式，用“生态化”的理念和方式，着力构建充满活力的创新创业生态、青山绿水的自然生态、简洁高效的政务生态、公平法治的社会生态和正气充盈的政治生态，加快建设世界一流高科技园区。在五大生态中，创新生态是核心。本章以济南高新区为对象，对济南高新区的发展现状和内外部条件进行了全面的梳理，并重点对济南高新区的产业发展、科技创新、对外开放合作、体制机制创新等方面进行了深入介绍。通过梳理可以发现，济南高新区以体制机制为引领，以科技创新为动力，以生态培育为抓手，已经形成了全面突破、加速发展的发展势头，正在向世界一流高科技园区的目标加速迈进。

第一节　济南市的概况

济南市是山东省省会，是山东省的政治、文化、教育、经济、交通和科技中心，也是全国副省级城市之一。济南市总面积8177平方千米，共辖历下、市中、槐荫、天桥、历城、长清、章丘、济阳八区和平阴、商河两县，市区面积3257平方千米。截至2017年年底，济南市全市常住人口732.12万，户籍人口643.62万。

2016年12月7日，济南市被国务院列为第三批国家新型城镇化综合试点地区。2017年中国百强城市排行榜济南市排第19位。2018年1月，国务院正式批复《山东新旧动能转换综合试验区建设总体方案》，支持济南建设国家新旧动能转换先行区。

一、自然与人文

（一）自然生态

济南市地理位置为北纬36°01′～37°32′、东经116°11′～117°44′。南部为泰山山地，北部为黄河平原，地势南高北低，地形复杂多样。境内河流较多，主要有黄河、小清河两大水系。还有南北大沙河、玉符河等河流。湖泊有大明湖、白云湖等。济南属于暖温带大陆性气候，春季干燥少雨，多西南风；夏季炎热多雨；秋季天高气爽；冬季严寒干燥，多东北风。年平均气温 13.5～15.5 ℃，全年无霜期 230 天左右，降水量 600～900 毫米。

济南矿产资源丰富，主要有铁、煤、花岗石、耐火黏土以及铜、钾、铂、钴等多种有色金属、稀有金属和非金属。特别是石灰岩，品位高、储量大。花岗石中的黑色花岗石质地纯正，为国内独有。林木资源分乔木、灌木两大类，共有 60 多科 300 多种。南部山区盛产苹果、黄梨、柿子、核桃、山楂、板栗等，并产有远志、丹参、野菊、香附等多种药材。北部沿黄河的平原地带，大枣也有很高的产量。济南种植和养殖资源也相当丰富，有多种粮食作物、经济作物以及家禽、家畜、水产品等。

济南自然景色秀丽，名胜古迹众多，是中国历史文化名城之一。尤以泉水遍布、清冽甘美而闻名于世，有“济南泉水甲天下”和“泉城”之美誉。主要风景名胜有趵突泉、黑虎泉、珍珠泉、五龙潭、百脉泉五大泉群，大明湖、千佛山、龙洞、灵岩寺、五峰山、华山、城子崖龙山文化遗址、孝堂山汉代郭氏祠、隋代四门塔、唐代龙虎塔、九顶塔以及抢救挖掘的洛庄汉墓、新建的野生动物世界、红叶谷生态旅游区。

（二）历史人文

济南是一座有着悠久历史的古城。据史学家考证，早在公元前 45 世纪之前，就已有人类在此繁衍、生息。传说东夷族的首领舜曾躬耕于济南历山（今千佛山）之下。2600 多年前，就建有城郭，最早出现在史册上的名称为“泺”（《春秋左传》），系因济南诸泉汇为泺水，故名。春秋战国时代，济南为齐国之泺邑。随后，齐国又把泺邑改为历下。2100 多年前的汉代改称济南（《史记》），因处于济水之南。公元前 164 年设立济南国。公元前 154 年又废国改郡。到了宋代至道三年（997 年），分全国为 15 路，济南属京东路，为齐州（《宋史》）。徽宗政和六年（1116 年），齐州升为济南府，辖历城等五县，治所设历城，为府治之始。

济南自明代以来，一直是山东省的省会外。1929 年 7 月设济南市至今。1928 年 4 月至 1937 年底，日本帝国主义先后两次侵占了济南，济南人民深受暴虐的民族压迫和经济掠夺。1945 年 8 月，日寇投降后，国民党反动派又进行强盗式的抢劫，城市又遭到了摧残蹂躏，民生凋敝，物价飞涨，古城一片萧条。1948 年 9 月 24 日，济南获得解放。中华人民共和国成立以后，济南市除是山东省的省会，还曾是七大军区之一、十八个大铁路局之一。目前的中国人民银行十二大分支机构之一、七大电网中心之一，都驻扎在济南，造就了济南在军事、经济、教育、历史、交通、金融等方面的区域影响力。

济南是中华史前文化——龙山文化的发祥地，历史传说“舜耕历山”中的“历山”，就是现在的千佛山。从古至今，文化的血脉源远流长，智慧的长河奔流不息。战国神医扁鹊、唐朝名相房玄龄、一代名将秦琼、著名词人李清照、爱国诗人辛弃疾等都诞生于此；李白、杜甫、苏轼、蒲松龄、季羡林、马可·波罗、泰戈尔等名人，都曾在济南生活、游历或求学为官，杜甫还留下了“海右此亭古，济南名士多”的千古佳句。

（三）区位交通

济南位于山东省中西部，南依泰山，北跨黄河，背山面水，分别与西南部的聊城、北部的德州和滨州、东部的淄博、南部的泰安和莱芜交界，是中国重要的区域性中心城市，距离北京 455 千米、青岛 365 千米、天津 315 千米。济南是山东省铁路、公路、航空的交通枢纽，京沪、胶济铁路在市区交汇，北连北京、天津，南接南京、上海、福州，东达港口城市青岛、烟台。济南为京沪高铁沿线 5 个始发终到站之一。济南机场是经国家批准的国际空港，有通往北京、香港、哈尔滨、上海、广州、深圳、福州、厦门、西安、武汉、珠海、海口等城市的几十余条空中航线，通航城市 64 个。济青高速、济聊高速与京福高速在济南交汇，从而形成了辐射全省、连接全国的高速公路系统省内中心、全国区域性枢纽的格局。济南基本形成了铁路、航空、公路立体构造，联结全省、全国和海外的现代交通网络。根据 2016 年国家发改委公布的《中长期铁路网规划》，济南是国家高铁“八横八纵”重要枢纽城市之一。

济南是位于北京、上海两大城市群之间的重要节点城市，北接京津冀，南连长三角，东承环渤海经济圈，西通中原经济区，多个战略经济区在此交汇；“米字形”高速铁路网初具雏形，每天 300 多个车次直达 236 个城市，到北京只需 1 小时 22 分钟，到上海只需 3 小时；济南机场 162 条航线通往五大洲 84 个城市，济南是重要的区域性物流中心，正在全力打造国际内陆港，开通了中欧货运班列、中亚班列，菜鸟物流、传化物流、新加坡丰树物流等龙头企业先后入驻。

二、创新与经济

（一）科技创新

济南高等院校众多，科教资源密集。拥有普通高等学校 42 所，普通本专科在校生 54.44 万人。每万人高校在校生数高达 862 人，明显高于全国 15 个副省级城市的平均水平（685 人/万人），在副省级城市中排名第 4 位。拥有科研机构 200 多个，其中 10 个国家级实验室，53 个省级科研院所，25 个省级重点实验室，科技人员达 35 万人。2017 年，济南市 R&D 经费投入为 156.7 亿元，占 GDP 的比重为2.40%。

提出济南"十三五"建设区域性科技创新中心的目标。截至2017年年底，济南市拥有高新技术企业达到1074家，其中规模以上工业高新技术企业656家；国家级企业技术中心(分中心)27家；省级工程实验室(工程研究中心)153家；国家、省级企业重点实验室12家。规模以上工业高新技术企业产值占规模以上工业企业总产值的比重为45.15%。2017年，济南市全年专利申请量30737件，其中发明专利申请量11720件；专利授权量17330件，其中发明专利授权量5043件。万人有效发明专利拥有量达到25.6件。技术合同实现交易额85.2亿元。规模以上工业企业研发人员56079人，增长28.1%。规模以上工业企业办研发机构527个。全市获国家科技进步二等奖1项，省科技进步一等奖2项、二等奖7项，省技术发明二等奖2项。①

(二)经济发展

济南北连首都经济圈，南接长三角经济圈，东西连通山东半岛与华中地区，是环渤海经济区和京沪经济轴上的重要交汇点，也是环渤海地区和黄河中下游地区中心城市之一。济南近年来经济增长快速。2017年，济南全市地区生产总值7201.96亿元，比上年增长8.0%。人均地区生产总值98967元，增长6.6%，按年均汇率折算，为14652美元(见表3-1)。

济南市的电子信息、交通装备、机械制造、生物制药、食品纺织等主导产业在国内外有着举足轻重的地位，拥有山东航空、中国重汽、浪潮、齐鲁制药、韩都衣舍等知名企业。济南市的信息产业尤其发达，并被国家批准为"中国软件名城"。拥有占地20公顷、亚洲最大的环形建筑——国家级软件基地齐鲁软件园以及CIIIC国家信息通信国际创新园、国家超级计算济南中心、济南量子技术研究院等一批电子信息研发机构，现已有1200余家国内外IT研发企业入园发展。济南现代服务业繁荣发达、服务功能健全，市区范围共有各类商业网点近40000个，其中购物中心、商场、超市、便利店等布局合理、数量庞大，商业潜力雄厚。济南也具有良好的农业资源，悠久的蔬菜种植传统，享有"中国精品菜篮"的美誉，培育出章丘大葱、鲍芹、商河大蒜、彩椒、平阴玫瑰、阿胶、仁风西瓜、曲堤黄瓜、张而草莓、张夏玉杏、马山栝楼等一批国家地理标志产品，在国际市场亦具有较高知名度。

济南科教资源丰富，拥有各类企业研发机构818家，各类大学49所，在校大学生70多万，每年毕业大学生近17万；金融实力强劲，是重要的区域性产业金融中心，是山东省一行三局所在地，拥有各类金融机构598家，全市存贷款余额均居全

① 数据来自济南市统计局官网。

省第1位;产业体系完备,医疗康养、生物制药等十大千亿元级产业加速崛起,新一代信息技术、智能制造和高端装备两大优势产业的主营业务收入双双突破3000亿元,软件和信息服务业占据全省半壁江山;装备制造业发达,是全省首批高端装备制造产业基地,拥有浪潮、重汽、二机床、山东太古飞机公司等一系列骨干企业群体,锻压设备国内市场占有率达80%,中型汽轮机等在全国同行业市场占有率第一,甲骨文、思科、西门子、博世、福士、大陆、费斯托、沃尔沃、IBM等一批跨国公司纷纷落户济南。这些都为智能制造业的发展提供了完备的支撑。

表3-1　　2017年济南市主要经济指标

指标	数值	指标	数值
地区生产总值	7201.96亿元	全年社会消费品零售总额	4146.1亿元
人均地区生产总值	98967元	引进市外投资	1494.1亿元
高技术产业营业收入	879.5亿元	全年固定资产投资	4363.6亿元
规模以上企业高新技术产值	2661.2亿元	全年工业投资	1317.6亿元
年末金融该机构本外币存款余额	16560.6亿元	全年货物进出口总额	707.1亿元
一般公共预算收入	677.2亿元	实际利用外资	126.4亿元

资料来源:济南市统计局官网。

济南市十大千亿元产业

2017年4月10日,济南市人民政府印发《济南市十大千亿元产业振兴计划》,明确要按照市场主导、政府引导,创新驱动、智能推动,产业联动、链条延伸,集约节约、绿色发展,优化布局、促进集聚的基本原则推动大数据与新一代信息技术、智能制造与高端装备、量子科技、生物医药、先进材料、产业金融、现代物流、医疗康养、文化旅游、科技服务等十大产业发展。到2020年,十大产业将全部具备千亿元级产业发展能力,其中大数据与新一代信息技术产业达到五千亿元级,智能制造与高端装备产业达到两千亿元级。十大产业的整体规模更加壮大、创新能力更加突出、服务体系更加完善、空间布局更加优化、品牌效应更加明显,成为济南市实现率先发展的领跑产业、拉动经济增长的龙头产业、加快转型升级的核心产业、推进自主创新的示范产业。以十大产业为主导,具有济南特色的现代产业体系基本形成。

三、发展战略与规划

(一)打造"四个中心",建设现代泉城

2015 年 6 月,在"解放思想大讨论"务虚会上,济南市提出"打造'四个中心'、建设现代泉城"的发展构想,即:打造全国的区域性经济、金融、物流中心和科技创新中心(见表 3-2),建设与山东经济文化强省相适应的现代泉城。

表 3-2　　济南市"四个中心"定位的内涵与目标

定位	内涵	目标
区域性经济中心	把济南建设成为带动全省发展的重要增长极	主要经济指标增幅全面超过全省平均水平,不断提高济南市在全国、全省区域经济格局中的地位和作用
区域性物流中心	发挥物流业在城市实力拓展中的基础支撑作用	全面建成全国区域性物流信息交易中心、资金结算中心、总部聚集中心、货物集散中心,打造以网络化、信息化、规模化为主要特征的全省综合性物流中心、区域性物流中心及全国重要的物流节点
区域性金融中心	形成拉动经济增长的核心引领功能	就是要依托省会金融资源优势,全方位打造金融管理中心、金融机构中心、资金结算中心、金融交易中心、金融后台服务中心,努力成为立足山东、辐射周边省份、在全国有较大影响的黄河中下游地区金融中心
区域性科技创新中心	为经济社会发展提供强大的动力源泉	全面深化科技体制改革,加快科技研发和成果转化,推动全社会研发投入、高新技术产业占比等指标位居全省前列,成为国内重要的科技成果策源地和高新技术产业高地

2017 年 1 月,济南市经济工作暨"四个中心"建设推进大会召开,会上发布了《济南市"四个中心"建设指标体系三年行动纲要和 2017 年目标任务》。随后的中国共产党济南市第十一次代表大会召开上,《敢于担当真抓实干 为"打造四个中心,建设现代泉城"不懈奋斗》报告中再次明确,未来五年济南发展的总体目标为率先高水平全面建成小康社会,基本确立全国重要的区域性经济中心、金融中心、物流中心、科技创新中心地位,基本建成与山东经济文化强省相适应的现代泉城。

报告中还提到了"四个中心"的建设路径。

打造区域性经济中心,济南要下大力气做大总量、做优结构、做强县区。做大总量需要高度重视投资的关键作用、消费的基础作用,支撑省会经济做大做

强、争先进位，努力实现与山东经济强省地位相适应。做优结构需要结合济南实际，把增强实体经济实力作为重中之重。在县域层面，需要加大政策和资金支持力度，统筹抓好市区产业向远郊县转移、县域差别化扶持政策完善落实、交通基础设施建设对接。

打造区域性金融中心需要注重产业为本、金融为用，依托黄河中下游特别是山东工商业实力雄厚的有利条件，广泛吸纳产业金融资源，实现与国家其他区域金融中心的错位发展，在区域经济增长、产业发展中发挥引领支撑作用。在中央商务区建设方面，着力引进一批区域总部型、功能性金融机构。

济南有得天独厚的交通优势，打造区域性物流中心过程中要把这个优势充分发挥，推进物流网络化、信息化、规模化发展，加快构建与枢纽城市地位相匹配、开放高效生态智慧的现代物流体系。并优化园区布局，加强物流园区建设，依托重要交通物流枢纽，结合县域经济和重大产业集聚区规划，优化完善物流园区布局体系，推动物流产业规模化、集约化、专业化发展。

打造区域性科创中心，济南要注重转换创新路径，把握新一轮科技革命趋势，积极谋求颠覆性创新，特别是从济南最有条件、最具优势、最有前景的大数据和量子技术两大领域入手，加快“数创公社”建设，推进量子通信技术产业化，努力抢占发展先机，形成规模优势，实现“弯道超车”和“变道换向”并存。注重营造创新环境，深化科技体制改革，建立健全科技投入、科技研发、科技评价和创新保障体系，推动政府职能由研发管理向创新服务转变。建设众创空间和创客基地，培育鼓励创新、宽容失败的创新文化，使大众创业、万众创新成为社会风尚。

(二)建设“大强美富通”现代化国际大都市

2018 年，习近平总书记亲临山东、亲临济南视察，再次明确了山东“两个走在前列，一个全面开创”的目标定位。

中共山东省委书记刘家义指出，要牢牢把握习近平总书记提出的“走在前列”目标定位，加快建设“大强美富通”的现代化省会城市。“大”是体量大、总量大、规模大；“强”是实力强、质量强、势头强；“美”是生态美、生活美、生产美；“富”就是物质富、精神富、市民富；“通”就是要路通、心通、气通。山东省省长龚正强调，济南要坚持高眼界、高标准、高要求，按照“世界眼光、国际先进、国内一流”建设新旧动能转换先行区，以优势补短板，切实发挥好辐射带动示范作用。要注重发挥省会综合优势，做好“主场”文章，在借助外力、营造环境上先行；注重发挥人才科教优势，做好“整合”文章，在创新创业创造上先行；注重发挥服务产业优势，做好“提升”文章，在实现品牌高端化上先行；注重发挥地缘区位优势，做好“集聚”文章，在要素资源配置到位方面先行；注重发挥战略平台优势，做好“转化”文章，在政策叠加、放大优势上先行，通过创造性的载体抓手和机制，将潜在优势转化为先行优势，做到先思先谋，先干先试，走在前列。

山东走在前列，济南作为省会，必须走在全省前列。济南市委、市政府按照省委、省政府“让济南这个山东经济龙头扬起来”的要求，积极对接京津冀，主动服务雄安新区，打造央企和跨国公司在中国北方的总部基地，建设“大强美富通”的现代化国际大都市，争创国家中心城市，打造环渤海大湾区重要增长极。省委常委、市委书记王忠林强调，要充分发挥省会优势，奋力实现“十个新突破”：要发挥省会独特优势，在借势借力发展上实现新突破，主动争取中央和省支持，积极争取区域总部、机构总部落户，吸引国内外大型金融机构集聚。要发挥区位便捷优势，在增强集聚辐射作用上实现新突破，主动融入京津冀协同发展大战略，全面加强与先进城市的交流合作，加快省会城市群经济圈一体化发展。要发挥先行先试优势，在新旧动能转换先行区建设上实现新突破，坚持项目先行、交通先行、生态先行、改革先行，在全省新旧动能转换中当先锋、打头阵、挑大梁。要发挥医疗资源优势，在打造医疗康养名城上实现新突破，高标准建设医学科学中心，做大做强济南药谷，建设特色康养小镇，深化医疗卫生体制改革，为人民群众提供全方位、全周期健康服务。要发挥科教资源优势，在科技创新转化上实现新突破，抓好创新平台建设，大力培育独角兽企业，强力推动“招才引智”，为走在前列注入强大动力，提供强大支撑。要发挥产业完备优势，在腾笼换鸟上实现新突破，大力化解过剩产能，培育十大千亿元级产业，推动传统产业转型升级，实现发展方式转变和产业结构优化。要发挥都市农业优势，在实施乡村振兴战略上实现新突破，大力发展都市农业，实施农村人居环境整治三年行动计划，高质量完成脱贫攻坚任务，努力打造乡村振兴泉城“样板”。要发挥生态禀赋优势，在提升城市品质上实现新突破，坚定不移抓好拆违拆临、建绿透绿，加快实施城市照明工程，加大交通建设力度，提升居民居住环境。要发挥商业厚重优势，在打造对外开放新高地上实现新突破，加快搭建合作大平台，着力开辟国际大通道，深化拓展全球大市场，努力打造全省对外开放新高地和国家对外开放重要门户城市。要发挥和谐稳定优势，在共建共治共享上实现新突破，巩固“全国文明城市”创建成果，全力推动扫黑除恶专项斗争，加强法治济南建设，创新社会治理，努力让泉城市民的获得感、幸福感、安全感更加充实、更有保障、更可持续。

济南市委、市政府还提出了“六个走在前列”：要在推动济南市高质量发展上走在前列，大幅提升经济综合实力和区域影响力；要在提升城市功能品质上走在前列，让省会的天更蓝、星更亮、路更畅、山更青、水更秀、城更美；要在实施乡村振兴战略上走在前列，实现乡村面貌明显改观，脱贫攻坚任务全面完成；要在保障和改善民生上走在前列，让人民群众的精神文化生活更加丰富，日子一年更比一年好；要在创新社会治理上走在前列，社会既保持和谐稳定又充满旺盛活力；要在抓好干部队伍建设上走在前列，形成正气充盈的政治生态，造就一支忠诚、干净、担当的干部队伍。

（三）新旧动能转换重大工程

2018年1月10日，国务院正式批复《山东新旧动能转换综合试验区建设总体方案》（国函[2018]1号），同意设立山东新旧动能转换综合试验区。山东新旧动能转换综合试验区是党的十九大后获批的首个区域性国家发展战略，也是我国第一个以新旧动能转换为主题的区域发展战略。山东新旧动能转换综合试验区位于山东省全境，包括济南、青岛、烟台三大核心城市，14个设区市的国家和省级经济技术开发区、高新技术产业开发区以及海关特殊监管区域，形成了“三核引领、多点突破、融合互动”的新旧动能转换总体布局。

山东省新旧动能转换综合试验区获批之后，山东省人民政府办公厅印发了《济南市新旧动能转换重大工程实施规划》，规划强调要按照《山东省新旧动能转换重大工程实施规划》要求，加快建设国家新旧动能转换先行区，打造新旧动能转换主引擎，推动济南实现高质量发展，更好发挥省会城市龙头、领跑、带动、示范、辐射作用。(1)在发展定位上，按照国家和省委、省政府明确的新旧动能转换主攻方向，把握好将济南市打造成新旧动能转换主引擎的目标定位，集中力量，率先突破，努力成为新旧动能转换的先行者、新兴产业发展的排头兵、体制机制改革的试验田、创新驱动发展的领航区、区域开放合作的新高地。(2)在发展目标上，遵循城市和产业发展规律，综合国情、省情、市情，按照“一年全面起势、三年初见成效、五年取得突破、十年塑成优势”的目标要求，分步实施、有序推进，在省内率先形成新动能主导经济发展的新格局。(3)在产业规划上，围绕全省“十强”产业及济南市十大千亿元级产业，聚焦新技术，紧随新消费，支持大融合，催生新模式，抢占产业发展制高点和主动权，着力营造新技术、新产业加速崛起，新业态、新模式竞相迸发的产业发展生态环境，推动传统产业浴火重生、凤凰涅槃，促进新兴产业扩容倍增、加速崛起。(4)在空间布局上，坚持空间布局与功能定位相统一，结合城市中心、次中心、卫星城布局结构，合理规划城市功能分区，明确重点区域功能定位，以各类产业功能、城市功能载体为依托，积极构建生态、生产、生活空间相协调，与城市规模、产业发展、生态容量相适应的城市功能布局，着力打造“一先、三区、两高地”核心支撑，统筹县域、区域联动发展，加快形成特色鲜明、错位发展、相互支撑的新旧动能转换空间格局。(5)在保障机制上，坚持体制机制先行，对标深杭谋创新、学以致用促转型，推进产权制度改革，优化市场主体发展机制，持续深化放管服改革，改善制度供给，释放改革红利，全面激发新旧动能转化的活力。

第二节 济南高新区的基本情况

济南高新区是1991年经国务院批准设立的首批国家级高新技术产业开发区之一，位于济南市东部，经过近30年的发展，形成了“一区两城两谷”五大片区的空间发展格局，总面积达到318平方千米，辖5个街道办事处，常住人口超过40万。济南高新区拥有国家信息通信国际创新园、齐鲁软件园、高新技术创业服务中心、综合保税区、济南留学人员创业园等国家级专业园区，拥有全国软件出口创新基地、服务外包示范基地、游戏动漫产业基地、集成电路设计产业基地、海外高层次人才创新创业基地和国家创新药物孵化基地等一批国家级招牌。2016年，经国务院批准跻身山东半岛国家自主创新示范区。2017年，获批“侨梦苑”，被工信部授予中德(济南)中小企业合作区。在2017年公布的147家国家级高新区排名中，济南高新区居第15位。

一、发展历程

济南高新区自1991年建区以来经历了“工业发展期——工业＋配套发展期——成熟与转型发展期”三个发展阶段。

工业发展期(1991～2001年)。此阶段的高新区处于城市边缘，面积15.9平方千米，与城市关系薄弱，承担单纯的工业功能，依靠优惠政策来吸引外资实现经济增长。

“工业＋配套发展期”(2001～2011年)。此阶段的高新区急剧扩张，土地面积达125平方千米，开始建设相关生活配套，形成“中心区、出口加工区和东部产业区”三足鼎立的格局；高新区与中心城区出现互动局面，中心区逐渐融入城市。

成熟与转型发展期(2011年以来)。此阶段开发区减速扩张。2016年，济南市委、市政府先后将临空经济区、创新谷委托高新区代为管辖，高新区发展空间由141平方千米扩展到318平方千米。高新区建立“一区两城两谷”，中心区、综合保税区、高新东区、高新北区、创新谷五大片区相互依托、互有联系，共同构建临空经济区、智能装备城、生命科学城、齐鲁智慧谷、齐鲁创新谷。

济南高新区发展大事记

1988 年 11 月 5 日，济南市政府批准建立新技术产业试验区。

1990 年 8 月 21 日，济南市经济技术开发区和火炬高科技产业开发区建设领导小组成立。

1990 年 9 月 28 日，济南市政府请求省政府并转报国家科委和国务院，将济南市火炬高技术产业开发区列为国家级高技术产业开发区。

1990 年 9 月 30 日，济南市人民政府决定兴办济南市火炬高技术产业开发区。

1990 年 12 月 12 日，济南市火炬高技术产业开发区办公室成立。

1991 年 3 月 6 日，济南市火炬高技术产业开发区(批准时更名为“济南市高技术产业开发区”)被国务院批准为国家高新技术产业开发区。

1995 年 8 月 4 日，济南高新区管委会、济南经济技术开发区管委会合并，组建济南高新开发区管委会。

2001 年 1 月，济南高新区管委会由火炬大厦迁址济南高新区新区办公大厦。中共济南高新区管委会决定高新区工作框架，对高新区进行规划调整。

2001 年和 2002 年，济南市委、市政府先后将贤文等 8 个村庄化归高新区代管，形成了目前的高新区中心区。

2003 年 3 月，经国务院批准在经十东路以南、绕城高速路以东设立了济南出口加工区。

2005 年 11 月，济南市委、市政府决定将孙村镇和大正科技示范区整建制划归高新区代管，形成了目前的高新区东部产业区。

2016 年 1 月，济南市人民政府将长清创新谷、章丘高官寨交给高新区托管，长清创新谷约 20 平方千米，章丘高官寨片区约 32.9 平方千米。

2016 年 11 月 24 日，济南市人民政府下文，将历城区 73 个行政村划归济南高新区管委会代管。

二、空间布局

济南高新区已经形成了“一区两城两谷”五大片区的空间发展格局(见图 3-1)。

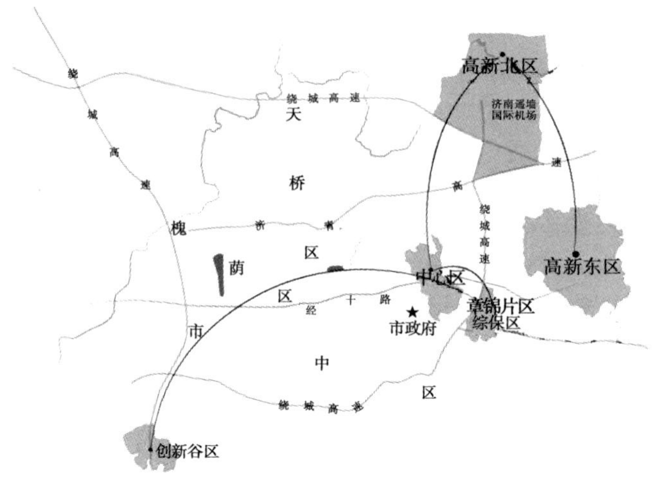

图 3-1 济南高新区的空间布局

(一)临空经济区

济南高新区临空经济区是济南市新旧动能转换先行区的重要组成部分,根据最新的临空经济区规划,济南市提出经过 3~5 年的攻坚奋斗,将临空经济区打造成"一城、两港、三园区、四体系"。所谓"一城",即:现代化航空城。所谓"两港",即:国际内陆港、国际物流港。所谓"三园区",即:国际物流园区、综合保税区、中德中小企业合作试验区。所谓"四体系",即"现代化国际物流、智能装备制造、航空维修、国际贸易"的产业格局。目前,临空经济区拥有综合保税区、中欧制造产业园、国际物流园三大核心园区。

综合保税区具有保税加工、保税物流、货物贸易、服务贸易、口岸通关五大功能,是目前国内仅次于自贸区的对外开放层次最高、政策最优惠、功能最齐全、运作最灵活、通关最便捷的海关特殊监管区域。中欧制造产业园搭建中德中小企业合作示范区和中欧制造国际企业港等载体平台,聚焦"欧美元素"招商引资,塑造"中欧智造"品牌形象。济南遥墙国际机场旅客吞吐量突破 1000 万人次,跻身于千万级大型机场行列,正着力推动机场改扩建工程。国际物流园围绕济南市"打造区域性物流中心"部署,开辟招商引资新路径,上会项目数量、质量和通过率均位居各园区前列,区域经济发展和空间拓展持续向好。

临空经济区目前以临空制造业和临空服务业为主的临空产业集群已经初具规模。在临空制造业方面,已经引进太古飞机、翔宇航空技术、欧德巴斯洗车设备、华商汽车产业园等项目。在临空服务业方面,已经引进普洛斯物流、万泽冷链物流园、东岳跨境电商、万有投资进出口基地、皮拉图斯通用航空机场等项目。

（二）智能装备城

作为济南高新区“一区、两城、两谷”发展规划布局的重要一环，济南高新区智能装备城坚持质量第一、效益优先，主动对接国际国内领先资源，通过项目服务精准招商，营造产业发展生态圈，力争 2020 年园区生产总值跃上千亿元级。智能装备城围绕“中国制造 2025”规划，通过加强招商引资和加大企业服务，实现了交通装备等优势产业的快速发展。有序推进四个创新中心建设，逐渐形成可持续性发展的核心竞争力。一是四大优势产业快速发展。通过加大招商引资和产业集聚效应，吸引了 1500 多家企业入驻，包括高端装备制造龙头、行业隐形冠军等在内的规模以上制造业企业 40 家，形成了交通装备、新能源新材料、发电输配电、电子信息四大优势产业。随着大项目陆续落地投产，交通装备产业集群预计在 2020 年达到千亿元产值规模。二是智能装备产业创新中心建设有序推进。完成联智、融智、创智、汇智共 4 个创新中心的策划规划，鼓励区内企业加大自身企业研发中心投入，并吸引企业积极参与创新平台建设，逐渐形成可持续性发展的核心竞争力。

（三）生命科学城

济南高新区生命科学城致力于建设国内一流、国际知名的生命科学产业聚集中心和创新中心，包含北区产业聚集区、南区医疗服务区两个片区。目前，已经形成了四大生物医药、高端医疗装备、质子治癌、健康养生四大主导产业以及生物医药、医疗器械、医疗服务、医学耗材、保健品化妆品、健康养老、功能食品、生态示范八 8 个重点领域。生命科学城以大项目招引、高精尖人才链接、国际创新交流合作等方式，推动生物医药产业集群迅速发展，逐渐成为济南市生物医药产业专业园区的名片，并在全省乃至全国具备一定的影响力。一是产业发展势头强劲。完成《济南高新区生物医药产业集群发展规划》编制，共签约入驻企业 159 家，引入鲁商新动能科技城、银丰国际生物城、华熙生物产业园、福瑞达医药产业园等千亿元项目，以大项目推动生物医药产业集群的形成，打造千亿元产业集聚高地。引进中核新能质子医疗济南粒子治癌产业园、激光质子刀、原子高科济南同位素医药中心等项目，编制完成《粒子治癌国家政策汇编(2017)》和《粒子治疗中心建设动态研究(2017)》，形成《粒子治疗产业调研报告》，在粒子治疗细分产业方面取得重要成果。二是招才引智成效突显。积极对接引进海内外院士，在生物种业、干细胞与精准医疗、新药研发与医疗器械制造等方面开展研究合作，成功引进院士 1 名、国家高层次人次 1 名，成功申报泰山产业领军人才 1 项。建立与中科院、中国医学装备协会、威高集团等生物医药领域大院、大所、大企业的全面合作渠道，汇集一批国内生物医药领域的领军人物和高精尖项目，加快生物医药科技成果在济南转化落地。三是国际创新合作多渠道开展。通过建设生命科学国际创新基地、成立多个海外研发中心和孵化器以及组织参与各类生物医药产业会议，加强区内生物制药研发与国际接轨，促进国内外生命科学领域的项目、技术、人才交流，进一步提升生物医药产业的创新能力。

（四）齐鲁智慧谷

齐鲁智慧谷总规划面积48平方千米，以中心区、章锦片区为载体，以齐鲁软件园为依托，以汉峪金谷建设发展为核心，主要承担研发创新、创业孵化、商务商贸、教育等功能，重点发展企业总部、行业应用软件、集成电路设计和服务、机器人与智能制造、新技术和新业态、金融与类金融、工业与建筑设计、文化创意、商业等产业，力争打造成为国内重要的科技成果策源地和高新技术高地。

目前，齐鲁智慧谷发挥齐鲁软件园、汉峪金谷的集聚效应，快速推进汉峪金谷载体建设，加快中心区腾笼换业步伐，大力发展总部经济，吸引金融类、高科技类等企业聚集。一是齐鲁软件园集聚产业引领发展。齐鲁软件园是全国成立最早的“四大软件园”之一，是科技部1997年首批认定的国家火炬计划软件产业基地，是国内外知名的软件和信息服务业产业集聚区，是国家服务外包示范区和“中国软件名城”核心支撑园区。齐鲁软件园聚集了行业应用软件、集成电路设计和服务、人工智能与智能制造、大数据和互联网、总部经济与金融服务业等行业3000余家企业，技工贸总收入超过2000亿元。二是汉峪金谷筑巢引凤快速推进。快速推进汉峪金谷载体建设进展，38栋单体、建筑面积约400万平方米主体已封顶并陆续投入使用。精准引进银行类、保险类、证券类、互联网类、大型企业总部类等300余家企业机构入驻，累计资本规模超过450亿元，为济南高新区打造区域性金融中心，更好地服务区内实体经济提供了有力支撑。三是中心区腾笼换业效果明显。传统产业陆续迁出中心区，推进大数据及新一代信息技术产业基地建设。布局高水平学校建设，提供高质量教育。

（五）齐鲁创新谷

齐鲁创新谷总规划面积27平方千米，通过“承上、启下、自发”模式形成以科技研发为主体的产业群体，重点发展移动互联、数字创意、大数据应用、高端软件及外包和总部研发五大产业方向。“承上”即抓住京沪产业转移的机遇和连接京沪的便捷交通优势，加快吸引京沪地区高端研发和企业资源进驻；“启下”即发挥省会科技研发优势，打造有针对性的人才平台、技术支撑平台、融资平台，引进山东各地市和有关城市在济南建设分行业、分地区的研发中心；“自发”即促进济南企业、科研院所的科技成果转化，建设产业化基地。

目前，齐鲁创新谷不断加强创新创业载体建设，加大招商引资投入，提高产业集聚和企业集群程度，有力推动了园区建设的大提速、大发展。一是载体建设突飞猛进。预计2018年年底占地300亩、建筑面积50万平方米的创新谷孵化器投入使用,完成近 50 万平方米的加速器建设。二是招商引资大步前进。以“招大引强”为切入点,重点围绕大数据应用、人工智能、北斗卫星应用等产业方向展开招商,推动中国科学院(济南)联动创新产业园、建邦国际科技成果产业化示范基地、山大国际产业园等项目落地。三是资源链接稳步推进。推动山东工研院产业发展基地建设,发挥山东大学科教资源优势,促进政产学研用全面合作,打造一流科研及成果转化示范基地。完成创新谷(硅谷)海外产业孵化创新中心建设,建立高端人才交流基地,吸引海外高端人才、学术资源落地济南,打造从科研“跟跑”到产业“领跑”的新格局。

三、经济发展

根据 2017 年的经济数据,济南高新区保持了良好的发展态势,其中生产总值、规模以上工业企业增加值增幅等指标比全市平均水平高 50%,财政收入过百亿元,主要经济指标增幅大都位居全市前列(见表 3-3)。

表 3-3　　2017 年济南高新区主要经济指标数据

指标	数值	备注
新增企业	7322 家	比上年增长 28.9%
税收总额	228.8 亿元	居全市第 2 位
一般预算收入	100.7 亿元	居全市第 2 位
固定资产投资	751.7 亿元	比上年增长 10.1%
规模以上工业增加值	247 亿元	比上年增长 17.7%
全区生产总值	818.9 亿元	比上年增长 12%
进出口总额	295 亿元	占全市 16%

数据来源:济南高新区官方网站。

四、发展规划

2017 年,济南高新区提出将通过“三步走战略”,打造世界级赋能生态,跻身世界一流高科技园区。

到 2020 年,集聚双创资源,引育科技企业,打造生态化城市发展新名片,“生态赋能”型发展模式形成雏形。人才、知识、技术、信息、数据等新生产要素高度汇聚,跻身全国 10 强,成为全国一流高新区。高新技术产业产值占规模以上工业企业总产值比重达 75%,拥有高新技术企业 900 家,千亿元级产业集群 2 个,瞪羚企业超过100家，独角兽企业实现零突破。

到2025年，创新创业、自然、社会、政务和政治生态基本建成，全面释放生态效应，五大生态基本建成，成为全国高新区生态化发展的标杆。高新技术产业产值占规模以上工业企业总产值比重达85%，拥有高新技术企业2000家，千亿元级产业集群3个，瞪羚企业200家，独角兽企业3家。

到2035年，构建形成世界级创新创业生态，社会文明、政治文明、生态文明达到新高度，生态赋能型模式成为国内典范，成功跻身世界一流高科技园区。

世界一流园区

2006年，《国家高新区"十一五"发展规划纲要》提出"三类园区"设想：世界一流高科技园区、创新型科技园区、创新型特色园区。同年，科技部火炬中心等联合发布《建设世界一流高科技园区行动方案》，明确四个基本特征：(1)新兴产业和新兴业态的发源地，走向产业高端，引领世界的产业发展趋势；(2)具有较强的内生增长机制，能培育出有国际竞争力的跨国大公司；(3)集聚大量高端要素和专业要素(集群)；(4)创造新时代前沿的模式、制度和文化。

2006年，科技部批复中关村科技园区、张江高科技园区、深圳高新区、武汉东湖高新区、西安高新区和成都高新区等六家园区进行世界一流高科技园区的试点工作；2015年，科技部批复杭州高新区、苏州工业园区两家园区推进世界一流高科技园区的建设工作；2018年，科技部批复合肥高新区、广州高新区进入世界一流高科技园区序列。目前，提出建设世界一流高科技园区发展目标的还有天津高新区、青岛高新区、大连高新区以及济南高新区。济南高新区提出争创世界一流园区的愿景目标，制定了发展规划，提出了包括人才领先战略、创新开源战略、企业倍增战略、产业亮剑战略、创业升级战略、国际链接战略和形象优化战略等七大战略行动，并制定了包括人力资源服务产业园建设、公共技术服务平台搭建、壮大龙头企业发展实力、打造高质量招商引资新高地、建设生态赋能型孵化器、加快中德中小企业合作区建设以及塑造国际化城市形象等37项具体工程在内的三年行动计划。

第三节　济南高新区的产业发展

济南高新区重点发展电子信息、生物医药、智能装备、现代服务业四大主导产业，先后建设了国家超算济南中心、浪潮高性能计算中心、国家综合性新药研发技术大平台、量子技术研究院、山东省机器人与智能制造公共技术平台等重大产业技术支撑平台。济南高新区设立齐鲁软件园发展中心、智能装备城发展中心、生命科学城发展中心、创新谷发展中心、国际物流发展中心、中欧制造业发展中心等十大园区，组建专业招商团队，开展专业高效的招商引资，推动四大主导产业稳定突破发展和新业态培育。

一、电子信息产业

济南高新区电子信息产业形成了以高端软件和信息技术服务为主，云计算、大数据、信息安全突破发展、电子信息制造有力支撑的"服务应用为主、设备制造为辅"的发展格局，成为全国知名的电子信息产业集群。

济南高新区拥有全国知名的齐鲁软件园、全国唯一的国家信息通信国际创新园，是全国最大的服务器研制基地和中间件研发基地、最领先的商用加密研究基地、国家集成电路产业化基地，汇聚浪潮集团、中创软件、华天软件、中孚信息、神思电子等知名企业。服务器、行业应用软件、中间件、信息安全、软件服务外包等领域竞争力较强，高性能服务器、OGS触控屏、铌酸锂薄膜等产品具有全国市场影响力。其中，浪潮服务器2017年销量全球第3名、中国第1名，浪潮云稳居2017年中国政务云服务运营商市场占有率第1位；华芯富创拥有我国第一条专门制造大尺寸OGS触控屏的生产线；概伦电子拥有业界首个千兆级晶体管级SPICE电路仿真器；晶正电子成功研发出了直径3英寸、厚度300～700纳米的铌酸锂单晶薄膜，填补了世界空白。

"十三五"以来，济南高新区以齐鲁智慧谷为核心空间，聚焦"大物移云智"、集成电路等领域，引进一批影响力大、产业带动强的平台型、总部型企业，促进电子信息产业稳定突破发展。在大数据领域，以大数据产业基地起步区的铭盛大厦为载体，引进国内知名大数据企业20多家，包括今日头条、国云大数据、浪潮大数据、阿里云山东服务平台、国家北斗导航位置数据中心山东分中心等。在"互联网＋"领域，以齐盛大厦"互联网＋产业基地"为载体引进德信怡佳等20多家企业。在集成电路领域，成功引进世界排名第3位的芯片设计服务公司世芯电子、领能电子人工智能芯片研发等项目。此外，济南高新区积极筹划建设量子谷、数创公社等新载体，培育量子科技、大数据等新业态。

济南高新区量子产业发展大事记

2010 年 3 月，中科大量子通信产业化团队在济南高新区成立山东量子科学技术研究院有限公司。

2011 年 5 月，中国科学院量子技术与应用研究中心落地济南高新区，同时成立了济南量子技术研究院。

2013 年 5 月，山东量子科学技术研究院有限公司联合济南量子技术研究院建成国内大陆第 1 位、世界前 3 位的周期极化铌酸锂波导芯片研制平台。

2013 年 11 月，济南量子保密通信试验网建成投入使用，成为“京沪干线”的重要一环。

2016 年 8 月，“墨子号”成功发射，山东量子科学技术研究院有限公司为首次千公里级星—地保密通信提供重要保障。

2017 年 4 月，济南市党政机关量子通信专网开工建设，9 月完成验收，创造了大规模量子通信网络建设的速度纪录。

2018 年 3 月，山东省发布《山东省量子技术创新发展规划 2018～2025》，济南市将量子科技发展列入“济南市十大千亿元产业振兴计划”。

2018 年 4 月，“济南 · 量子谷”规划正式启动。

济南量子谷

自 2011 年起，济南持续布局量子信息产业，将量子科技发展列入十大千亿元产业振兴计划。2018 年 3 月，根据市委、市政府部署，济南高新区管委会成立了量子谷发展中心，承接并推动济南量子科技产业的快速发展。在高新区中心区，以量子大厦为起步区，规划建设占地 230 亩(约 15 万平方米)的济南量子谷，计划至 2025 年新增 60 万平方米的载体。

济南量子谷承载量子信息领域科研、产业、孵化功能，依托量子信息科学国家实验室(筹)济南基地和全国量子计算与测量标准化技术委员会，打造以量子通信为核心，以量子测量为骨干，以量子计算为补充的济南量子产业核心集聚区。

量子谷将立足济南，辐射全省，围绕科技创新和产业培育两大主线，着力打造世界知名、国内一流的创新平台，努力构建“四平台、五基地”的发展新布局。“四平台”包括量子信息技术科技创新平台、量子计算与测量标准化平台、量子通信网络基础设施服务平台、量子信息产业科技服务平台；“五基地”包括创新文化基地、科技创新基地、创新创业基地、科技服务基地和产业培育基地。

(一)重大平台——国家信息通信国际创新园

国家信息通信国际创新园，简称“CIIIC”，是科技部、工业和信息化部、商务部联合发文，与山东省共同建立的国家创新园区。2007 年 6 月 22 日，国家信息通信国际创新园在济南高新区正式揭牌。CIIIC 发展目标是立足中国 ICT 产业战略需求和产业基础，按照“积聚资源、培育企业、拓展产业链、打造产业群”的发展思路，着力打造世界级的软件、计算机、网络通信、数字装备、集成电路等产业集群，提升中国 ICT 产业的核心竞争力。

CIIIC是国内唯一一家由三部委共同批准建立的创新园。在园区管理模式上,建立了三级联动工作机制,最高层是协调领导小组,组长由科技部部长和山东省省长担任;协调领导小组下设办公室,主任由山东省科技厅厅长担任,副主任由科技部国际合作司指派干部担任;济南市设立创新园管理委员会,为济南市政府直属全额预算管理正局级事业单位,由高新区管委会代管,具体负责创新园规划建设、产业招商等工作(见图3-2)。

创新园累计投入14亿元,建立了12个公共技术支撑平台。平台充分发挥社会公共服务职能,面向园区企业免费使用,形成了"政府资金投入—企业无偿使用—企业研发和市场能力提升—税收贡献增加"的科学发展模式。在平台运维方面,园区率先提出运维外包的思路。将平台运维外包给第三方服务团队,实现平台资源、专业技术团队的资源共享和第三方服务团队的稳定性。平台还配置了先进的综合运维系统,实现了对平台软硬件资源的统一、集中、动态监控和各项性能指标数据的在线采集,能够高效地进行资源配置,最大限度地满足企业的资源需求。这种运维模式有效保障了平台的日常运营,大大提高了平台资源的使用效率,有效降低了平台的运维成本。

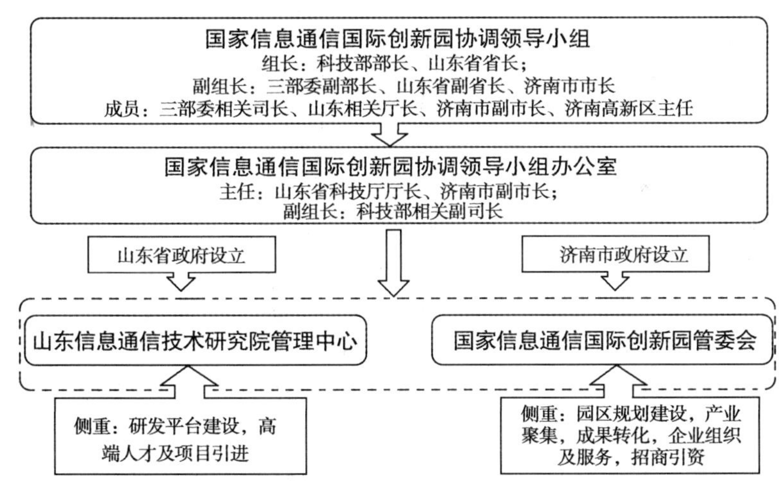

图3-2 国家信息通信国际创新园组织架构

(二)龙头企业——浪潮集团

浪潮是中国最早的IT品牌之一。20世纪60年代,浪潮的前身——山东电子设备厂开始生产计算机外围设备和低频大功率电子管。1970年,中国第一颗人造卫星"东方红1号"就采用了浪潮生产的晶体管作为电子元件。由此,浪潮开始了40余年以技术创新为本的IT征程。浪潮一直秉承创新的理念,数次在中国信息产业发展的重要历史阶段，以极具前瞻性的技术突破引领中国 IT 产业的发展。

1983 年，第一台浪潮微机在济南诞生，这是中国 IT 发展的新起点。以浪潮为代表的三大个人计算机厂商将中国个人计算机产业带入了一个繁荣发展的新时代。

1993 年，浪潮在新加坡的技术人员研制出中国第一台小型机服务器。在接下来的十几年中，浪潮打破了国外服务器厂商在中国多年的垄断，开创了中国服务器产业的新纪元。自 1996 年开始，浪潮服务器连续 15 年蝉联国产服务器第一品牌。

2007 年，IT 领域唯一设在企业的国家重点实验室——浪潮高效能服务器和存储技术国家重点实验室落户浪潮。

2010 年，浪潮高效能服务器与存储技术创新工程荣获 2009 年度国家科技进步奖“企业技术创新工程奖”，天梭 TS30000 高端商用服务器系统荣膺国家科技进步二等奖，浪潮成为计算机领域唯一一家包揽技术产品奖与企业奖的企业。

2015 年，浪潮 K1 荣获 2014 年度国家科技进步一等奖。

2017 年，浪潮承建中国首个大数据流通与交易国家实验室。

浪潮综合实力位列 2015 年中国电子信息产业百强第 9 位，浪潮服务器销量全球前 3 名、中国第 1 名，浪潮集团管理软件连续 14 年市场占有率第 1 位，浪潮政务云服务连续 3 年市场占有率第 1 位。浪潮是全国八家国家安全可靠计算机信息系统集成重点企业之一，自主研发的中国第一款关键应用主机浪潮 K1 使中国成为继美日之后第三个掌握高端服务器核心技术的国家，荣获 2014 年度国家科技进步一等奖。

浪潮是中国领先的云计算、大数据服务商，拥有浪潮信息、浪潮软件、浪潮国际、华光光电四家上市公司，业务涵盖云数据中心、云服务大数据、智慧城市、智慧企业四大产业群组，为全球 100 多个国家和地区提供 IT 产品和服务，全方位满足政府与企业的信息化需求。2018 年，浪潮明确提出以数据为核心，基于全球领先的云数据中心平台和云服务平台，打造平台生态型企业，携手合作伙伴构建数据社会化大生态，加快向云服务、大数据、智慧城市“新三大运营商”转型，致力于成为“云＋数”的新型互联网企业。

新一代神威 E 级原型机

2018 年 8 月 5 日，国家超级计算济南中心，全部采用自主芯片研制的新一代神威 E 级原型机系统完成研制部署，顺利通过课题验收，正式落成启用。其计算能力达到 3.13PFlops，是此前神威蓝光千万亿次计算机的 3 倍。“完全自主可控”是其最闪耀的标签：处理器、网络芯片组等核心器件全部实现国产化。

续表

E级计算机被公认为“超级计算机界的下一顶皇冠”，美国、日本、欧盟、俄罗斯等均提出研制百亿亿次计算机计划，人类将首次进入E量级计算时代。在国家重点研发计划支持下，国家并行计算机工程技术研究中心联合国家超级计算济南中心等团队经过两年多的关键技术攻关和突破，研制成功神威E级原型系统，在国家超级计算济南中心完成部署并投入使用。面向E级计算机研制需求，研制团队在多态融合计算体系结构、新一代申威众核处理器、互联网络、软件定义海量存储、高效供电和强化相变冷却等方面，取得了重大技术突破，对E级计算机研制方案和技术路线进行了全面系统验证，为E级计算机的研制成功铺平了道路。据悉，神威E级计算机有望于2020年完成研制部署，率先跨越百亿亿次量级台阶。 芯片完全自主可控 神威E级原型机的处理器、网络芯片组等核心器件全部实现国产化。运算系统全部采用具有完全自主知识产权的“申威26010＋众核处理器”构建；高速互连网络系统全部采用完全自主知识产权的申威网络交换芯片、申威消息处理芯片构建；存储和管理系统采用申威多核处理器构建，实现了对该领域产品的国产化替代。神威E级原型机整体研制指标国际领先。 已完成35项重大计算任务 神威E级原型计算机首次在国产超级计算机上构建了人工智能软件生态链，基于神威深度学习库和框架，开展了对弈系统、医疗影像识别、机器翻译多个大规模人工智能应用，其中机器翻译应用的数据规模、并行规模和训练速度世界领先。 截至目前，E级原型计算机已完成包括全球气候变化、海洋数值模拟、生物医药仿真、大数据处理和类脑智能等12个领域的35项重大计算任务。其中，22项应用具备扩展到E级计算机整机规模的能力，6项应用曾成功入围被称作超级计算应用领域诺贝尔奖的戈登贝尔奖。 应用前景广阔 神威E级计算机系统研制始终与应用紧密结合，应用领域日益拓宽，从气候气象预报、深空/深海/深地探测、生命科学、天体物理、航空航天等国家战略领域，进一步拓展到互联网、云计算、大数据、人工智能、基因测序、金融计算、先进制造、现代海洋等领域。 作为大科学装置，神威E级原型计算机一方面将为国家海洋强国战略打造“深蓝大脑”，为“中国制造2025”、乡村振兴、科教兴国等战略构建国家超算互联网基础设施；另一方面立足山东，服务全国，满足健康医疗、航空航天、气候气象、生物信息、先进制造等领域的一批国家科学与工程计算重大需求，成为促进国家科技创新、经济发展以及中国制造走向中国创造的助推器。

二、生物医药产业

济南高新区的生物医药产业以济南药谷为载体支撑，以国家综合性新药研发技术大平台为平台支撑，以高层次人才引进为人才支撑，呈现快速发展的良好态势。截至2017年年底，济南高新区有生物医药企业1700余家，生物医药产业销售总收入超700亿元。在最新公布的国家高新区生物医药产业综合竞争力排名中，济南高新区紧跟北京中关村科技园区、上海张江高新区、武汉东湖高新区、苏州工业园区，位列全国第5名。

目前，济南高新区生物医药产业已经形成化药天然药、医疗器械、生物工程、保健品化妆品、医药流通五大优势领域，汇集齐鲁制药、赛克赛斯、华熙生物、磐升生物等知名企业。其中，化药天然药领域规模领先、竞争力强；生物工程领域技术创新能力强，部分技术达到国际领先水平。齐鲁制药是中国制药工业百强企业，年销售收入超百亿元；赛克赛斯医药手术防粘连液获国家科技部“国家级重点新产品”称号；华熙生物建有世界最大的玻璃酸钠原料药生产基地，是全国唯一具有发酵法生产玻璃酸钠原料药批准文号的企业；磐升生物是世界首个掌握培养皮肤组织技术的企业。

“十三五”以来，济南高新区大力推进生命科学城建设，逐渐形成细胞与基因、抗肿瘤、生物培育、中医中药等八大集群（见图3-3），促进干细胞治疗、基因检测、单克隆抗体等13个细分领域发展壮大，产业综合竞争力不断提升。推进鲁商新动能科技城、银丰国际生物城等重大载体建设。鲁商新动能科技城项目借助鲁商集团国家企业技术中心、国家山东创新药物孵化基地、济南市高层次人才发展促进会等核心优势资源，创新打造生物医药、智能装备、科技服务三大核心研发产业，同时发展先进材料、文化创意、金融服务三大特色内容。银丰国际生物城将依托银丰集团所拥有的国家首批基因检测中心、国家首家低温医学中心、山东省唯一脐带血中心先进技术机构，建设保化检测中心、蛋白质科学中心等十大支撑平台，核心建设孵化岛、加速园、产业园、配套中心“一岛、两园、一中心”，形成聚集生物医药企业“研发、孵化、加速、生产、销售运营”五大功能的产业格局。

2017年，济南高新区生命科学城通过深入开展国际合作，促进国内外生命科学领域的项目、技术、人才交流，显著提升了济南市生物医药产业发展速度。生命科学城规划建设了面积14000平方米的生命科学国际创新基地，美国约翰·霍普金斯大学表观遗传学实验室、美国AMNOVA微通道合成技术研究实验室、德国弗劳恩霍夫研究院生物质研发应用中心、韩国翁（OWN）化妆品研发基地等8个实验室、研发中心已确定入驻。生命科学城还与企业合作成立加拿大多伦多医疗创新国际技术合作中心、德国汉诺威国际创新中心、美国洛杉矶BIOWY孵化器、美国萨克拉门托海外联络中心、美国约翰·霍普金斯成果转移中心、美国康州生命科学城海外科技成果转移中心。2017年，生命科学城被科技部火炬中心推荐为全国生物医药产业集群（园区）协同创新联盟发起单位和副理事长单位之一。

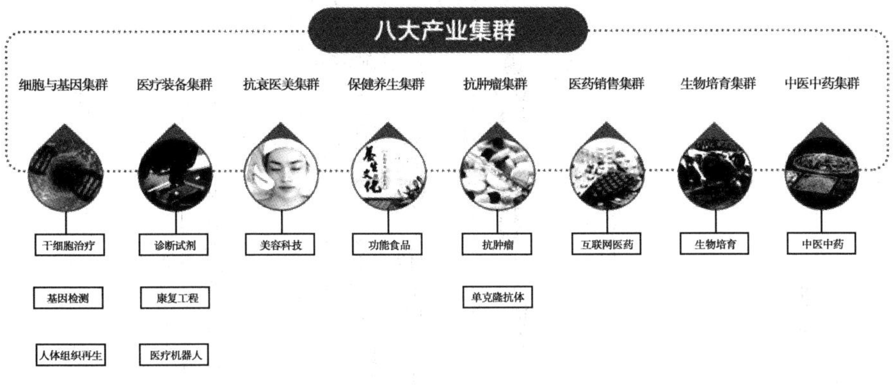

图3-3 济南高新区生命科学城八大产业集群13个细分产业

（一）医药院所——山东大学齐鲁医学院

山东大学齐鲁医学院是负责山东大学医学人才培养、科学研究和社会服务的二级办学机构。学院有6个学科进入ESI排名前1%，其中临床医学进入前1.2‰，药理学和毒理学进入前2‰，生物学和生物化学进入前3‰。在临床医学领域，现有32个国家临床重点专科建设项目，7个临床学科先后进入复旦大学版中国最佳临床专科排行榜前10名。山东大学齐鲁医学院还参与山东省健康医疗大数据中心及共享平台建设，依托2016年成立的山东大学健康医疗大数据研究中心，参与建设“1亿山东人大健康数据库”“健康医疗大数据流”等七大示范工程，构建大数据健康医疗及产业链示范工程。目前，山东大学建立了山东省健康医疗大数据科技创新平台，并有多个重大科研和转化项目在研。

（二）龙头企业——齐鲁制药有限公司

齐鲁制药有限公司前身为齐鲁制药厂，是中国大型医药骨干企业，拥有54年的发展历史。齐鲁制药有限公司设有制剂科研、化学合成（生物工程）、抗生素发酵三大基地；下设8个分公司，拥有类别完整、剂型齐全的产品结构，有抗感染药、抗肿瘤药、心脑血管系统用药、呼吸系统用药、消化系统用药、神经及精神系统用药六大类的原料药和各类药物制剂200多个品种。有世界级一流全自动生产线，粉针、水针、片剂、胶囊、冻干等生产线均从德国、美国、意大利等地引进具有世界先进水平的生产设备，生产能力居全国医药行业首位。具有严格规范的质量检验机构和完善的质量保证体系，设有质量监督和质量检验机构，从国外引进具有国际领先水平的质量监测、分析仪器设备，执行高于国家标准的企业内控质量标准。拥有设备先进、技术力量雄厚的产品开发机构，设有药物研究开发中心、生物技术药物开发中心、天然药物开发中心。形成了“生产一代、开发一代、储备一代”的产品开发良性循环，被山东省政府认定为“省级企业技术开发中心”，销售网络遍布全国各大省市，远销欧美、东南亚等地。设有山东齐鲁万和销售公司、鲁海医药销售公司、山东齐鲁医药进出口有限公司，拥有一支团结向上、业务精干、素质优秀的营销队伍。建立有科学完善的现代人力资源管理机制、员工培训机制和激励机制，重视人才的引进、使用与培养。下属合资企业——齐鲁安替比奥制药有限公司，是亚洲最大的头孢菌素生产基地，年生产能力达 600 吨。齐鲁制药有限公司荣获“全国五一劳动奖状”“省直精神文明先进单位”等荣誉称号。

齐鲁制药有限公司实施“以企业为主体、以市场为导向、以产学研紧密结合为依托”的创新目标战略，注重人才的引进与培养，广泛拓展国内外科研开发与合作，建设了一支结构合理、专业齐全、学术素质高的研究队伍，为公司未来的发展建立了合理的在研产品线。20 年来，已先后研制成功了 100 余个新药，多项研究被列入国家、省市攻关计划，并获得国家、省级科技进步奖。包括全新分子结构在内的数十项小分子药物、新的药物制剂、重组蛋白、合成肽以及抗肿瘤疫苗，正处于不同阶段的研制之中。共承担科技计划 47 项，其中国家级 5 项，省级 29 项。获各级科技进步奖 36 项，其中国家级 8 项，省级 20 项。获国家新药证书 100 余个，多项产品填补国内空白，引领国内开发方向，工艺水平领先，主持制定多项行业标准。

国家综合性新药研发技术大平台

国家综合性新药研发技术大平台作为国家“十一五”科技重大专项，总投资额超过1 亿元，于 2016 年 12 月正式对外启用。大平台以整合科技资源、提高行业自主创新能力和产业竞争力为目标，以实现医药领域创新型国家发展规划为使命，致力于为高新区的优质生物医药企业提供便利，降低其研发成本，加快提高济南高新区的国际影响力和聚集效应，吸引国际、国内医药尖端人才及企业来高新区创业发展，并将逐渐打造成国际一流的行业合作创新生物医药平台。

大平台位于济南高新技术创业服务中心药谷，建筑面积约 12000 平方米，共计 8 层，配置磁共振波谱仪、X 射线单晶衍射仪等设备 130 余台/套。大平台共设有先导化合物单元发现优化平台、药效学评价单元平台、药物安全评价单元平台、药代动力学单元平台、药物分析与质量控制单元平台、新药筛选单元平台、新制剂与释药系统单元平台、中药创新药物研究单元技术平台 8 个子平台，具有世界上最大的药源粘细菌菌株库、国际接轨的药物安全评价体系、转基因细胞为特色的药物筛选技术、国际首创以玻璃酸钠为媒介的眼科药物传递系统等先进技术。

三、智能装备产业

济南高新区的智能装备产业处于加速发展的阶段。2017 年,济南高新区智能装备企业 1500 多家,产业集群规模达 230 亿元,其中规模以上工业企业 180 余家,实现工业总产值 718.73 亿元,在输配电设备、工程机械、专用设备等领域优势突出,智能机器人、通用航空、新能源装备等智能装备领域发展起步,集聚中国重汽、临沃重工、鲁能智能、北车风电、太古飞机、法因数控等知名企业。济南高新区的智能输配电产业集群全国领先,是科技部评定的智能输配电创新型产业集群试点,是我国较有影响力的智能电网变、配装备研发、制造产业基地和技术研发中心之一。济南高新区还搭建了山东省机器人与智能装备公共技术服务平台,成立全国首个智能机器人创新联盟,形成"科研平台+科研团队+产业化基地+产业投资基金"的全产业链配套支撑服务环境。

"十三五"以来,济南高新区以智能装备城、中欧制造产业园为载体,引进一批智能装备生产制造企业及项目(见图 3-4),规划建设人工智能创新中心、激光产业园、军民融合产业园等起步区,策划完成四大产业创新中心,推动智能装备产业快速集聚。产业创新载体方面,完成联智·协同创新基地、融智·生产性服务业基地、创智·先进制造基地、汇智·国际合作基地等 4 个创新中心的策划规划和招商引资,推进智能制造创新研发平台、智能制造人力资源平台和金融支撑平台建设,打造支撑企业长远发展的生态环境。生产制造项目方面,引入重汽桥箱及系列中外配套企业,建设轻骑 KOLAO 摩托车、杰迪专用摩托、临工重机和山特维克合资、易恒汽车电子、费斯托全球生产中心、世界顶尖级医疗手术机器人项目等项目,推进中车地铁动车制造及高级修、宝雅与一汽合作等项目落地。与中国人工智能学会、全国智能机器人创新联盟合作,洽谈落地中科院自动化所分支机构和康复机器人项目。以中欧制造产业园为载体,签约德国水动力集装箱式环保塑料薄膜再生装置生产项目和欧德巴斯智能洗车设备生产项目。

图 3-4 济南高新区智能装备产业五大产业集群及典型代表公司

龙头企业为中国重型汽车集团有限公司。

中国重型汽车集团有限公司的前身是济南汽车制造总厂,始建于 1956 年,是我国重型汽车工业的摇篮。1960 年,生产制造出我国第一辆重型汽车——黄河牌 JN150 八吨载货汽车,结束了我国不能生产重型汽车的历史。5 月 4 日,毛泽东主席视察济南参观了样车并给予了高度评价。朱德委员长为之亲笔题写“黄河”二字。在社会主义建设初期,“黄河”车享誉全国,为国民经济的发展和国防建设做出了重大贡献,成为中华民族自力更生、艰苦奋斗的标志性成果之一。1976 年,成功研制中国第一辆 8×8 独立悬挂重型越野军车——黄河牌 JN252,填补了我国重型军用越野汽车的空白,在“两弹一星”的伟大工程中建立了功勋,为国防建设做出了突出贡献。1983 年,在邓小平同志的亲自关心下,成功引进了奥地利斯太尔重型汽车项目,是国内第一家全面引进国外重型汽车整车制造技术的企业。2001 年,改革重组后的中国重汽正式成立,经过十多年的发展,已经成为国内外知名的重型汽车研发制造企业集团。2007 年,中国重汽在香港主板红筹上市,初步搭建起了国际化平台。2009 年,成功实现了与德国曼公司的战略合作,曼公司参股中国重汽(香港)有限公司 25%+1 股,中国重汽引进曼公司 D08、D20、D26 三种型号的发动机、中卡、重卡车桥及相应整车技术,为企业长远发展奠定了坚实基础。目前,中国重汽已成为我国最大的重型汽车生产基地,为我国重型汽车工业的发展和国家经济建设做出了突出贡献。

改革重组以来,中国重汽始终坚持自主创新,大力实施技术领先战略。以自主知识产权构筑企业核心竞争力,累计获授权专利 3462 项,其中获国家发明专利 240 项,为国家及行业制定技术标准 62 项,是国内重卡行业专利最多的企业。中国重汽技术发展中心是全国第一批国家级企业技术中心,拥有中国实验室国家认可委员会认可的检测实验室,拥有整车、发动机、零部件、汽车电子材料工艺等全方位的研发和检测能力,拥有各种加工、试验、测试等高精尖设备,发动机、整车、部件振动强度测试等设备均达到世界先进水平。2009 年,经国家批准,国家重型汽车工程技术研究中心在中国重汽正式揭牌成立,承担起我国重型汽车行业技术研发、应用示范、成果推广和技术服务的职能。

目前,中国重汽已经形成以重卡为主导,同时涵盖中卡、轻卡、客车、特种车等全系列商用车的产业格局,下属 2 个上市公司,分别为中国重汽(香港)有限公司(香港红筹公司)、中国重汽集团济南卡车股份有限公司(深圳 A 股上市公司),控股 53 家二级企业,生产基地遍布全国 12 个城市,产品出口 100 多个国家和地区。企业主要组织开发研制、生产销售各种载重汽车、特种汽车、客车和专用车及发动机、变速箱、车桥等总成和汽车零部件。整车制造企业主要有济南卡车股份有限公司、济南商用车公司、特种车公司、济宁商用车公司轻卡部、成都王牌公司等。发动机有济南动力部和杭州发动机公司。车桥有济南桥箱公司。变速箱有济南变速箱部、大同齿轮公司，拥有汕德卡、豪沃、斯太尔、豪瀚、王牌、福泺等全系列商用汽车品牌，企业拥有3800多个车型，是我国重卡行业驱动形式和功率覆盖最全的重卡企业。中国重汽坚持国际化战略，从简单的卖车到建立销售服务网络，再到当地组装、产能合作，真正实现海外采购、设计、销售，打造了中国自己的国际知名重型汽车品牌。截至目前，中国重汽已在全球设立了72个海外代表处和办事机构，在90多个国家发展了263家经销商、253个服务网点和228个配件网点，在14个国家和地区建立了17个配件中心库，在8个国家和地区建立了15个境外KD生产工厂，形成了基本覆盖非洲、中东、中南美、中亚、东欧和东南亚等地的发展中国家和主要新兴经济体以及金砖国家和澳大利亚、爱尔兰、新西兰等国家和中国香港、中国台湾等部分成熟市场的国际市场营销网络体系，持续保持国内重卡行业外贸出口的领先地位，并连续13年居国内重卡行业出口第1位。

中德(济南)中小企业合作区

2017年6月，国家工信部批复同意在济南高新区设立中德(济南)中小企业合作区。中德(济南)中小企业合作区位于济南高新区临空经济区，依托高新区十大产业园之一的中欧制造业产业园规划建设，规划面积26平方千米。

合作区按照"核心区+辐射区"的空间架构，规划构建"3+2"的产业体系，聚焦新一代电子信息技术制造业、汽车及新能源汽车和轨道交通装备、航空航天等3个战略性新兴产业，着力培育工业设计、教育培训、科技金融和知识产权等知识密集型服务业和生活服务业，形成研发中心和制造中心"双中心模式"，集聚新技术、新产业、新业态和新模式。通过产城融合、生态赋能，高新区正努力将其打造成一座集德国标准与品质和济南特色于一体的中德产业园、世界一流的国际智能制造区、国际中小企业合作标杆示范区。

四、现代服务业

济南高新区的现代服务业已经形成融资租赁、现代物流、总部经济优势主导，电子商务、科技服务新兴崛起的发展格局，已成为高新区的新经济增长点。2015年，济南高新区规模以上服务业企业达413家，实现规模以上重点服务业营业收入300.5亿元；限额以上贸易业销售额862.2亿元。拥有省级及以上检验检测机构10家，占全市的30%；知识产权代理及咨询机构7家，占全市的80%。

在金融服务业方面，"十三五"以来，济南高新区新增注册资本百亿元金融机构2家、融资租赁法人公司35家。截至2017年年底，全区共聚集金融类企业

600余家，注册规模过百亿元的5家，注册规模过50亿元的12家。规划申报山东省融资租赁产业示范园区，集聚融资租赁法人公司88家，总注册资本478亿元，累计融资超过300亿元，使用境外资金超过300亿元。开辟企业上市服务绿色通道，拥有上市挂牌企业110家，其中IPO上市企业22家、新三板挂牌企业88家，累计实现直接融资300.26亿元，上市挂牌数量位居全国高新区前十。搭建各类金融服务平台，与互联网金融（山东）产业园和山东大学等高校共建山东省新金融产学研基地，实现金融研发端、供给端、需求端的深度融合；建立济南国际金融服务中心，深化济港两地合作；启动建设“高新金融大脑”政府公共服务平台，打通金融服务实体经济“最后一公里”。

在总部经济方面，近两年重点规划建设舜泰广场总部项目、齐鲁外包城、汉峪金谷的金融和大型集团总部项目、济南药谷的生物医药总部项目等，引进福中集团山东区域总部群、国药集团互联网＋医疗器械及药品电子商务销售平台、世界500强BP石油等一批重大项目，已有经济南市认定的10家总部企业入驻。现代物流方面，规划建设保税物流产业功能区、鲁商空港国际物流园，正在推进综保区（北区）保税物流仓库一期建设，将推动保税物流、空港物流快速发展。

在电子商务产业方面，济南高新区拥有韩都衣舍、世纪开元等知名电商企业，建成智汇蓝海互联网品牌孵化基地，相继引进建成谷歌体验中心、驷鹿万国、丝路易达、馋嘴猫电商、名客来等一批国际国内知名的跨境电商综合服务平台及海外仓项目，多层次拓展海外市场，给企业提供了优质的“走出去”渠道，促进跨境电商和垂直电商发展。在汉峪金谷规划建成9万多平方米的电子商务产业基地，搭建山东省电子商务公共服务平台、电子商务交易厅，吸引鲁商一卡通、联行支付等第三方电商服务企业入驻，优化电商发展环境。出台优惠支持政策，培育出韩都衣舍、世纪开元、宜和宜美、华夏维康、银座网、福瑞达等垂直电商龙头企业。

龙头企业为韩都衣舍。

韩都衣舍（集团）创立于2006年，致力于为都市时尚人群提供高品质的流行服饰，是我国最有影响力的时尚品牌孵化平台。作为中国互联网快时尚第一品牌，韩都衣舍凭借“款式多，更新快，性价比高”的产品理念深得全国消费者的喜爱和信赖。

韩都衣舍设有营销中心、产品中心、供应链中心、信息化中心等58个部门，员工逾2600人。

立足国内电子商务的广阔市场，韩都衣舍发展迅速，这得益于韩都衣舍的核心竞争优势——基于产品小组制的单品全程运营体系（IOSSP）。其独创的运营管理模式在最小的业务单元上实现了“责、权、利”的相对统一，对设计、生产、销售、库存等环节进行全程数据化跟踪，实现针对每一款商品的精细化运营。其产品小组是公司的发动机，独立核算，独立经营。该模式已入选长江商学院、中欧商学院、哈佛商学院教学案例库。

韩都衣舍拥有韩风系品牌群、欧美系品牌群、东方系品牌群，计划通过自我孵化、战略收购、时尚云平台的搭建，在 2020 年完成基于服饰品类的 50 个以上的品牌集群布局，实现 100 亿元以上的交易规模。

从 2014 年下半年开始，公司加快向基于互联网的多品牌孵化平台的战略升级，加速并购或参股“小而美”的互联网细分定位品牌，多种方式培育更多优质品牌。所有品牌以产品设计和品牌营销为核心工作，集团在供应链系统、IT 系统、仓储系统、客服系统等方面以平台的方式给予全方位支持。

为了更好地支持多品牌独立运营体系，在打造“以产品小组 为核心的单品全程运营体系”过程中，细分到每一款商品精准的运营数据，是韩都衣舍信息化建设的重中之重。2010 年年初，公司成立了信息技术团队，独立开发了一个体系完整、功能健全、技术先进的数据集成和管理平台。该平台将电子商务平台的前端数据，内部系统中的销售、发货、库存、采购等数据进行集成，并按照精确的粒度进行划分，形成结构化的数据模块。2013 年，公司深入推进信息化建设，组建了超过 100 人的技术研发团队。在升级现有 OMS 系统、WMS 系统、PMS 系统、SCM 系统和 BI 系统的基础上，建立起覆盖整个产品生命周期的业务运营支撑系统（BOSS），打造快捷高效的运营管理系统平台，为每一个产品小组能够成为真正的“自主经营体”提供精确高效的全方位数据化支持。

韩都衣舍的柔性供应链灵活调配营销企划、产品企划和供应商生产，实现快速返单、高交期达成率和高供给精准率的综合管控链条，具有互联网品牌运营即时互动的特点。营销端同各大综合性电子商务平台密切配合，明确年度运营节奏和营销活动的细节要求，制定针对各个电子商务平台的营销计划。产品企划端根据营销端制定的营销计划，合理规划产品结构和供货周期。生产端根据产品企划端的规划，与供应商进行高效的合作。供应商有足够的时间和预留产能，根据韩都企划端的方案来及时完成生产任务。三个环节紧密联结、环环相扣，为消费者提供了速度更快、品质更高的购物体验。

第四节 济南高新区的科技创新

在国家创新驱动发展战略指引和山东新旧动能综合试验区的建设要求下，济南高新区近几年加大了创新投入力度，在招才引智、创新平台、创业孵化和科技金融等方面取得了显著的成就（见表3-4），先后建设了国家超算济南中心、浪潮高性能计算中心、国家综合性新药研发技术大平台、量子技术研究院、山东省机器人与智能制造公共技术平台等技术支撑平台，在高效能服务器、大数据开发应用、量子通信技术等领域拥有了一批具有自主核心技术的知识产权成果，技术水平达到了世界一流。

表3-4　2017年济南高新区创新资源现状

指标	数值	备注
高新技术企业	514家	占全市51.4%
高新技术产业产值	951亿元	占规模以上工业企业总产值71%
国家特色产业基地创新平台	5家	
众创空间、科技孵化器	49家	新建海外孵化器2家
省级以上企业研发机构	134家	海外研发机构10家
上市企业	110家	
省级以上人才计划	35人	其中院士21人

一、招才引智

（一）人才招引

济南高新区坚持“大人才”理念，深入实施人才优先发展战略，推进人才发展体制机制改革，多举措招揽海内外各类人才，为人才提供全方位服务，先后获得国家海外高层次人才创新创业基地、科技部创新人才培养示范基地等招牌。济南高新区现有各类人才17.3万人。其中，院士21人（含院士工作站在站院士），国家高层次人才46人、“万人计划”人才8人、科技部创新人才推进计划专家9人、国务院特殊津贴专家16人、山东省“泰山学者”和泰山产业领军人才专家103人，连续多年被山东省委、省政府授予“全省人才工作先进单位”称号。

在海外高层次人才招引方面，济南高新区充分发挥“侨”“海”资源优势，在齐鲁软件园发展中心等6个园区设立国家海外高层次人才创新创业基地工作站、留学报国济南基地工作站；与中智公司等30余家知名人力资源服务机构和美南中国专家协会联合会等10余家中介组织机构签约，引进聘用德国王赛博、荷兰何洋等8名招才“大使”，联手打造海外引才“桥头堡”；组织区内多家企业以组团或参团方式赴美国、意大利、澳大利亚等国开展招才引智。每年组织区内多家企业到西安成都西部线、辽宁吉林东北线开展紧缺急需人才招聘活动，赴京津、华东等地区的重点高校开展物流、生物医药类引才对接活动。

（二）人才政策

在人才政策方面，济南高新区还出台了《济南高新区聚人才稳增长20条政策措施》，提出“政府搭台、资本牵线、市场评价”的人才扶持新模式，最高奖励可达年收入的45%。济南高新区设立5亿元人才发展基金，创新人才股权跟投、资金直投等扶持模式，解决人才创业融资难、融资贵等问题。在人才服务方面，济南高新区探索实施“一窗受理、集成服务”，采取“窗口＋专员”“线上＋线下”服务新模式，全面优化落户、职称评定等业务流程，努力实现“最多跑一次”。建成全市首个人才公寓，国际学校实现招生，国际医院加快建设，“类海外”环境日益完善。

二、创新平台

（一）产学研合作平台

济南高新区聚焦一批高校、科研院所开展创新合作：发挥驻鲁、驻济高校资源优势，组建以山东大学为龙头的驻鲁高校成果转化联盟，引进浙江大学、西安交通大学设立技术转移中心，与复旦大学合作共建复旦大学济南产业技术创新中心，通过链接全国高校，瞄准创新源头，促进校地协同创新；着力共建山东工研院产业基地，设立宽禁带半导体、机器人与智能制造等8个协同创新中心，引进英国曼彻斯特大学、诺丁汉大学、肯特大学等的高端研发团队，累计转移转化科技成果近30项，氧化锆、隧道超前探测、无人驾驶等10余项产业化前景广阔的项目落地高新区。

济南高新区大力引进国内顶尖科研院所，配合建设山东中科院产业技术协同创新中心，引进中科院北京国家技术转移中心，促成中科—益源环保科技转化平台、正庄生态农业院士工作站、苏州医工所医药研发平台等研发平台落地。搭建激光领域的国家级创新平台，按照科研机构法人治理结构改革要求，高新区与省科技厅、省科学院建设了山东激光传感研究院，为打造国内激光传感研发高地和产业发展集聚区提供强力支持。

济南高新区还联合信息通信龙头企业中兴通讯建设NB-IoT（窄带物联网）新技术研究院，布局NB-IoT从“模组—产品—应用”的产业链，营造NB-IoT创新产业生态；联合人工智能领军企业亚信数据建设人工智能研究院，围绕人工智能重点领域引进专业团队开展技术攻关，以“研究院＋产业园”方式推动产业发展；引进互联网巨头百度打造百度创新中心，建立基于人工智能、内容分发、连接服务、金融创新四位一体的战略布局，打造“人工智能＋创新创业＋产业升级”的发展链条。

山东工研院

2015年7月，济南市、山东大学、山东省科技厅三方签署山东工业技术研究院（以下简称“山东工研院”）共建协议。2018年9月18日，济南市人民政府批准设立山东省工业技术研究院，9月26日，山东工研院正式注册为事业单位法人机构。工研院致力于整合以山东大学为龙头的国内外科技创新资源，搭建研究开发、技术转化和产业孵化创新平台，建设人才、科技、项目、资本于一体的创新生态系统，努力将工研院打造成科技体制机制创新的“排头兵”、原创性科技成果的“策源地”、新旧动能转换的“新引擎”。（1）宗旨使命。努力建设成为具有突出科技创新能力和可持续发展能力，在科学研究和技术创新方面取得重大创新成果，国内领先和国际一流的研究开发、技术转化和产业孵化创新平台，引领行业技术创新，助推新旧动能接续转换，满足山东在高新技术产业领域的重大需求，在区域创新体系与经济社会发展中发挥支撑引领作用。（2）功能定位。面向世界科技前沿，立足区域发展需求，集聚国际一流的人才团队，搭建国际高水平的技术研发、成果转化和产业化平台，构建集人才、科技、项目、资本于一体的协同创新生态系统，建设成为国际一流的新型研发机构。（3）组织结构。工研院实行理事会领导下的院长负责制，采取决策层、管理层和营运层三层管理模式。理事会是工研院的决策机构；管理层为工研院的管理服务和业务机构；营运层为工研院管理有限公司和股权基金公司。（4）建设模式。工研院采用“一院、两基地、多园区”建设模式。一院为工研院。两基地为科研孵化基地和产业发展基地，其中在山东大学千佛山校区建设科研孵化基地，建筑面积8万平方米；在济南高新区创新谷建设产业发展基地，建设用地750亩（50万平方米）。多园区为在济南市各个县区推动建设的创新型特色产业园区，工研院孵化、培育企业重点向特色园区辐射，形成产业集聚，实现园区专业化发展。（5）金融支撑。2017年成立工研院股权基金，一期规模1亿元；《济南市推进区域性科技创新中心建设若干政策》重点支持山东工研院等重大创新平台建设，每年扶持1亿元，连续扶持5年。（6）人才支撑。山东工研院人才引进办法打通科研一产业化人才流动，实现工研院一高校院所双向流动，并在济南市范围内建立博士后工作站的统一管理和服务机制。（7）运行机制。山东工研院实行企业化管理、市场化运作，重点建立包括市场导向的技术研发机制、顺畅衔接的技术转移转化机制、面向企业的技术服务模式、高效灵活的用人机制及科技金融的融合发展机制等在内的精简高效管理运行机制。一是实行全员聘用制，全员关键绩效考核，推行市场化绩效薪酬制度。二是实行以增加知识价值为导向的分配政策，充分利用股权出售、股权奖励、股票期权、项目收益分红、岗位分红等激励方式，从法律上保护成果转化各方的合法权益，让科技成果真正落地转化。

（二）公共技术服务平台

济南高新区在智能装备、电子信息、生物医药、现代服务业以及新兴业态领域，搭建包括山东省机器人与智能装备公共技术服务平台、千万亿次超级计算平台、国家综合性新药研发大平台、山东知识产权“一站式”综合服务平台、量子通信产业技术研究院在内的多个公共技术服务平台，已建成公共技术服务平台34个、在建9个，国家级研发机构总数达到66家，省级以上企业研发机构134家（见表3-5）。

表 3-5　　济南高新区现有公共技术服务平台

类别	平台	建设主体
地方主建技术平台	千万亿次超级计算平台	科技部、山东省科学院国家超级计算济南中心
	集成电路设计平台	国家信息通信国际创新园、山东省信息通信技术研究院
	通信测试平台	山东省信息通信技术研究院
	数字媒体技术平台	山东省信息通信技术研究院
	物联网嵌入式研发平台	山东省信息通信技术研究院
	量子通信研发平台	山东省信息通信技术研究院
	软件与信息服务外包公共服务平台	济南高新区齐鲁软件园发展中心
	金融信息安全监测服务平台	济南高新区齐鲁软件园发展中心
	山东省离子注入公共服务平台	国家信息通信国际创新园、济南晶正电子科技、山东大学
	国家综合性新药研发大平台	济南高新技术创业服务中心
	济南药谷·化药中试公共服务平台	济南高新技术创业服务中心、济南爱思医药科技有限公司
	药物安全性评价公共服务平台	济南高新技术创业服务中心、山东省药科学院
	台湾生技产业(化妆品)公共实验生产平台	济南高新技术创业服务中心、台湾京漾生技事业股份有限公司
	生物医用材料与组织工程公共服务平台	济南高新技术创业服务中心、济南磐升生物技术有限公司
	生物基因工程与医学转化公共服务平台	济南高新技术创业服务中心、山东艾克韦生物技术有限公司
	山东省机器人与智能装备公共技术服务平台	国家信息通信国际创新园
	山东省建筑与矿山机械公共技术平台	高新区智能装备产业发展中心、临工集团
	工业 4.0 智能制造创新中心暨公共服务平台	高新区智能装备产业发展中心
	中德(济南)智能制造应用技术中心	高新区智能装备产业发展中心
	智能制造金融支持平台	高新区智能装备产业发展中心
	智能云制造创新中心暨公共服务平台	高新区智能装备产业发展中心
	生物医药产业知识产权公共服务平台	济南高新技术创业服务中心
	山东省知识产权“一站式”综合服务平台	山东省科技厅、山东省知识产权局、高新区管委会

续表

类别	平台	建设主体
国家布局科研平台	国家信息存储工程技术研究中心	浪潮集团
	高效能服务器和存储技术国家重点实验室	浪潮集团
	主机系统国家工程实验室	浪潮集团
	哺乳动物细胞高效表达国家工程实验室	鲁南制药
	国家胶体材料工程技术研究中心	山东大学
	大数据流通与交易技术国家工程实验室	浪潮集团
创新创业服务平台	迪亚创新创业服务平台	金娜迪亚实业有限公司
	同科天地创新创业服务平台	山东同科天地科技企业孵化器有限公司
	博科创新创业服务平台	山东诚创医药技术开发有限公司
	诚创医药创新创业服务平台	济南同科医药物流有限公司
	同科医药销售公共服务平台	山东吉美乐有限公司
	吉美乐创新创业服务平台	山东海诺知识产权运营管理有限公司
	海诺众创+知识产权运营平台	济南大陆机电股份有限公司
	计量工具信息服务平台	山东韩都衣舍电子商务有限公司等
新型产业服务平台	齐鲁纺织服装科技协同创新联盟	山东电子协会、济南创新谷管理中心等
	山东省集成电路设计产业技术创新战略联盟	山东省信息通信技术研究院等
	济南生物医药服务外包产业联盟	—
	山东省电力软件产业技术创新战略联盟	济南智能输配电产业集群

资料来源:《济南高新区公共技术服务平台调研报告》。

三、创业孵化

(一)创业载体建设

济南高新区持续完善“众创空间—孵化器—加速器”的梯级孵化链条。截至2017年年底,济南高新区拥有孵化载体49家、在孵企业1024家、毕业企业1222家,其孵化面积达124万平方米。济南高新区共拥有24家众创空间,其中国家级众创空间10家、省级众创空间7家。在孵化模式探索上,一是依托大企业建设内部创业孵化平台。本地的浪潮集团、韩都衣舍、博科生物、大陆机电等企业,依托自身技术、资金、人脉、市场等资源搭建内部创业孵化平台，通过鼓励企业员工创业、培育企业上下游创业项目等多种方式，构建与企业自身核心业务相互依托、共生共赢的大企业创新创业生态圈。二是探索“国外创新孵化＋国内成果产业化”新模式。政府与企业同时推动建设海外孵化器，建成德国斯图加特中德中小企业协同创新中心、加拿大蒙特利尔第三孵化器、墨尔本 RMIT 大学孵化器等一批海外孵化器。帮助区内企业利用海外人才、场所、创新资源优势，将海外高新技术成果在高新区快速落地转化，形成海内外互动孵化的新局面。

（二）创业服务

在创业服务方面，济南高新区的孵化载体形成以基础服务为主、增值服务和特色服务为辅的服务体系，除提供场地服务、企业注册申报、政策解读、财税法务、管理咨询等基础服务外，创业孵化载体还为创业团队提供创业导师、创业培训、高企认定、投融资服务、创业沙龙等增值服务，部分孵化载体提供市场开拓、设备研发支持、国际交流合作等特色服务（见表 3-6）。

表 3-6　　济南高新区提供的创业孵化服务

服务形式	服务内容	代表性孵化载体
基础服务	场地服务、物业管理、企业注册申报、政策解读、知识产权、财税法务、管理咨询	齐鲁软件园、创业服务中心、同科天地科技企业孵化器、迪亚科技企业孵化器、圣创空间
增值服务	创业导师	智库@创吧、圣克拉拉创客中心、海诺众创＋知识产权运营平台
	创业培训	高新创业众创空间、“健康汇·现代农牧”众创空间、创客药谷
	高企认定服务	同科天地科技企业孵化器、智源云客
	投融资服务	迪亚孵化器、智汇蓝海互联网孵化基地
	创业沙龙活动	高新创业众创空间、诚创孵化基地
特色服务	市场开拓	韩都衣舍互联网品牌孵化基地、博科科技企业孵化器、24 空间
	研发设备支持、公共技术平台	创业服务中心、迪亚科技企业孵化器、创客基因、创客药谷、诚创孵化基地
	国际交流合作	创业服务中心、济南硅谷协同创新中心、元隆生物工程科技企业孵化器

在创业培训开展方面，济南高新区组建了“中介机构＋导师＋培训”的导师服务机制，与泰山管理学院、律师事务所、会计师事务所、专利事务所等 40 家中

介机构签订合作协议,开展了“赢在股权时代的到来合伙人股权与股权激励培训”“品牌定位与营销策略”“医疗器械注册检测培训”“税收优惠政策培训会”等培训。联合人社、工商、税务、质监、医药等政府机构为企业定期开展系列化、高层次的专业知识培训,为企业答疑解难,如“高新区2017年劳动保障法律法规政策培训班”“泉城双创人才申报要点解读培训”等培训。

在双创活动品牌打造方面,济南高新区组织举办了智汇蓝海中国互联网品牌创新创业大赛、济南高新区创新创业大赛、齐鲁大学生软件大赛。依托齐鲁软件园、创业服务中心等载体,策划召开中德国际高峰论坛、中国国际智能制造创新论坛、中德中小企业合作交流会等高质量论坛。

表3-7为济南高新区瞪羚企业名录。

表3-7　　济南高新区瞪羚企业名录

1	济南时代智囊网络技术有限公司	17	山东山大鸥玛软件股份有限公司
2	山东神戎电子股份有限公司	18	山东小鸭新能源科技有限公司
3	山东泰德新能源有限公司	19	山东莱博生物科技有限公司
4	韩都衣舍电子商务集团股份有限公司	20	山东众阳软件有限公司
5	山东和同信息科技股份有限公司	21	山东金视野教育科技股份有限公司
6	山东省齐鲁细胞治疗工程技术有限公司	22	济南金域医学检验中心有限公司
7	济南腾越电子有限公司	23	山东艾克韦生物技术有限公司
8	济南讯和信息技术有限公司	24	山东中车华腾环保科技有限公司
9	山东中安科技股份有限公司	25	中电装备山东电子有限公司
10	山东中车风电有限公司	26	山东亨利医药科技有限责任公司
11	山东科华电力技术有限公司	27	山东新华控制工程有限公司
12	山东省齐鲁干细胞工程有限公司	28	山东金煜电子科技有限公司
13	山东中磁视讯股份有限公司	29	济南格林节能开发有限公司
14	山东鑫联通信科技有限公司	30	山东耀通节能环保科技股份有限公司
15	济南森峰科技有限公司	31	济南隆泰纺织科技有限公司
16	山东诺安诺泰信息系统有限公司		

四、科技金融

金融业是现代经济的引擎和推动实体经济发展的血脉,金融与科技的深度融合为创新发展增添了新动力、新羽翼。2018年年初，国务院批复了《山东新旧动能转换综合实验区建设总体方案》，明确要求济南规划建设新旧动能转换先行区，支持济南开展支持服务实体经济的改革和创新。济南高新区提出“建设新旧动能转换先行区的标杆区”，将科技金融作为新兴服务业的重点发展内容纳入四大主导产业。通过集聚机构和资源，创新发展政策和服务模式，打造金融助力地方经济的长效机制，增强科技金融对创新生态的赋能效应。

(一)金融机构资源

截至2017年年底，济南高新区共聚集金融类企业600余家，注册规模过百亿元的5家，注册规模过50亿元的12家。集聚融资租赁法人公司88家，总注册资本478亿元，累计融资超过300亿元，使用境外资金超过300亿元。开辟企业上市服务绿色通道，拥有上市挂牌企业110家，其中IPO上市企业22家、新三板挂牌企业88家，累计实现直接融资300.26亿元，上市挂牌数量位居全国高新区前十。

济南高新区搭建各类金融服务平台，与互联网金融(山东)产业园和山东大学等高校共建山东省新金融产学研基地，实现金融研发端、供给端、需求端的深度融合；建立济南国际金融服务中心，深化济港两地合作；启动建设“高新金融大脑”政府公共服务平台，打通金融服务实体经济“最后一公里”。

(二)金融发展政策

2015年7月，济南市政府明确提出“打造四个中心，建设现代泉城”的发展目标。作为对区域金融中心目标的响应，2016年9月，济南市发布了《济南市加快区域性金融中心建设 促进金融业发展若干扶持政策》，又称“金九条”“金九条”从九个方面构建了济南的金融扶持政策体系，金融机构落户、增资、自建、购买和租赁办公用房等都可按档次得到一次性资金补助。实缴注册资本40亿元(含)以上的，可获得一次性补助1亿元。实缴注册资本30亿元(含)以上的公司制股权投资企业或募集资金达到50亿元(含)以上的合伙制股权投资企业补助1500万元，符合条件的还可享受办公用房补贴和落户补贴。

此外，地方性金融组织、融资租赁公司也首次纳入了补助范围，金融中介服务机构可享受办公用房补贴，对金融创新取得突出成就的机构给予重奖，对金融人才给予一定的安家补助和工作性补助。

对企业上市挂牌给予重奖是“金九条”的亮点做法。支持企业上市挂牌，扩大直接融资规模，加快发展全市多层次资本市场，是“金九条”的重要导向。比如，企业上市成功，至少可获500万元的补助，并且分阶段予以兑现；企业在山东证监局完成报备并正式进入辅导期的，便可以享受150万元的补助；若中国证监会受理上市申报材料的，再补助150万元；若企业上市成功后，再补助200万元。进行首发融资的，给予融资补助，最低补助20万元。融资额达到10亿元的，奖励 80 万元。另外，新迁入的企业在 3 年内成功上市的，除享受企业上市各项补助外，另外奖励 100 万元；企业若在新三板成功挂牌，一次性补助 150 万元；挂牌后实施股票融资的，按实际融资额的 3‰给予补助。

济南高新区科技金融大厦“五位一体”模式

结合济南实际，科技金融大厦引入北京中关村“评、保、贷、投、易”五位一体先进运营模式(见图 3-5)，构建支持科技成果转化的多层次金融服务体系。齐鲁银行、济南科技风险投资、济南市融资担保等 20 家本地金融机构，围绕“五位一体”模式签署战略合作协议。“评”，即价值评估，评估机构为科技型企业提供技术和知识产权价值评估以及企业投资价值判断。“保”，即融资担保，科技金融大厦联合济南市政策性融资担保公司，为科技型企业融资提供担保增信。“贷”，即贷款融资，以科技银行为核心，以保理、融资租赁等为补充，构建更快、更丰富的贷款通道。“投”，即股权投资，重点引入各种类型的投资机构，为科技型企业引入全方位的投融资机会。“易”，即多元化的交易模式和交易平台，依托产权交易所、股权交易所，形成迅捷流动的产权交易通道。

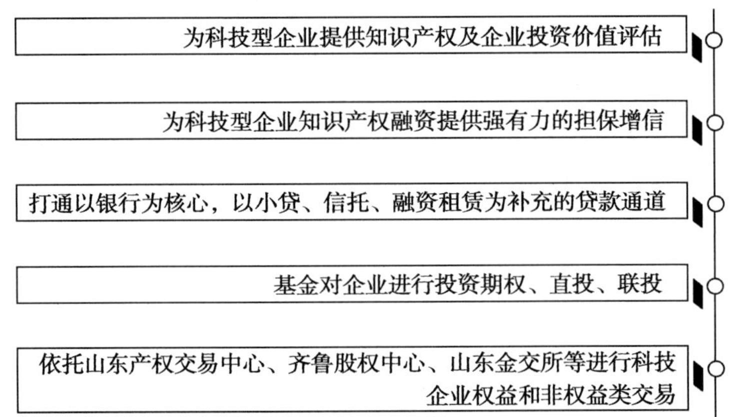

图 3-5 科技金融大厦“五位一体”模式

科技金融大厦自 2017 年 7 月试运行以来，先后组织有规模的科技成果与融资对接会 8 场，平台服务机构自发开展路演 27 场次，累计参与活动人数达 5000 人次；成立基金 10 只，基金总规模 16 亿元；评估专利 100 项，评估金额达 6.4 亿元；落地院士项目 1 个，高层次人才项目 4 个。2018 年上半年，合作银行累计为科技型企业发放贷款 251 笔、金额 16.76亿元，有效地缓解科技型企业的融资难问题。2018 年 4 月，微软济南金融科技企业孵化平台承办 2018 年微软“创新杯”全球学生科技大赛山东区决赛，有 3 支团队进入全国总决赛，都斩获全国三等奖。

第五节 济南高新区的对外开放合作

济南高新区作为山东省对外开放的高地，紧抓“一带一路”倡议等机遇，以更加开放的思维寻求发展，统筹外资、外贸和对外投资政策，充分发挥比较优势，联通各国市场，提升其在世界的影响力；推动生产和服务联动走出去，在高质量“引进来”的同时，坚持更好地“走出去”，实现产能出海、境外投资、跨国并购、服务外包，在世界范围建立山东“朋友圈”；主动融入“一带一路”、京津冀协同发展、长江经济带三大战略，一手抓外向型合作，一手促进山东省与周边省市协同合作发展。济南高新区经过多年努力，在国际合作，尤其是对德合作、高级高端资源引进、招侨引智等方面取得了良好成绩。此外，高新区还通过搭建进出口贸易新平台，探索进出口贸易的新模式，实现进出口贸易额的爆发式增长。

一、外贸产业爆发增长

近年来，济南高新区不断创新进出口贸易新模式，通过发展跨境电商、搭建外贸服务平台、打造外贸服务体系、成立境外企业联盟等方式，实现外贸总额、进口额、出口额三项指标持续增长。2017 年，高新区进出口总额达到 49.49 亿美元，同比增长 24.4%。

(一)跨境电商发展

济南高新区通过引进山东海外仓公司、不木科技等一批代表性企业，将海外仓优势资源与跨境电商小单贸易有机融合，探索跨境电商运营、监管、统计的新模式，有效推动了外贸企业国际品牌建设，促进了济南市乃至山东省内外贸融合和消费品进口。济南高新区还搭建国际领先的服务平台，吸引易非网、名客来等一批国内外知名的外贸综合服务平台和推广中心落地运营，为传统外贸企业提供简便、高效的国际市场通道，推动外贸产业转型升级发展。

(二)外贸服务体系建设

济南高新区打造“三个一”工程，利用中企动力、海外仓、外贸综合服务平台给新外贸企业提供一站式注册和推广服务，利用出口信用保险、驻区金融机构、物流报关等服务机构给外贸企业提供一条龙多重保障，利用国家、省、市和高新区外贸政策给外贸产业提供一体化全覆盖扶持，有效解决了传统外贸企业开拓市场难、物流难、融资难、外贸业务流程烦琐等一系列长期存在的困难和问题，吸引了一大批外贸企业注册成立。以龙头外经外贸企业为核心，成立中国(俄罗斯)境外企业联盟、济南市对外劳务合作企业联盟以及西亚非洲企业联盟。将龙头企业强强联合，核心产品优势互补，成功打造了龙头企业带动上下游产业以及外经企业带动工程类产品出口的“抱团出海”的模式。

二、招侨商引侨智

截至2018年9月，济南高新区已经拥有14个“侨梦苑”，并以此为契机积极探索对外开放新模式。针对华人华侨，分别开展吸引企业落地、引进高精尖项目、建立海外联络处等工作，打造了侨海特色的招商引资新平台。以侨为“桥”打开海外链接新局面。开展招侨商引侨智工作，汇集来自美国、加拿大、日本、澳大利亚、新加坡、韩国等国家和地区华人华侨创办的涉及生物医药、智能装备、电子信息、纳米材料、节能环保等领域的企业119家。促成英国诺丁汉大学章雅平博士半导体可调激光器芯片、加拿大华侨贾明中检溯源、美国封玲博士智能数据与基因检测公司全国总公司等多个项目落地，推进香港各区工商联济南代表处、济港创客基地、济南高新区侨商会等落户。与在美、日、韩的华侨华人组织建立11个海外联络处，使相互友好往来和开展业务洽谈的渠道更加方便快捷，为高新区产业发展增添开放合作新动能。

三、对德合作成果突出

济南高新区以中欧制造产业园对接德国工业4.0，主动设计引导对德合作，形成多层次中德创新合作局面，逐渐成为济南市与欧美等制造业发达国家或经济体合作、交流的桥头堡，成为对德企业合作的战略高地。

（一）产业合作

济南高新区不仅聚集了包括西门子、博世、大陆、德华安顾等一批世界500强在内的大型德资企业，而且还吸引了费斯托、斯凯孚、TBI工业等一批细分行业龙头的德资企业进驻（共48家），对德招商成果突出。高新区本地企业积极开展对德合作，签署包括（半导体）高能量离子注入项目、智能停车系统、工业4.0数字化工厂实验室、工业科学和工厂系统研究所在内的多个高技术合作项目，形成多层次的中德科技创新合作局面。山东汉诺威医疗科技有限公司与德国中小企业总会签署企业推荐协议，建立市场化的对德合作平台机构，并在高新区生命科学城建设汉诺威国际医疗器械创新基地，在德国汉诺威与纽伦堡建设海外孵化器，引进德国医疗保健领域的企业在高新区落地发展。

（二）创新交流

在创新平台建设方面，在德国斯图加特市设立中德中小企业协同创新中心，搭建公共科技平台、实验室等基础服务设施，不仅成功吸引济南百博生物、济南德锡科技、济南固锝电子器件等14家企业入驻，实现了一批企业“引进来”和“走出去”，而且还在德国探索了“基础服务＋增值服务＋专项服务”的多元化服务机制。在对方交流方面，搭建中德国际高峰论坛、中国国际智能制造创新论坛、中德中小企业合作交流会等高质量中德对话平台，不断深化高新区与德国政府、科研机构、企业的交流合作。在人才交流方面，依托济南职业技术学院，建设了中德合作的“双元制”中德技术培训中心，并联合西门子建设工业 4.0 人才培训基地，成功探索了“工匠式”人才的联合培养模式，可成为其他地区开展中德联合教育培训与人才培养的复制推广模板。

（三）新型海外孵化模式

济南高新区创造“本地注册＋海外孵化＋国内加速转化”的新型孵化模式，与德国互设创新孵化平台，探索中德新型孵化和创新合作的新模式。针对在济南高新区注册且进入中德海外孵化平台的项目，在孵化培育环节依托海外孵化基地，利用德国本地的专业人才、技术、服务优势，开展海外、异地孵化。待到创业企业孵化毕业，把加速成长和产业化环节重新放回高新区，利用国内载体、土地、人力成本的优势，承接科技成果大规模产业化生产。构建“国外创新孵化＋国内加速转化”的新方式，成功引进了德国一批高水平科技资源。

济南—德累斯顿产业合作办公室和斯图加特孵化器

济南—德累斯顿产业合作办公室 2013 年 11 月揭牌成立，分别在中国济南和德国德累斯顿两个城市设立联络办公室，聘用中国和德国当地熟悉市场和企业的工作人员，为中德、中欧的企业在对方市场投资建厂铺设道路，联系中德和中欧国家企业之间的技术合作、技术转移、企业并购、投资建厂等多种方式的合作。驻济南联络办公室为在济南的德国和欧洲企业提供一系列服务，如办公室和厂房的租赁、企业注册手续的办理、企业人才招聘培训、企业外籍员工在济生活指南、聚会活动等，以此来保障外国企业在济的顺利落地，丰富外籍员工的业余生活。根据 2013 年济南和德累斯顿签署的合作备忘录，双方每年都要组织互访活动。代表团由政府和企业代表组成，访问的目的主要包括加强政府间的交流和推动企业间的项目合作。

2016 年 9 月，济南在德国的首个海外科技孵化器——中德中小企业协同创新中心在斯图加特成立，其致力于推进中德双方在智能制造、机器人平台、汽车、信息通信技术、环保技术等领域的交流与合作。创新中心建立以来，成功推动了双方的技术合作、产学研结合以及投资、并购等多种模式的发展。2018 年 9 月，济南—芬兰万达产业合作办公室亦正式运营。在欧洲范围内、德国以外，为济南企业在欧合作开辟了另一条合作线路与途径。产业办公室致力于中芬企业间的合作往来，定期举办经贸洽谈活动和企业互访，拉近了两个城市的距离，也创造了更多的合作机遇。

第六节　济南高新区的体制机制创新

济南高新区坚持问题导向，聚焦“增能提效”，率先在全市推行以“企业化管理、市场化运作、专业化服务”为目标，以“扩区、放权、搞活”为核心的体制机制改革，全面推进政府职能再转变、行政效能再提升，最大限度地激发市场活力和社会创造力。济南高新区体制机制改革已成为全国国家高新区的标杆，改革经验在全国推广。

一、打造四大管理体系

济南高新区重点打造四条主线的管理体系，即打造快速高效的行政管理体系、专业系统的招商服务体系、法治和谐的社会治理体系、积极稳健的融资建设体系，加快建立适应生态赋能型发展模式的行政管理体制（见图3-6）。

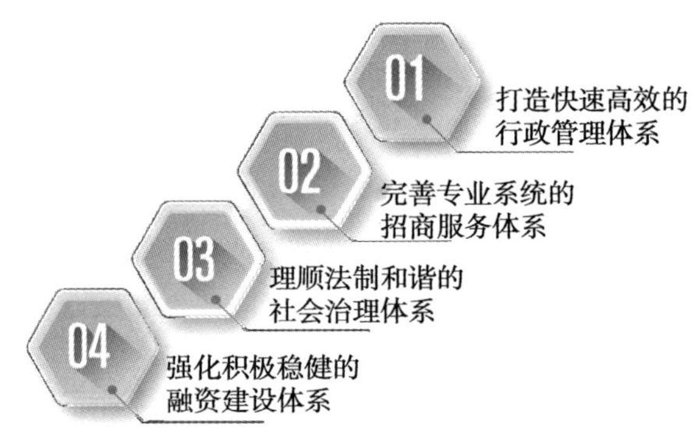

图3-6　“四条主线”管理服务体系

（一）机关部门推行“大部制”

在不突破市编委核定的机构个数、编制总量和领导职数的前提下，按照职能相近、业务相近的原则，进行机构重组和职能整合。通过对原有部门的撤、并、增、改，目前共设置“14＋3”个工作部门，逐渐形成了“大建设”“大经济”“大社会管理”“大执法”“大办公室”等行政管理架构，并通过行政管理流程再造，有效解决了职能交叉、条块分割和多头管理问题，提高了行政服务效率。

（二）构建专业系统的招商服务体系

按照突出产业特色、差异化发展思路，保留齐鲁软件园等成熟老园区3个，新成立智能装备产业发展中心等专业园区7个。目前，高新区共设置10个专业特色园区、1个支撑单位（中心区腾笼换业推进中心）和2个窗口单位（产业技术创新协同中心、开放型经济发展中心）。在国家信息通信国际创新园管委会加挂“济南高新区投资促进中心”牌子，负责管理专业园区、牵头招商引资工作。园区管理推行标准化模板，统一设置内设机构，统一人员配置规模，专业招商和企业服务队伍总数超过 300 人，构建“大服务、大招商”管理体系。

（三）强化街道办事处职能，构建法治和谐的社会治理体系

对代管的 5 个街道办事处的管辖区域进行调整，按照“精简、统一、效能”原则，规范街道办事处机构设置，重新统一设定内设机构，调整加强社会事业和民生管理服务职能。同时，实施“支前工程”“诚信工程”，进一步强化社会治理体系。

（四）建立以济高控股集团为主体的融资建设平台

将原高新区各级所辖国资企业整合，组建新的济高控股集团。进一步调整完善济高控股集团决策层、内部职能层，做强、做优二级公司，建立以济高控股集团为主体的融资建设平台。济高控股集团运营能力基本形成，发挥了较强的融资、投入、开发、土地熟化及保障能力。

二、推进“放管服”改革

2016 年 6 月，按照“以放为原则，不放为特例”的要求，济南市委、市政府印发了《关于公布市级下放济南高新区管委会行政权力清单的通知》，3258 项市级权力事项全部下放至高新区管委会，相关市直部门刻制了 49 枚 2 号章交予高新区。按照“谁用章、谁负责”的原则，高新区根据实施条件和承接能力，分批分步承接，于 2016 年分三批完成全部市级权力与高新区权力事项的精锻融合，并推出了一批“十天办结制”审批案例，服务清单、责任清单管理全部落实到位。同时，济南高新区按照“小机关、大基层”的管理思路，对机关进行精简“瘦身”，将城管、安监、建设等部分职能和人员下沉，由街道办事处统筹管理协调，解决多头执法问题，进一步提升基层社会综合治理能力和服务发展能力。图 3-9 为济南高新区审批体系。

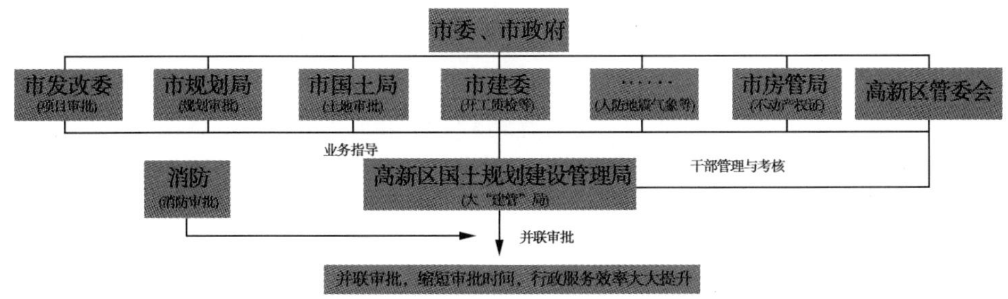

图 3-7　济南高新区审批体系

三、改革人力资源管理

(一)改革干部管理方式,实行全员聘任制

打破行政事业、编内编外身份界限,突出“因事设岗、以岗选人、人岗相适、宁缺毋滥”原则,推行岗位管理,推行包括管委会领导班子成员在内的全员聘任制,实现了干部人事管理由“身份管理”向“岗位管理”转变。对人员实行分类管理,按照“三个分离”原则实行“双轨运行”。即对管委会机关、事业单位原在编在岗人员,实行干部编制内任职与岗位聘职相分离、档案工资与实际薪酬相分离、干部人事档案管理与合同聘用管理相分离的“双轨运行”管理。2017 年,又完成了教育系统改革,33 所学校纳入聘任管理体系,实行 KPI 考核。

(二)改革干部考评体系,实行全员 KPI 考核

引入企业管理中 KPI(关键绩效指标)考核原理,以部门(单位)“重点、难点、亮点”年度工作计划为基础,根据管委会发展战略层层分解形成管委会、部门、个人三级 KPI 指标,实行全员 KPI 考核,干部考核由“主观评价”向“量化考评”转变。

(三)改革分配激励机制,实行全员绩效工资制

突出“岗位、业绩、能力”定薪原则,按照岗位类别根据 KPI 考核按绩分配,体现责任、业绩与收入紧密挂钩,绩效薪酬能高能低,薪酬管理由“铁工资”向“活薪酬”转变。逐步调整薪酬基本部分与激励部分比重,由“稳住基本、突出激励”到“保障基本、强化激励”,逐步加大绩效激励强化激励作用。对部门(单位)按照“增人不增酬、减人不减薪”原则实行薪酬包管理制度,引导少用人、多干事。同时,建立了职务晋升和薪级晋升“双通道”,破除了职业发展“天花板”效应。

四、提升政务服务效率

(一)打通政务服务“最后一公里”

2017 年,新政务大厅投入使用,开发建设电子监察系统,开通行政许可审批、公共服务事项等政务网办功能,实施业务办理线上线下相结合,综合服务能力进一步提升。2017 年,共收到行政许可事项申请 9600 件,其中网办率达 71.1%。进一步整合审批事项,简化流转程序,采取“一窗式”受理,全年共受理各类业务 534 万件。

(二)实施监管流程再造

实施“双随机、一公开”监管、执法监管流程再造,不断深化事中事后监管。开展企业名称网上自主申报,深化全程电子化登记,成功举办全省工商(市场监管)全程电子化登记上线启动仪式。认真落实“多证合一”改革,全面梳理 31 项

事项清单，2017 年共办理“多证合一”营业执照 5000 份，办理“席位注册”营业执照 2000 份。

（三）创新政务服务模式

研制开发全省首台登记自助终端设备，梳理六大类 108 项企业登记范本，制作智慧告知一扫通，推行免费执照寄递服务。实行登记注册授权委托审核制度，对简易程序登记推行“一人审核制”和容缺受理机制。开通重点招商引资企业绿色通道，推行“门诊式导办”服务，形成高效便捷的准入服务机制。

济南高新区体制机制改革成功经验

济南高新区的改革实施一年以来，改革力度大、成效显、反响好，超出了预期。有专家认为，济南高新区改革是“迄今为止最为彻底的行政管理体制改革”。2017 年以来，全国已有 60 多个高新技术产业开发区、经济开发区先后慕名来济南高新区取经。据介绍，济南高新区此次改革涉及重大利益调整，但是实施较为平稳，得到了市直各部门的支持和广大干部职工的理解。济南高新区主要抓住了三个关键点。

一是主要领导高度重视，全力支持。济南高新区的改革是时任中共山东省委副书记、济南市委书记王文涛亲自出题目、提要求并力推实施的。他多次明确要求要加快建立高新区的正向激励机制，并指出：“不怕工资拿得高，就怕干不干活工资都拿得高。”2016 年 5 月，济南市委、市政府印发了《济南高新区（综合保税区）体制机制改革方案》，开启了以“放权”和“搞活”为主旨的改革之路。为保障改革顺利进行，济南高新区主要领导由市委常委兼任，为高新区加快实施体制机制创新、政策先行先试提供了有力的领导保障。

二是建立容错免责机制，为敢做事的干部免除后顾之忧。时任市委书记王文涛提出：“摸着石头过河，摸错了不能一棍子打死”。市委、市政府建立了“为担当者担当”的保障机制和“让实干者实惠”的激励机制，极大地鼓励了党员干部干事创业的热情。2016 年以来，济南市委连续出台了《容错机制》《纠错机制》《防错机制》《诬告陷害查处办法》4 个文件，营造为敢于担当者担当的制度环境。2017 年，济南市又提出建立“正向激励”机制，让实干者得实惠，让干部有干事的劲头和保障。

三是科学设置考核体系，建立竞争择优的用人分配机制。科学设置考核体系是高新区改革的关键环节。济南高新区请国内知名咨询公司进行总体设计，同时结合高新区发展实际，深度参与核心目标的设计，坚持“工作优先、目标优先、业绩优先”导向，紧扣经济社会发展目标任务，建立了非常清晰的三级目标责任体系，通过绩效考核制度将市委、市政府和党工委、管委会的重大决策部署落实到每个具体部门和岗位。

第四章　济南高新区的创新生态评估

不同地区的创新生态系统具有不同的特征，并处于不同的发育阶段。在第一章所构建的创新生态系统模型的基础之上，本章综合考虑评价维度可量化、数据可获取、评价诊断要求等因素，对理论模型进行适度简化，构建了一个创新生态系统评价模型。基于该评价模型，选取若干指标，形成了一个包含 5 个评价维度、共 32 个评价指标的创新生态评价指标体系。应用该评价指标体系，对济南高新区创新生态进行了评估分析。在评估过程中，每项指标还与国家高新区（10 个世界一流园区试点园区）进行了横向对比，以发现问题，查找差距。采用模糊评价的方法，对济南高新区创新生态发育的状况进行了整体评估。评估发现，济南高新区的创新生态中表现较好的是创新要素及投入，表现较弱的是创新网络及协同。

第一节　评价模型与指标体系构建

理论模型和评价模型在功能上存在差异，因此，在第一章所构建的创新生态系统模型的基础之上，本章综合考虑评价维度可量化、数据可获取、评价诊断要求等因素，对理论模型进行适度简化，构建了一个创新生态系统评价模型。基于该评价模型，选取若干指标，形成了一个包含 5 个评价维度、共 32 个评价指标的创新生态评价指标体系。

一、评价模型

在第一章，本书构建了一个区域创新生态系统模型，将区域创新生态系统分解为七个子体系，并提炼了每个子体系的关键主体和内容。第一章所构建的创新生态系统模型在本质上是一个理论模型，其功能在于提升对创新生态系统内涵和内在机制的认知。本章将对济南高新区的区域创新生态系统进行评价，源自认知和评价功能的差异，评价指标体系的构建不能完全基于前面所构建的理论模型。理论模型和评价模型的差异主要体现在两方面。

第一，评价模型是从评价的需要出发，追求用更为简洁和直观的方式对生态系统的发育状态进行评价，一般只抓取生态系统的关键板块和维度，能说明问题即可。而理论模型更多的是考虑完整性和逻辑性。

第二，评价模型需要考虑其概念的可表征性，包括是否可量化为具体的指标以及量化后的指标是否具有统计上的可获取性。而理论模型并没有是否可量化以及和现有统计指标体系对接的考虑。

因此，本书将在第一章所构建的理论模型的基础上，构建一个评价模型（见图 4-1）。

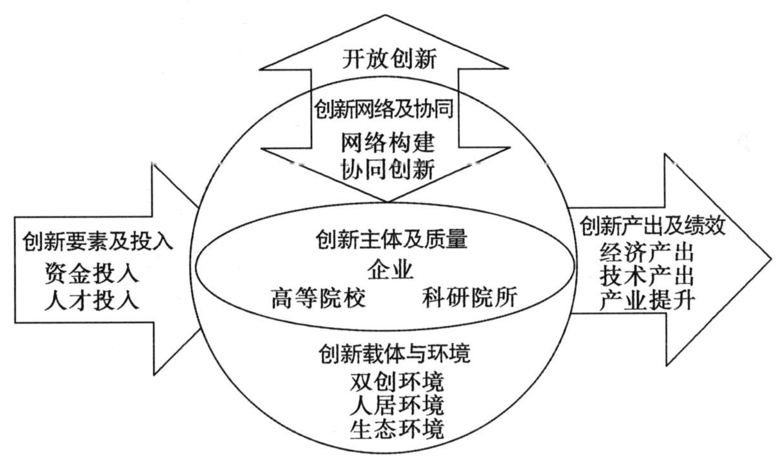

图 4-1 区域创新生态系统评价模型

该区域创新生态系统评价模型基于系统动力学模型构建，包括创新要素及投入、创新主体及质量、创新网络及协同、创新产出及绩效、创新载体及环境五个板块。

二、指标体系

基于所构建的区域创新生态系统评价模型，选取若干指标对相应维度进行表征，形成了济南高新区创新生态评价分析指标体系。该指标体系包括创新要素与投入、创新主体及质量、创新网络及协同、创新产出及绩效、创新载体与环境五个一级指标，每个一级指标下又细分为若干的考察维度（见表 4-1）。

表 4-1　　济南高新区创新生态评价指标

一级指标	考察维度	二级指标
创新要素及投入	资金	企业研发投入强度(%)
		管委会当年科技财政支出(亿元)
		创业风险投资额
	人才	万人本科(含)以上学历人数(人)
		从业人员中硕士和博士学历人数占比(%)
		高层次人才数量(人)
创新主体及质量	研发机构	高等院校数量(所)
		研发机构数量(家)
		国家级研发机构数量(家)
	企业	高新技术企业数量(家)
		瞪羚企业数量(家)
		独角兽企业数量(家)
		上市企业数量(家)
创新网络及协同	网络构建	产业技术联盟数量(家)
		国家级技术转移示范机构数量(家)
	协同创新	技术合同成交额(亿元)
	开放创新	企业在境外设立研发机构数量(家)
		外籍常住人员和留学归国人员占从业人员比重(%)
创新产出及绩效	经济	园区当年营业收入(亿元)
		当年新增工商注册企业数(家)
	技术	园区当年新增发明专利授权(件)
		从业人员万人拥有有效发明专利(件)
		形成行业、国家标准以及参与制定国际标准数量(件)
	产业	企业利润率(%)
		工业增加值率(%)
		高新技术产业营业收入占营业收入比重(%)

续表

一级指标	考察维度	二级指标
创新载体及环境	创新创业	国家级孵化器数量(家)
		房价工资比(万元/元)
	人居	千人床位数量(个)
		交通拥堵城市排名
	生态	单位增加值综合能耗(吨标准煤/万元)
		空气质量优良天数(天)

三、评价原则

(一)定量评价与定性评价相结合

由于有些考察维度无法用量化的指标进行有效考察,加上有些量化的指标数据无法从现有的统计数据中获得,因此,虽然所构建的创新生态指标体系以定量指标为主,但在对济南高新区的创新生态进行评价分析过程中,则按照定量评价与定性评价相结合,以定量指标为主的原则。这是在最大限度地保证评价客观性和严谨性(由量化指标所体现)的基础上,增强考察的全面性和有效性(由定性指标所体现)。

(二)核心指标与关联指标相结合

所构建的创新生态评价指标体系中的指标是核心指标,但创新生态系统是一个复杂的巨系统,仅靠几十个核心指标难以对一个区域的创新生态进行全面的考察。所以在对济南高新区的创新生态进行评价分析时,除了考察核心指标的变动情况外,还考察一些与核心指标内涵相近的关联指标的变动情况。通过和关联指标相结合,能够更加深入地发现问题。在核心指标和关联指标的选取上,主要以同一评价对象的规模性指标和质量性指标结合考察为主。

(三)纵向比较与横向比较相结合

对济南高新区创新生态的分析是应用所构建的评价指标体系,应用当期的数据进行分析①,考察济南高新区创新生态的发育水平和当前状态,但数据的值经过比较才赋予评价上的意义。所以,对济南高新区创新生态的评价分析,在能够获得相关统计数据的基础上,会进行济南高新区自身的纵向比较以及与其他高新区的横向比较。前者主要考察济南高新区的增长势头,后者主要评价济南

① 由于数据获取方面的原因,部分指标采用2016年的数据。

高新区与对标对象(济南高新区提出建设世界一流科技园区,所以对标对象主要是科技部认定的10个世界一流科技园区试点园区)。

四、数据说明

(一)数据来源

本章评价所用的数据来源渠道主要有:(1)火炬统计的数据主要来自火炬统计年鉴,是济南高新区委托外单位开展的基于火炬统计数据的委托课题;(2)济南高新区自身的数据主要由济南高新区统计部门提供;(3)公开出版物及互联网上公开的数据。

(二)使用说明

在数据呈现方面,需要特别予以说明的有:(1)部分数据由于处于持续更新的状态,准确的数据以引用源的最新数据为准;(2)在评价中涉及横向对比的,即10家世界一流园区的数据,基于数据准确性和保密性的考虑,隐去了具体数值;(3)评价中引用的第三方机构的数据,其数据准确性由第三方机构负责,本书并不作保证。

第二节　创新要素及投入

创新要素是构成整个创新生态系统的基本元素,创新要素的规模和质量直接决定了创新生态的质量和竞争力。在创新要素及投入一级指标板块,主要考察济南高新区在资金和人才这两大关键创新要素层面的富集程度和投入力度。

一、资金

(一)企业研发投入强度

企业研发投入强度是衡量企业层面创新投入水平的通行指标,是提升企业创新能力的前提和保障条件。根据火炬统计口径数据,2016年,济南高新区企业研发投入强度为2.57%。在对标的10家世界一流高科技园区中排名第7位(见图4-2)。由于火炬统计口径的企业是国家高新区范围内的优质企业(根据火炬统计的要求,高新技术企业必须入统,且去除),因此大口径的济南高新区内的企业平均研发投入水平应该低于2.57%。以欧盟统计标准,企业研发投入强度在5%以上属于高研发强度,此类企业一般被认为具备充分的研发竞争力优势,2%以下属于中低强度,不足1%则属于低强度。因此,从企业研发投入强度来看,济南高新区企业与先进水平还有较大差距,需要进一步加大研发投入力度。

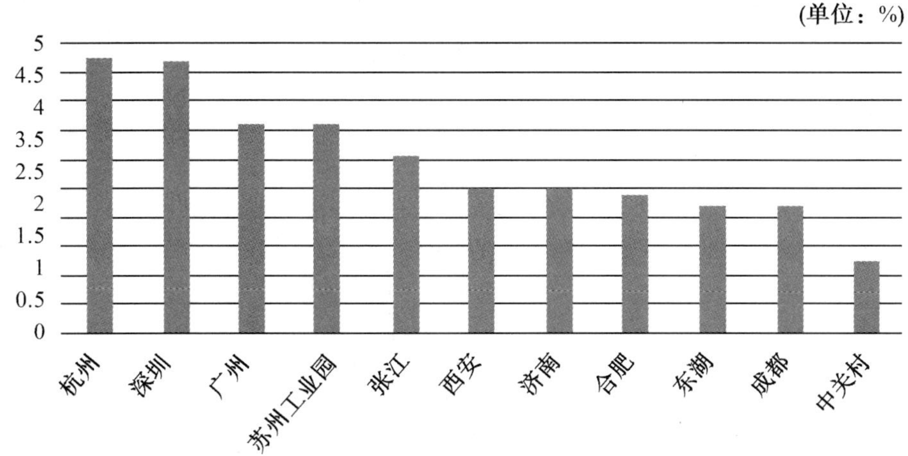

图 4-2 高新区企业平均研发投入强度横向对比

(二)管委会当年科技财政支出

基于火炬统计数据，2017 年，济南高新区科技财政拨款为 5.8 亿元，占整体财政支出的比例为 8%。基于 2016 年的火炬统计数据，与 10 家世界一流园区进行横向比较，济南高新区在对标园区中排名最后一位(见图 4-3)。我国当前的创新驱动发展是政府力量和市场力量双轮驱动的，由于体制的特殊性、产业发展阶段和层级以及外部竞争环境等多方面因素，政府在科技投入方面的作用都非常重要。济南高新区正处于建设自主创新示范区和新旧动能转换先行区的关键阶段，在科技财政投入上严重不足，需要进一步加强政府的引导作用，有效弥补市场投入的不足以及激发市场投入的潜力。

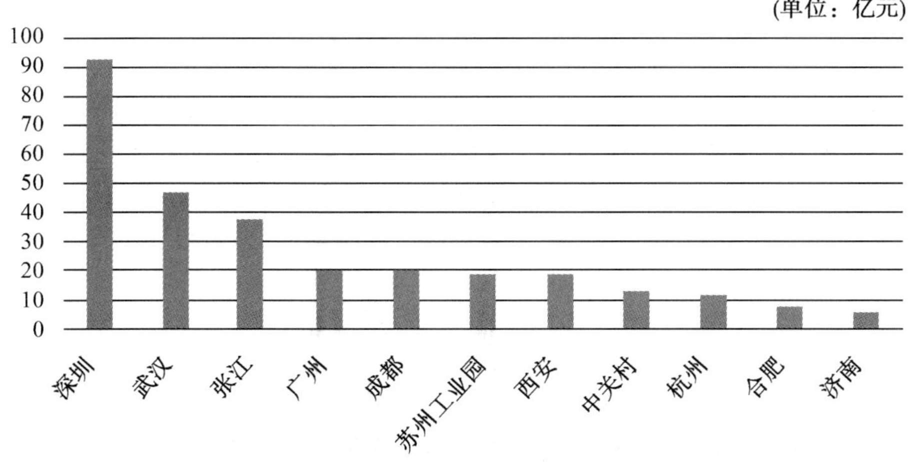

图 4-3 管委会当年科技财政支出横向对比

(三)创业投资事件数量

2017年，直辖市及副省级城市成立融资项目数，济南市排在第14位(见图4-4)。发生的投资事件数，济南市排在第14位。从绝对值来看，与北上广深差距巨大。

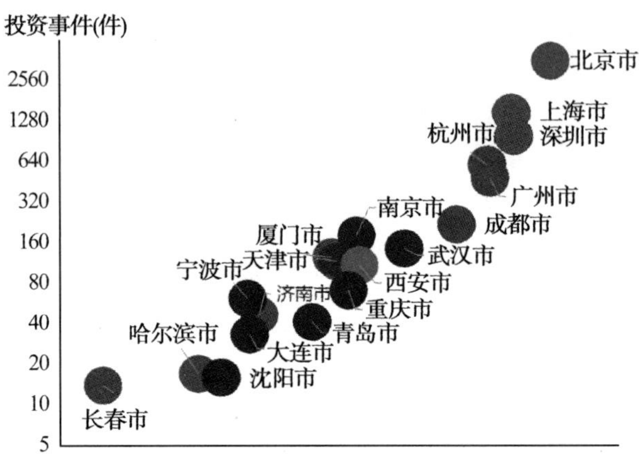

图4-4　中国各地区创业风险投资机构数量
(来源：鲸准数据)

从省域的层次看，2017年度融资额排行前5名的依次为北京市、上海市、广东省、浙江省、江苏省。其中，北京以高达2444亿元的融资额位列第1位，山东省以51亿元排名第7位。相对于山东省的人口规模和经济总量，山东省的风险投资发展任重而道远。

二、人才

(一)万人本科(含)以上学历人数

基于火炬统计数据，2017年，济南高新区万人本科(含)学历以上人数为4560人，比2016年增加近200人。基于火炬统计2016年的数据，与10家世界一流园区进行比较，济南高新区排名第11位(见图4-5)。受过高等教育的毕业生是一个区域创新发展的人才主体，从横向对比的结果来看，济南高新区的一般人才主体的规模和密度与世界一流园区都存在较大差距，比世界一流园区的平均水平约低30%。然而，济南市是山东省的科教中心，有73万在校大学生，每年毕业17万人。济南高新区本科及以上人才规模和密度不高，同时也反映出济南市高校毕业生人才流失的问题。

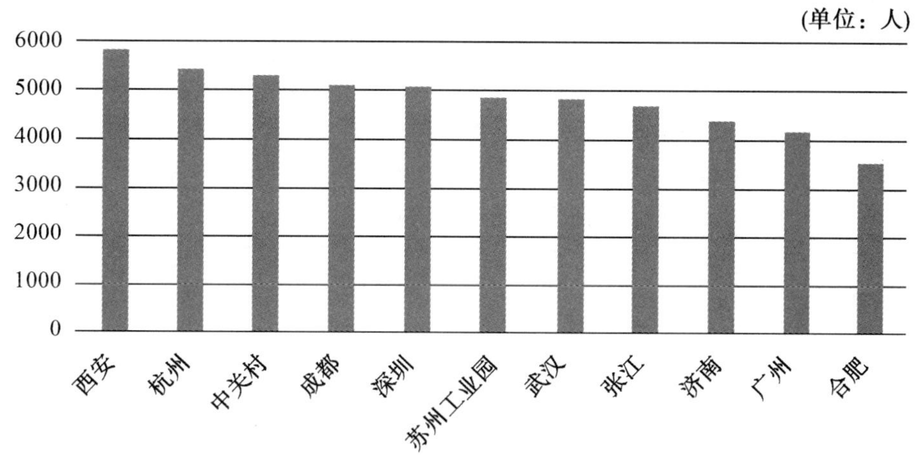

图 4-5 万人本科(含)学历以上人数横向比较

(二)从业人员中硕士和博士学历人数占比

基于火炬统计 2016 年的数据，与 10 家世界一流园区进行比较，济南高新区从业人员中硕士和博士学历人数占比排名第 10 位(见图 4-6)。从该指标的绝对来看，济南高新区的硕士和博士数量与世界一流园区的平均水平还存在较大差距，只达到世界一流园区平均水平的一半左右。硕士和博士是高新技术产业的主力军，尤其是生物医药、电子信息产业中研发人员的主力，济南高新区需要采取多种措施，加大该类人才的引进和培育力度，提高人才供给水平。

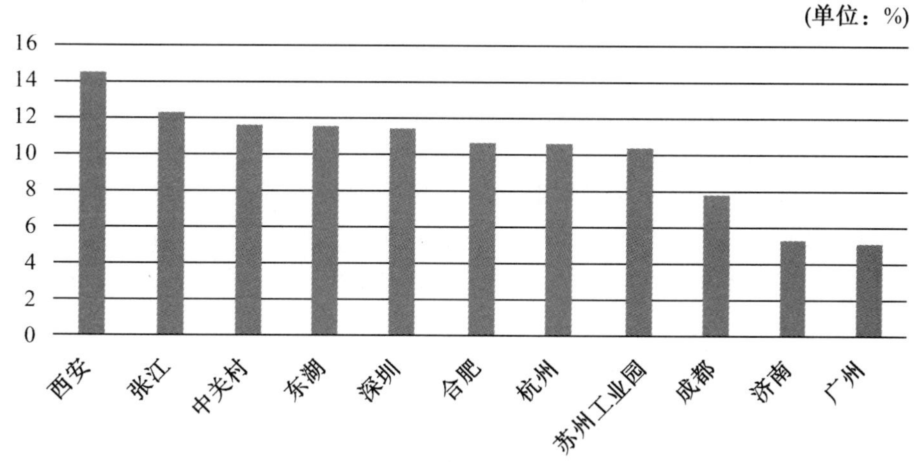

图 4-6 从业人员中硕士和博士学历人数占比

（三）高层次人才数量

从高端人才群体的整体状况来看，济南高新区各级科技领军人才累计达上千人，除国家级人才计划 33 人（见图 4-7），还有山东省“泰山学者”75 人，济南市“5150”引才计划 319 人，高新区海右计划人选 390 人。从横向比较的结果来看，济南高新区在对高端人才的吸引力上并不具备优势。但是近年来济南市出台了《关于深化人才发展体制机制改革促进人才创新创业的实施意见》、济南高新区出台了《济南高新区聚人才稳增长 20 条政策措施（试行）》等政策，进一步加大人才引进力度。

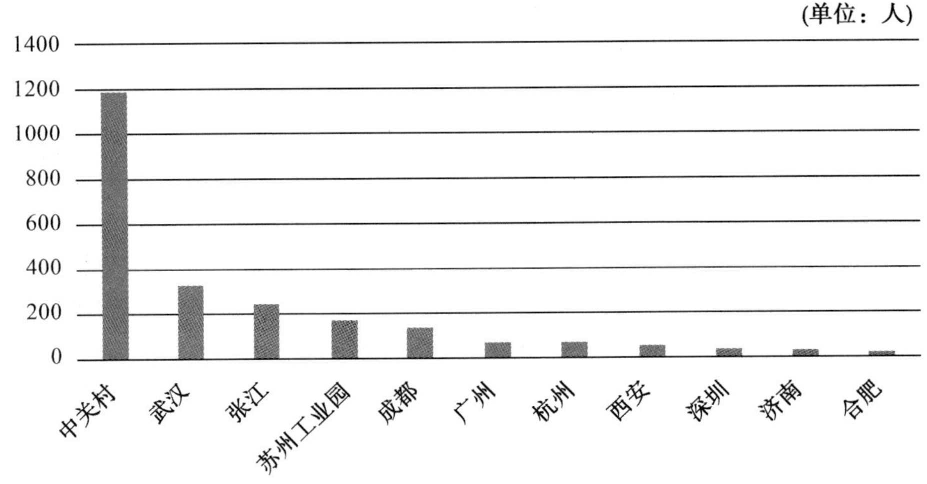

图 4-7　国家级人才计划人数横向比较

在省域层面考察高端人才的分布。基于青塔网的一项研究，近五年（2013～2017 年）中国大陆 31 个省份当选的两院院士（共计 235 人）、长江学者特聘教授（761 人）、国家杰青获得者（992 人）、国家青年“千人计划”入选者（2388 人）、国家优青获得者（1998 人）等六类目前学术界影响力较大的高层次人才数量的空间分布（见表 4-2）。在省级层面，山东省拥有的高层次人只排到第 12 位。可见在省域层面，山东省作为东部省份，在高端人才的培育和吸引力上并不具备优势。

表 4-2 2013～2017 年中国大陆各省份六类高层次人才入选数量统计(人次)

序号	省份	中国科学院院士	中国工程院院士	长江特聘	杰青	青年千人	优青	总计
1	北京	60	56	222	355	546	619	1858
2	上海	12	9	93	143	395	257	909
3	江苏	6	6	69	79	228	194	582
4	广东	1	6	30	48	221	113	419
5	湖北	6	4	56	56	184	107	413
6	浙江	4	3	26	40	159	109	341
7	安徽	5	4	5	42	112	91	259
8	陕西	3	2	54	30	83	71	243
9	四川	2	1	38	23	109	51	224
10	天津	0	0	25	28	67	61	181
11	辽宁	2	6	22	31	52	58	171
12	山东	2	4	11	24	40	46	127

第三节　创新主体及质量

创新主体及质量主要考察济南高新区创新主体的数量规模以及质量水平。本书主要考察高校、科研院所和企业三大主要创新主体。其中，高校是知识创新的主体，科研院所是技术创新的主体，而企业是技术创新和产业创新的主体。

一、高等院校

截至 2017 年年底，济南市共有高等院校 43 所，其中本科院校 25 所、专科院校 18 所，在校生 70 万人。根据 2017 年本科学校在全国的分布情况，济南市的本科院校在全国所有城市中排名第 16 位(见图 4-8)。从绝对数量上来看，济南市的高校资源比较丰富，是区域的科教中心。

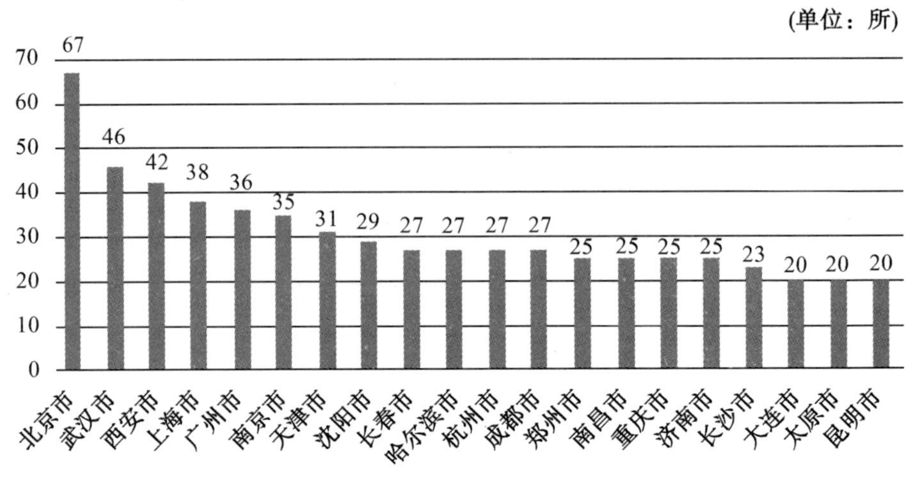

图 4-8　2017 年本科学校数量前 20 名城市

但是从学校的教育和科研水平来看，济南市的本科院校中教学和科研水平较好的大学有山东大学、济南大学和山东建筑大学。山东大学是济南市唯一的一所“211”“985”院校。在最新的双一流建设名单中，山东大学仅两个学科入选“双一流”学科建设名单。根据武书连中国大学综合实力排名，2017 年山东大学排名第 12 位，且近 3 年处于下滑态势（见图 4-9）。高等院校是区域创新系统的重要主体，兼具知识创新和人才培养的功能。济南高新区在高等院校方面虽然资源密集，但是缺乏高水平的高等院校，这限制了区域创新系统中知识创新和人才培养的质量。

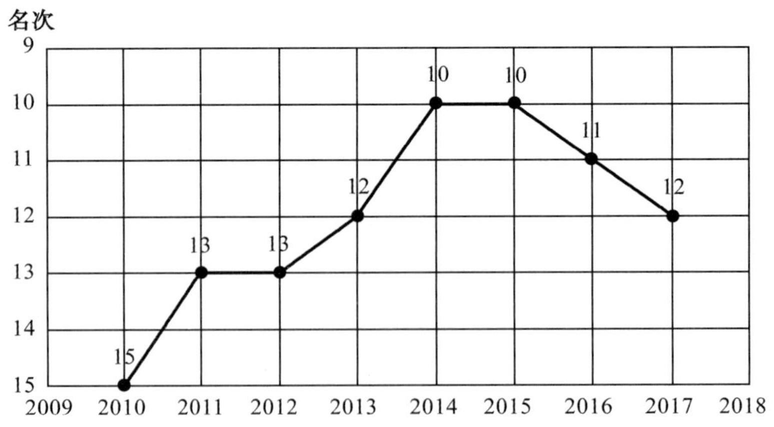

图 4-9　山东大学历年排名走势图

（来源：武书连中国大学综合实力排名）

二、科研院所

(一)研发机构数量[①]

基于火炬统计 2016 年数据,济南高新区拥有各类研发机构 204 家,与 10 家世界一流园区相比排名第 10 位(见图4-10)。研发机构的数量决定了区域能够在多大规模上组织研发活动,也间接决定了科研经费投入、科技人员数量等指标。从横向对比的结果来看,济南高新区的研发机构的数量与世界一流园区的平均水平还有较大差距,只达到世界一流园区平均水平的一半左右。济南高新区需要鼓励更多的企业设立研发机构,提升研发机构的数量。

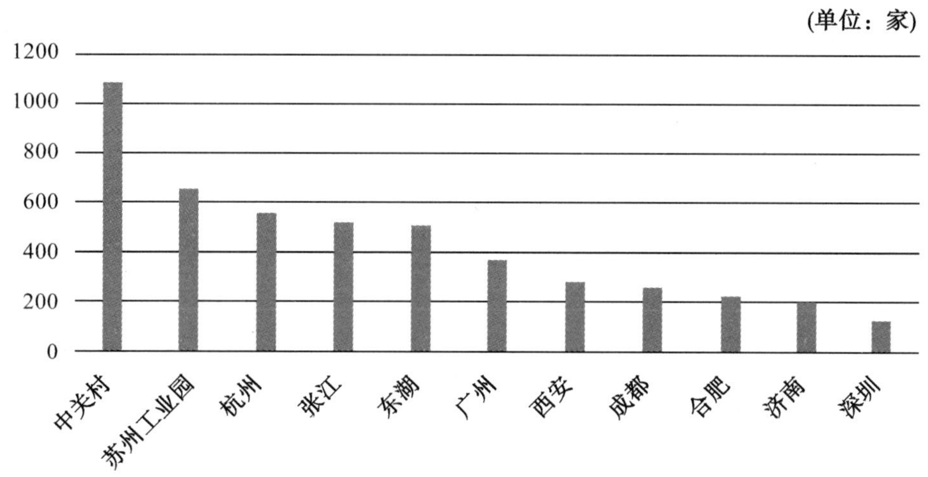

图 4-10 研发机构数量

(二)国家级研发机构数量

截至 2017 年年底,济南高新区拥有国家级研发机构 66 家。基于 2016 年火炬统计数据,与 10 家世界一流园区进行对比,济南高新区排名第 10 位(见图 4-11)。另根据科技部火炬中心发布的《国家高新区创新能力评价报告(2017)》,我国现有世界一流高科技园区平均拥有国家级研发机构 135 家,建设一流园区的要求是 100 家,济南高新区的国家级研发机构数仅为 66 家,均有一定差距。另外从企业设立的研发机构来看,截至 2017 年,济南高新区企业设立的研发机构有 271 家,其中国家级研发机构有 8 家,省级研发机构有 143 家、市级研发机构

① 企业办研发机构指企业自办(或与外单位合办),管理上同生产系统相对独立(或者单独核算)的专门研发活动机构,如企业开办的技术中心、研究院所、开发中心、开发部、实验室、中试车间、试验基地等。

有 120 家。企业设立的国家级研发机构占济南高新区所有国家级研发机构数量的 14%。

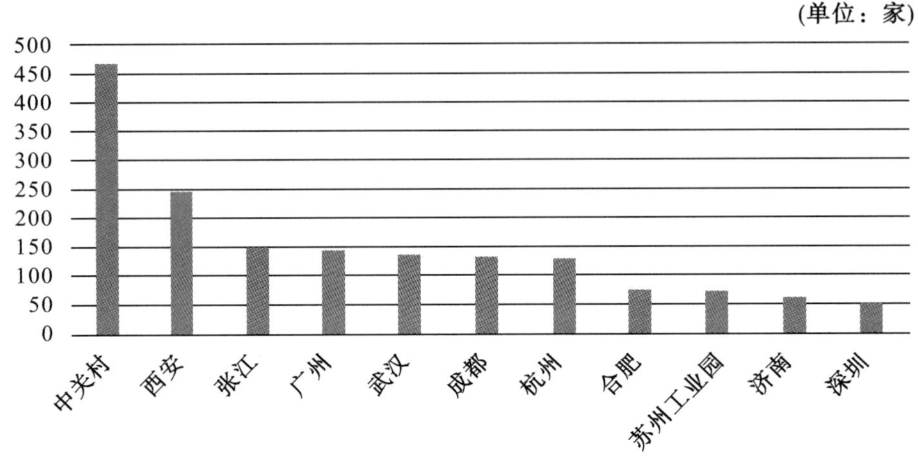

图 4-11　国家级研发机构数量横向比较

三、企业

(一)高新技术企业数量

截至 2017 年年底，济南高新区的高新技术企业达到 514 家，占全市的 51.4%，其中 2017 年净增 148 家。基于火炬统计 2016 年数据，与 10 家世界一流园区进行比较，济南高新区排名最后一位。从对比的结果来看，济南高新区的高新技术企业数量与世界一流园区的平均水平存在较大差距，只达到其 1/2，甚至 1/3(见图 4-12)。高新技术企业是产业创新的主体，我国许多地区都把高新技术企业作为推动创新驱动发展的主要抓手。最典型的是广东省，截至 2018 年 5 月，广东省的高新技术企业已经达到 3.3 万家，数量继续保持全国第 1 名，其中仅 2017 年就净增 1.3 万家，同比增长 66%，而且 2017 年相关高新技术企业的科技人员、科技活动经费投入、发明专利授权量业分别增长了 8.6%、20.7%、20.6%。济南高新区需要学习其他地区培育高新技术企业的经验，进一步提升高新技术企业的规模。

从高新技术企业的质量来看，2018 年 7 月，山东省科学院情报研究所、山东省科技统计分析研究中心和山东省科技发展战略研究所联合向社会发布了山东省高新技术企业创新能力 100 强企业名单，其中，济南 19 家、青岛 16 家、烟台 13 家、潍坊 11 家、威海 9 家、淄博 8 家(见表 4-3)。济南市的高新技术企业质量在山东省是具备领先优势的，但优势并不明显。

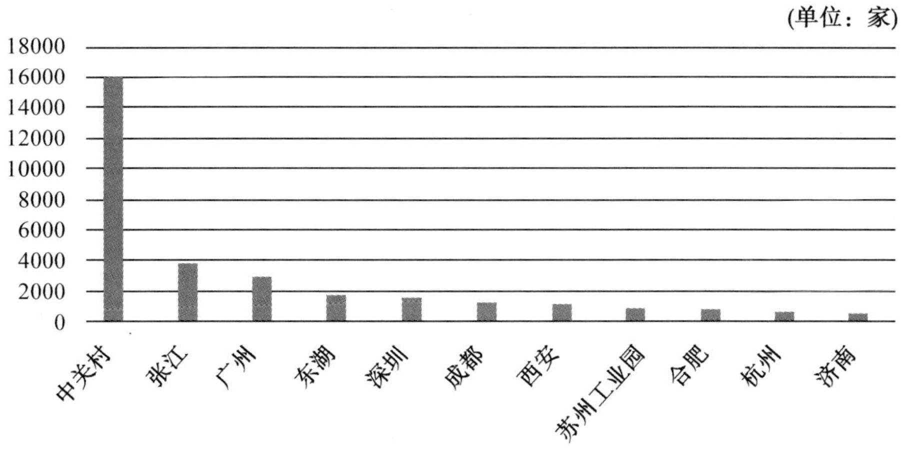

图 4-12 有效期内高新技术企业数量横向对比

表 4-3 济南市入选山东省高企创新能力 100 强企业名单

名称	排名	技术领域
浪潮软件集团有限公司	9	电子信息
济南二机床集团有限公司	11	先进制造与自动化
山东圣泉新材料股份有限公司	16	新材料
山东玫德铸造有限公司	17	先进制造与自动化
济南圣泉集团股份有限公司	21	新材料
齐鲁安替制药有限公司	33	生物与新医药
山东鲁能智能技术有限公司	35	先进制造与自动化
山东太古飞机工程有限公司	42	航空航天
齐鲁天和惠世制药有限公司	49	生物与新医药
山东中创软件商用中间件股份有限公司	53	电子信息
齐鲁动物保健品有限公司	57	生物与新医药
山东神戎电子股份有限公司	62	电子信息
山东奥太电气有限公司	63	先进制造与自动化
山东省交通规划设计院	67	高新技术服务
浪潮集团有限公司	76	电子信息
山东博科生物产业有限公司	85	生物与新医药
济南沃德汽车零部件有限公司	92	先进制造与自动化
山东康威通信技术股份有限公司	98	电子信息

（二）瞪羚企业数量

根据科技部火炬中心发布的《国家高新区瞪羚企业发展报告（2017）》，济南高新区2016年瞪羚企业数量为31家，与世界一流园区相比排名第10位（见图4-13），在全国高新区排名第15位，在山东省内高新区排名第1位。同时报告显示，64%的国家高新区实施了瞪羚企业计划，而济南高新区尚未开展瞪羚培育工作。另根据2018年6月山东省中小企业局、山东省财政厅、中国人民银行济南分行联合下发通知公布，2018年山东省瞪羚示范（培育）企业名单共100家。济南市拥有山东省瞪羚示范（培育）企业11家，而潍坊的企业最多，有22家。

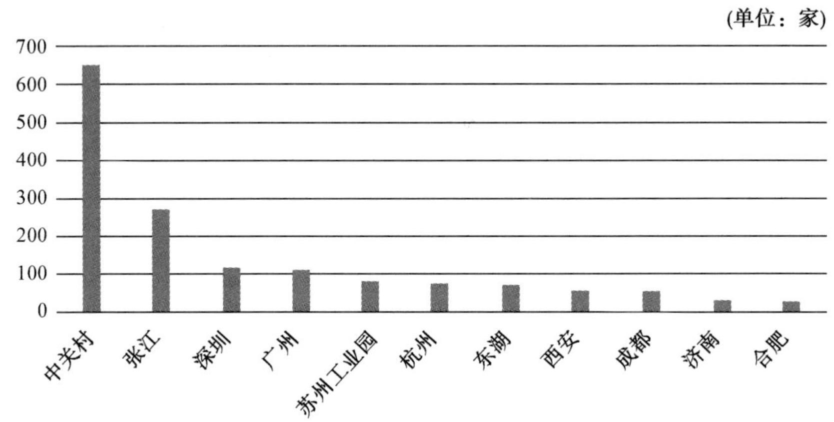

图4-13　瞪羚企业数量横向对比

（三）独角兽企业数量

根据长城战略和科技部火炬中心联合发布的《2017年中国独角兽企业发展报告》，全国共有164家企业上榜，整个山东省都没有企业入围，济南也只是在2018年3月才引进了每日优鲜一家独角兽企业（见表4-4）。独角兽企业是新经济的典型代表，是衡量城市区域创新能力的重要指标。济南高新区独角兽企业为零的状况，也反映了济南高新区在新经济培育和适合独角兽企业成长的生态环境打造方面还有一定差距。

表4-4　　2017年独角兽企业区域分布（前10位）

城市	数量	城市	数量
北京	70	上海	36
杭州	17	深圳	14
武汉	5	相关	4
广州	3	南京	2.5
镇江	3	贵阳	0.5

数据来源：《2017年中国独角兽企业发展报告》。

(四)上市企业数量

2017 年,济南高新区上市企业总数达到 110 家,其中新三板挂牌企业达到 88 家,名列国家高新区第 4 位,占全市总量的 57.9%,占全省总量的 13.9%。基于火炬统计 2016 年数据,与 10 家世界一流高科技园区进行比较,济南高新区的上市公司主体①数量排名第 10 位(见图 4-14)。从比较的结果来看,济南高新区的上市公司主体数量与世界一流园区的平均水平还存在一定差距。

从市域的层面看,2017 年济南市内上市公司 25 家,排在同省的烟台市(38 家)和青岛市(29 家)之后。从地区上市公司总市值来看,截至 2017 年 12 月 31 日,济南市总市值 2990.80 亿元,远不及烟台市的 4355.08 亿元和青岛市的 3651.88 亿元。根据万得资讯的统计,2017 年山东省有 2 家市值过千亿元的公司,分别是来自青岛市的青岛海尔和来自烟台市的万华化学。而济南市市值最高的山东黄金,截至 2017 年 12 月 31 日,总市值仅 579.05 亿元,差距明显。所以,从上市公司市值所反映的上市公司的实力来看,济南市的上市公司在山东省也并不具有优势。

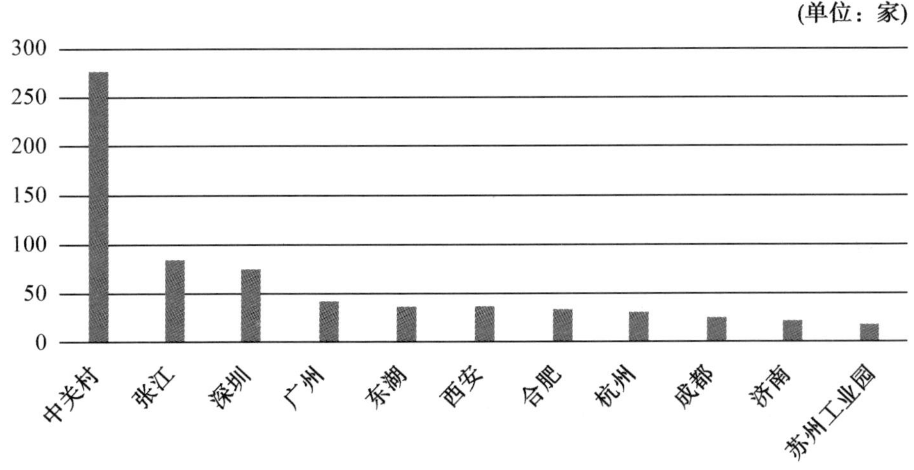

图 4-14 上市公司主体数量横向比较

① 上市公司主体是指上市公司总部所在地,不包含分公司、子公司,且统计中不包括新三板、四板市场。

第四节　创新网络及协同

创新网络及协同主要考察创新网络的发育状态、产学研协同创新和国际层面开放创新的水平。创新网络是指创新生态系统中各主体要素之间的制度性和非制度性的联系，这些联系是创新生态系统的经脉，对于创新生态系统的运行非常重要。协同创新主要包括济南高新区内部产学研主体的协同。开放创新主要包括济南高新区与全球创新网络的链接，包括机构国际化、人才国际化和技术国际化的水平。

一、网络构建

(一)产业技术联盟数量

2017 年，济南高新区拥有产业技术联盟 11 家，其中国家级产业联盟 1 家、省级产业联盟 3 家、园区产业联盟 6 家(见表 4-5)。

表 4-5　　济南高新区产业技术联盟数量分布

济南高新区产业技术联盟(11 家)		
机构级别	类型	数量
国家级产业联盟	产业技术创新战略联盟	1 家
省级产业联盟	产业技术创新战略示范联盟	2 家
	产业技术创新服务联盟	1 家
市级产业联盟	产业联盟	1 家
园区产业联盟	行业联盟	6 家

(二)国家级技术转移示范机构数量

截至 2017 年年底，济南高新区拥有国家级技术转移示范机构 2 家，而整个山东省有 32 家国家级技术转移示范机构。山东省人民政府在 2018 年 6 月印发的《关于加快全省技术转移体系建设的意见》中提出到 2020 年培育国家技术转移示范机构 50 家以上。将济南高新区国家级技术转移机构的数量来与济南高新区科教资源规模相比较，济南高新区的技术转移转化能力还有待提升。

二、协同创新

2017 年，济南高新区认定的技术合同交易额超过 25 亿元。从济南市的范围来看，2017 年，济南市共输入技术合同 4605 项，其中济南高新区区内的企业和机构共输入技术合同 1532 项，占比为 33.2%。2017 年，济南市共输出技术合同 5886 项，其中济南高新区区内企业和机构共输出技术合同 2118 项，占比为 36.0%（见表 4-6）。

2006～2016 年，济南市技术合同交易额无论是技术输出还是技术吸纳，都得到了持续的增长。但作为科教资源相对密集的省会城市，济南市的技术吸纳却一直高于技术输出，而且无论是技术输出规模还是技术输入规模，济南高新区在 10 个副省级城市[①]中都排名最后，这反映出济南本地高校与本地产业之间的产学研合作水平还有待提升。有媒体报道，位于济南市的山东省科学院 2015 年有 400 个和企业合作的项目，但和济南本地企业合作的项目大概只有 20 项。

表 4-6　　济南市技术合同交易情况统计

年度	技术输出			技术吸纳		
	项数（项）	金额（亿元）	排名	项数（项）	金额（亿元）	排名
2006	2237	9.1	10	1942	12.4	9
2007	2579	15.58	10	2121	13.12	8
2008	2654	17.35	10	2042	19.31	8
2009	2711	13.84	10	2087	32.46	6
2010	2956	17.7	10	2283	34.26	9
2011	2947	24.8	10	2493	28.0	9
2012	3113	26.37	9	2669	32.9	9
2013	3459	27.68	10	3223	57.82	8
2014	3327	37.14	9	3532	76.12	9
2015	3594	30.99	9	3930	71.77	9
2016	4866	44.79	10	4437	65.01	9

三、开放创新

（一）企业设立的境外研发机构

基于火炬统计 2016 年数据，横向对比来看，2016 年，济南高新区企业在境外设立研发机构为 10 家，其数量与 10 家世界一流园区相比排名最后一位。在绝对数量上，与首批 6 家世界一流园区的平均水平还存在较大差距（见图 4-15）。境外研发机构是企业在全球范围内整合创新资源，尤其是有效利用国际科技和

① 10 个副省级城市为西安、武汉、广州、成都、南京、沈阳、长春、哈尔滨、杭州、济南。

智力资源的重要手段，济南高新区需要采取多种措施，有效提升企业研发的国际化水平。

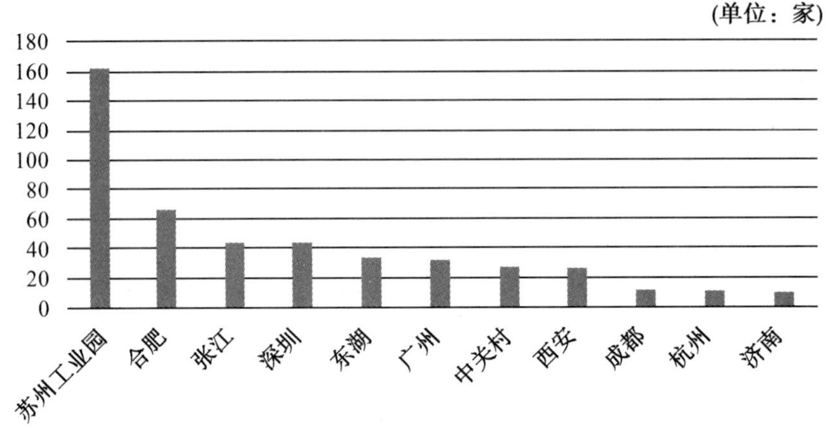

图 4-15 企业在境外设立研发机构数量横向对比

（二）外籍常住人员和留学归国人员占从业人员比重

基于 2016 年火炬统计数据，济南高新区外籍常住人员和留学归国人员占从业人员的比重为 0.45%，与 10 家世界一流园区相比，排名最后一位（见图4-16）。从绝对值来看，济南高新区外籍常住人员和归国留学人员比重只占世界一流园区平均水平的 1/5。人才国际化是创新国际化的重要形式，济南高新区需要进一步提升人才的国际化水平，吸引全球优秀人员来济南高新区创新创业。

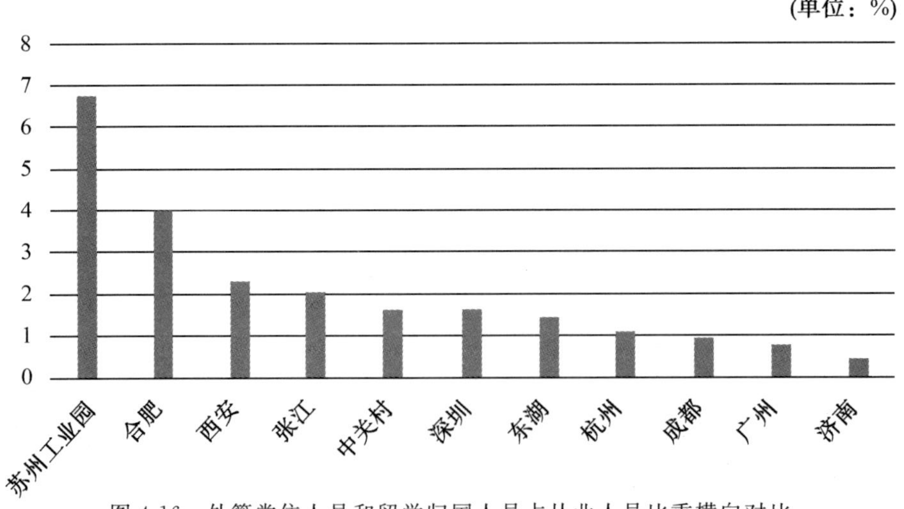

图 4-16 外籍常住人员和留学归国人员占从业人员比重横向对比

第五节 创新产出及绩效

创新产出及绩效主要考察济南高新区创新产出规模以及绩效水平。在创新产出方面主要考察创新的直接产出(用专利指标表征)和创新的经济产出。在创新绩效方面,主要用企业和产业的效益指标进行表征。

一、经济产出

(一)园区当年营业收入

根据火炬统计2016年数据,济南高新区2016年的营业收入达到3499.3亿元。在与10家世界一流园区的横向比较中,排名最后一位。从绝对值上来看,在体量上与世界一流园区的先进水平还有较大差距(见图4-17)。产业集群的规模是产业竞争力的重要基础,济南高新区需要进一步提升产业规模,做大经济体量。

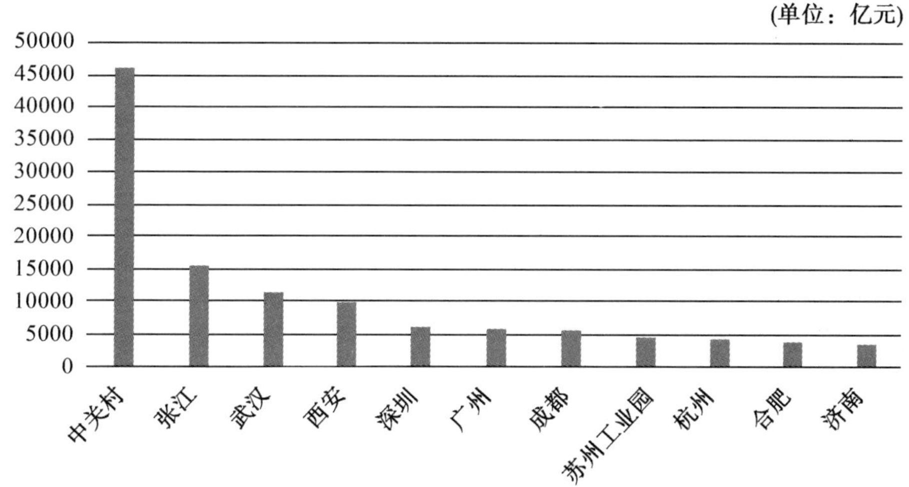

图4-17 园区当年营业收入横向对比

(二)当年新增注册企业数

2017年,新增市场主体1.1万户,其中新增企业7322家,比上年增长28.9%;市场主体累计达到4.4万户,其中企业30329家。基于火炬统计2016年数据,在与10家世界一流园区的横向比较中,济南高新区排名第8位(见图4-18)。新增注册企业数是反映经济活力和双创水平的重要指标。近年来,济南高新区通过体制机制改革,显著提升了营商环境,激发了市场活力,新注册的企业数大幅增长。但横向对比来看,济南高新区的新增注册企业数与世界一流园区的先进水平还有较大差距。

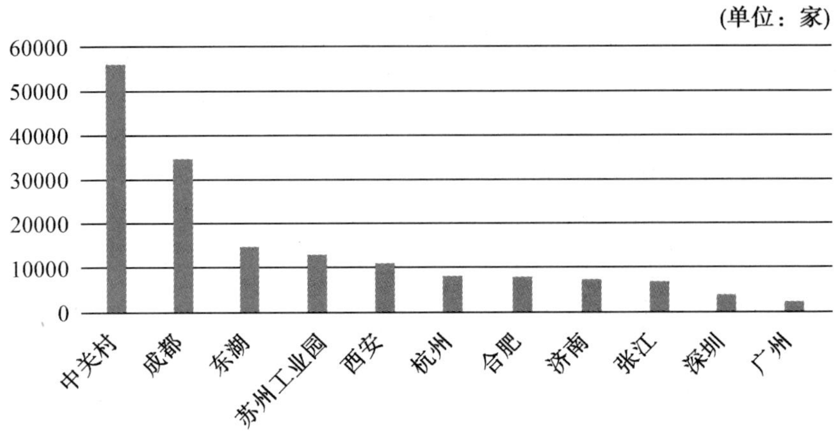

图 4-18　当年新注册工商企业数横向对比

二、技术产出

(一)当年新增发明专利授权

截至 2017 年 11 月,济南高新区共提交中国专利申请 34021 件。其中,发明专利申请 15417 件、授权发明专利 3337 件,实用新型专利申请 13055 件,外观设计专利申请 2212 件。2013～2017 年,专利申请量增长较快,年平均增长率约为 23%。济南高新区发明专利申请占比最多,为 55%,实用新型专利申请占比居次。济南高新区拥有海外专利申请 301 件,包括 214 件 PCT 专利申请、53 件欧洲专利申请、18 件中国香港专利申请。基于火炬统计 2016 年数据,济南高新区 2016 年新增发明专利授权 979 件。与部分世界一流园区进行比较,济南高新区排名最后一位,与世界一流园区的先进水平还有很大差距(见图 4-19)。

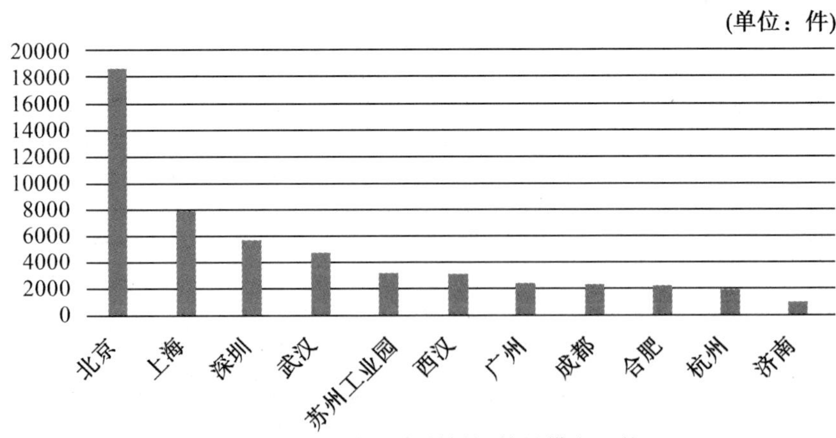

图 4-19　新增发明专利授权数量横向比较

（二）从业人员万人拥有有效发明专利

基于火炬统计2016年数据，济南高新区从业人员万人拥有有效发明专利为230件，与10家世界一流园区相比排在最后一位。从绝对值上看，与世界一流园区的平均水平相比还存在较大差距，只达到世界一流园区平均水平的一半左右（见图4-20）。

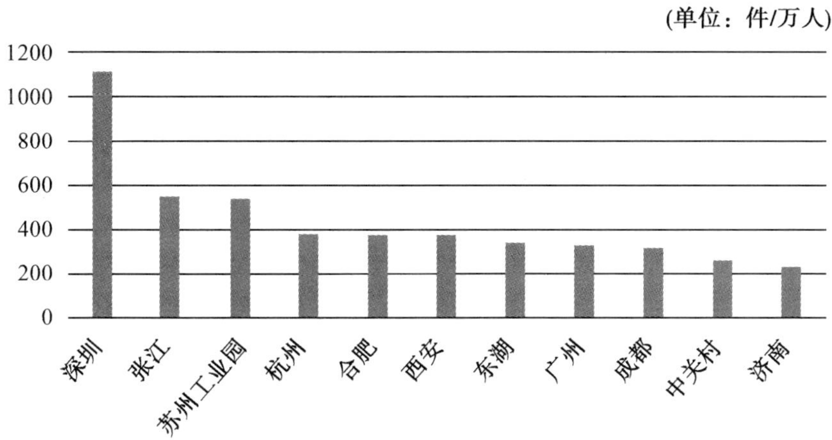

图4-20 从业人员万人拥有有效发明专利横向对比

（三）形成国家或行业标准以及参与制定国际标准数量

基于2016年火炬统计数据，济南高新区当年形成国家或行业标准以及参与制定国际标准数量为37件，与10家世界一流园区相比，排在第9位（见图4-21）。从绝对数量上看，济南高新区的标准产出与世界一流园区的平均水平还存在较大差距。标准竞争高科技产业竞争的重要形式，而参与和制定标准的水平，是企业创新能力在行业所处水平的重要表征。济南高新区需要进一步引导企业提高标准创制能力，同时推进先进标准的产业化应用，以标准推动产业和经济的高质量发展。

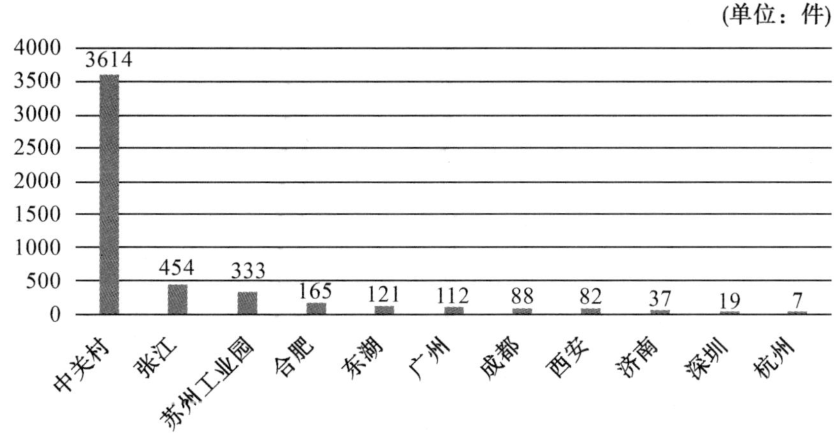

图4-21 形成国家或行业标准以及参与制定国际标准数量

三、产业提升

(一)企业利润率

企业利润率是反映企业盈利能力的关键指标。根据火炬统计2016年数据，济南高新区企业利润率为6.2%。以横向对比来看，与10家世界一流园区相比，济南高新区的企业利润率排在第10位(见图4-22)。从绝对值上看，济南高新区的企业利润率与世界一流园区的平均水平还有较大差距。济南高新区需要进一步帮助企业通过技术升级、产品升级、管理升级、模式升级和服务升级等方式，提升企业的盈利能力。

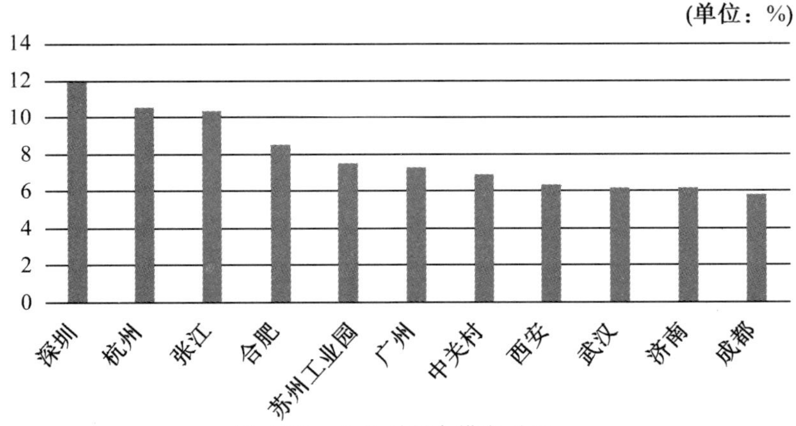

图4-22 企业利润率横向对比

(二)工业增加值率

工业增加值率是反映产业所处价值链层级的重要指标。根据火炬统计2016年数据，济南高新区的工业增加值率为21.8%。从横向对比来看，济南高新区的工业增加值率与10家世界一流园区相比排在第6位(见图4-23)。这反映出济南高新区产业的价值创造能力具有一定的优势。

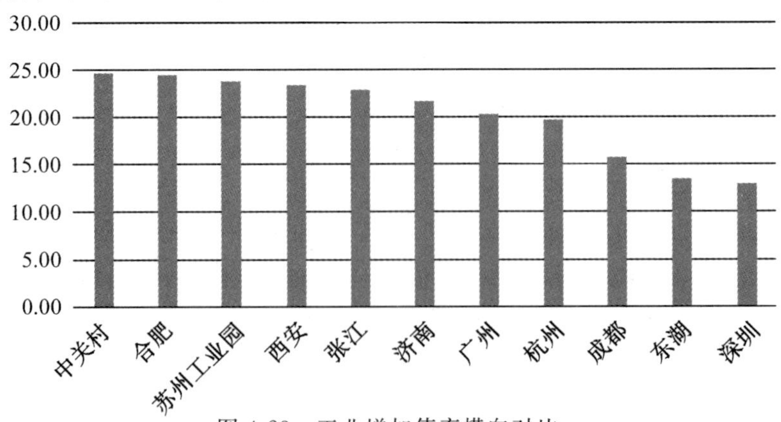

图4-23 工业增加值率横向对比

(三)高新技术产业营业收入占营业收入总比重

从横向对比来看,济南高新区高新技术产业营业收入占营业收入总比重为38.7%,与10家世界一流园区相比排在第6位,处于中游的位置(见图4-24)。这反映出高新技术产业是济南高新区产业的主体部分。近几年来,济南高新区的新旧动能转换取得明显成效,新兴的高新技术产业成长迅速,在整体产业中的比重不断加大。

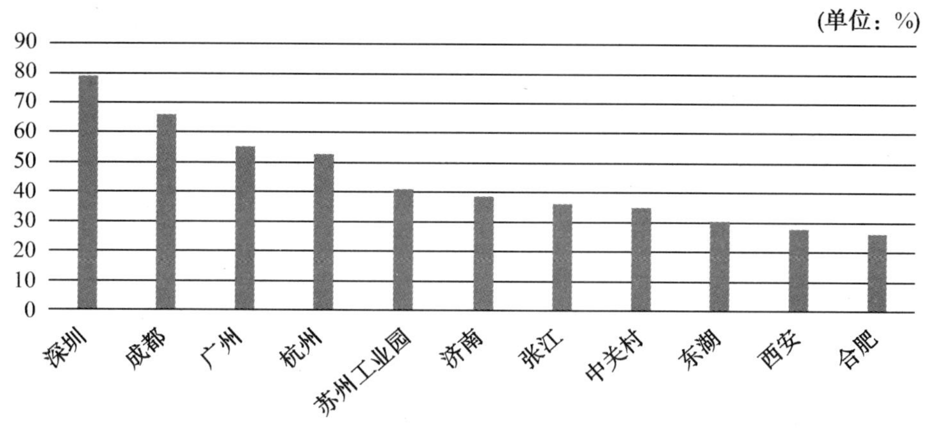

图4-24 高新技术产业营业收入占营业总收入比重横向对比

第六节 创新载体及环境

创新载体及环境主要考察济南高新区有利于创新的软硬件设施和环境条件。本书主要考察创新创业、民生设施和生态环境质量。

一、双创环境

(一)国家级孵化器数量

截至2017年,济南高新区拥有孵化载体49家,其中国家级孵化器6家、在孵企业1024家、毕业企业1222家,孵化面积达124万平方米。2017年,高新区共拥有24家众创空间,其中国家级众创空间10家、省级众创空间7家。基于火炬统计2016年数据,济南高新区2016年拥有国家级孵化器4家,与10家世界一流园区进行横向比较,济南高新区的国家级孵化器数量排名最后一位(见图4-25)。从绝对值来看,济南高新区国家级孵化器数量与世界一流园区的平均水平还有较大差距。国家级孵化器可以看作是孵化器中服务水平较高的代表。在

"大众创业、万众创新"进入双创升级、高质量发展的新阶段，济南高新区更要不断提升孵化器的质量和服务水平。

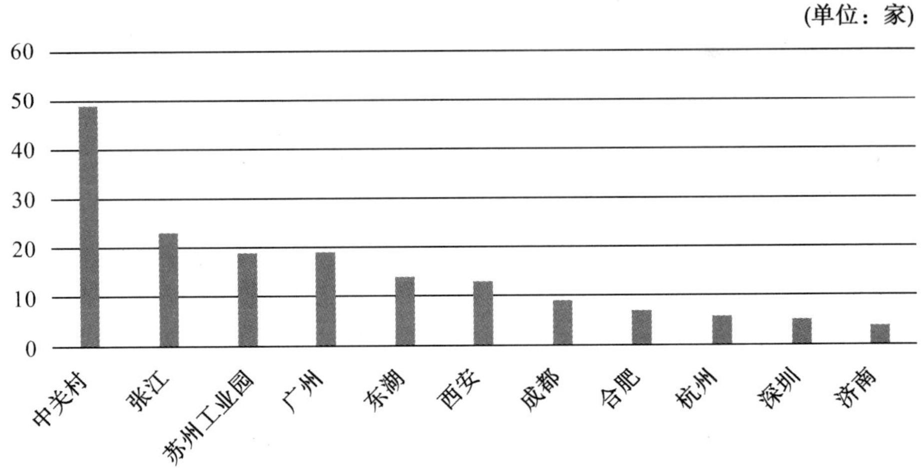

图 4-25　国家级孵化器数量横向对比

（二）房价工资比

根据中商产业研究院发布的中国主要城市房价工资比排行榜，济南市的房价工资比为 2.28，排在第 13 位（见表 4-7）。从近几年济南房价的变动情况和相关网站上查询到的济南房价走势数据，2015 年济南房价均价尚在 9100～9500 元/平方米的范围内。进入 2016 年后，均价从 9300 元一路上涨到近 1.2 万元/平方米。2018 年更是高歌猛进到 1.7 万元/平方米。在两年时间内，均价几近翻番，高新区更是一路飙升至接近 1.9 万元/平方米。房价的上涨表现出城市环境的改善和市场区域发展前景的看好，但是在实业还没有充分发展的前期，房价的过快上涨会显著提高创业和营商成本，对于区域创新生态的进一步发育造成损害。

表 4-7　　2017 年中国主要城市房价工资比排行榜

排名	城市	房价（元/m^2）	平均工资（元/月）	房价工资比
1	北京	67951	9942	6.83
2	厦门	44235	7452	5.94
3	深圳	46879	8892	5.27
4	上海	48384	9802	4.94

续表

排名	城市	房价(元/m²)	平均工资(元/月)	房价工资比
5	天津	26687	6733	3.96
6	南京	26127	7342	3.56
7	广州	26453	7996	3.31
8	福州	21979	7073	3.11
9	杭州	22934	7608	3.01
10	石家庄	15561	6413	2.43
11	武汉	15716	6769	2.32
12	青岛	15405	6651	2.32
13	济南	14800	6487	2.28

二、人居环境

(一)济南高新区每千人拥有床位数

基于济南高新区和济南市统计部门提供的数据,2017 年,济南高新区每千口拥有的床位数、医师数、护士数、卫生技术人员数分别为 1.73 人、0.85 人、0.97人和 0.06 人,均远低于国家和济南市水平(见图 4-26)。这反映出济南高新区在经济方面快速发展,但在医疗所代表的社会福利等方面相对落后的状况。医疗资源是构成区域对人才吸引力的重要指标,济南高新区需要进一步提升区域医疗资源和服务条件,让经济和民生更加均衡发展。

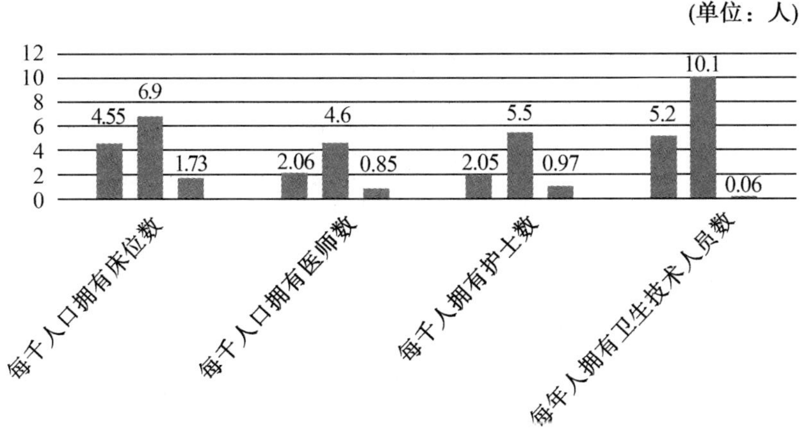

图 4-26　济南高新区千人床位、医师、护士和卫生技术人员数

（二）交通拥堵指数排名

根据高德地图、交通运输部科学研究院、阿里云联合发布的《2017年度中国主要城市交通分析报告》，济南以2.067的高峰拥堵延时指数再度成为中国堵城排行榜第1名。高峰拥堵延时指数是2.067，高峰平均车速为21.12km/h，人均年拥堵成本是273小时，人均年经济损失是8259元。但根据最新发布的《2018年中国主要城市交通分析报告》，济南市的交通拥堵状况有较大改善。济南车速大幅提升或与快速路网打通有关。2016年，济南高铁一体建设期间由于施工城市拥堵加重，短期给出行带来不便。2018年年初，快速路逐步成网开通后，城市拥堵有明显缓解趋势，车速得到较大幅度的提升（见图4-27）。

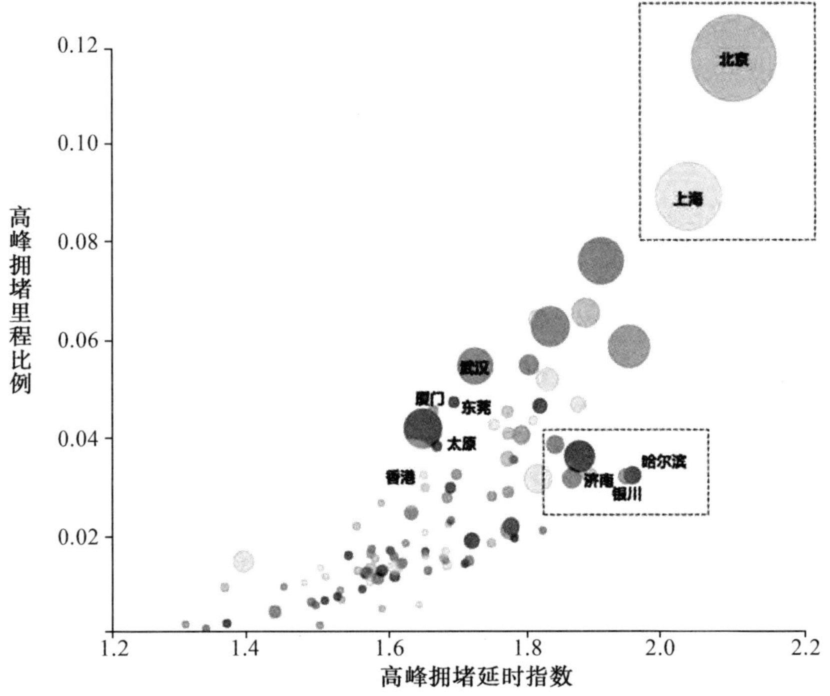

图4-27　城市拥堵延时/拥堵里程/常发拥堵城市三维分布图

（来源：《2018年中国主要城市交通分析报告》）

三、生态环境

（一）单位增加值综合能耗

基于火炬统计2016年数据，2016年，济南高新区的单位增加值综合能耗是0.323吨标准煤/万元，与10家世界一流高科技园区比较，其能耗水平远高于前

10 位的平均水平(见图 4-28)。绿色发展是我国五大发展理念之一,济南高新区要进一步扭转以重工业为主的产业结构,发展具有绿色低碳特征的高科技产业,进一步降低能耗,提升绿色发展水平。

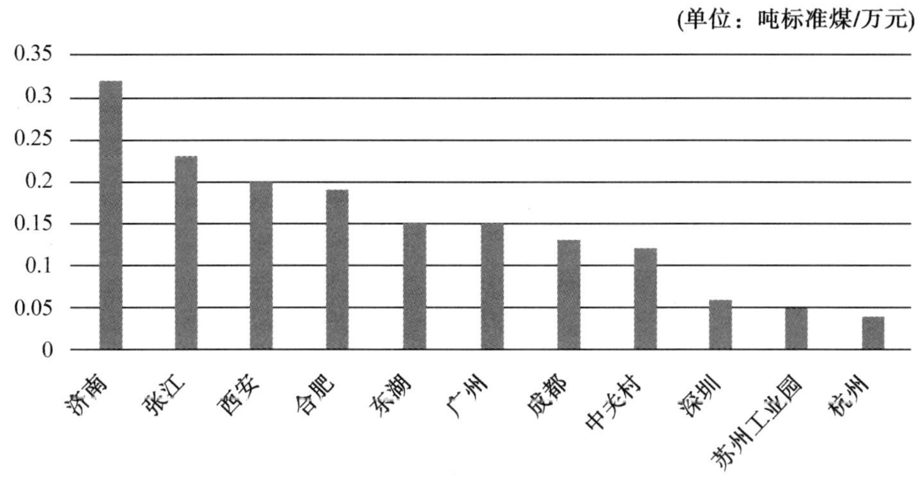

图 4-28 济南高新区单位增加值综合能耗横向对比

(二)空气质量优良天数

2017 年,济南空气质量优良天数达到 185 天。其中"优"为 8 天,"良"为 177 天,较去年同期增加 22 天。与此同时,污染天数同比明显减少。重污染天数(含严重污染和重度污染)从 20 天下降为 12 天,减少 8 天,中度污染天数从 46 天下降为 34 天,减少 12 天,轻度污染天数从 137 天下降为 130 天,减少 7 天。根据监测数据,观察济南在 169 个城市中近一年的空气质量排名变化,济南基本在倒数 20～30 的区间徘徊(见图 4-29)。所以,济南高新区的生态环境是济南区域生态环境的突出短板。

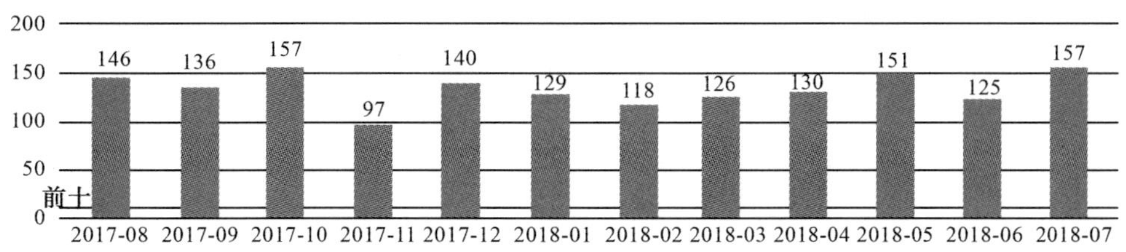

图 4-29 济南市空气质量历史排名月度曲线

此外,根据山东省统计局依据《山东省绿色发展指标体系》,对全省 17 市 2016 年度绿色发展指数进行测算。2016 年,济南市绿色发展指数排名第 5 位,低于烟台、青岛、威海、淄博。就指数表现来看,济南市的绿色生活指数排名较高,但生态保护指数排名较低。

第七节　评估结论

本节基于所构建的指标体系,应用模糊评价的方法,对济南高新区的创新生态的发育状况进行整体评估,并与世界一流园区的平均水平进行比较。在整体评估之后,综合济南高新区的定性资料和定量数据,对济南高新区创新生态存在的问题进行总结。

一、整体评估

(一)评估方法

基于构建的指标体系中具体指标的数据表包括绝对值的大小和与10家一流园区对比的表现,且以后者为主。在此基础上,采取模糊评价的方法,分为优、良、中、差4个等级,每个等级赋予相分值(优5分、良4分、中3分、差1分),然后每个指标根据其重要程度赋予相应权重,每个指标的权重如表4-8所示。权重的确定采用主观赋权法,邀请济南高新区、高新区咨询机构和山东大学的共5位专家,通过两轮研讨确定。

表4-8　创新生态评估指标权重

一级指标	权重	考察维度	权重	二级指标
创新要素及投入	0.5	资金	0.6	企业研发投入强度(%)
			0.4	管委会当年科技财政支出(亿元)
	0.5	人才	0.3	万人本科(含)以上学历人数(人)
			0.3	从业人员中硕士和博士学历人数占比(%)
			0.4	国家高层次人才数(人)
创新主体及质量	0.4	研发机构	0.3	高等院校数量(所)
			0.4	研发机构数量(家)
			0.4	国家级研发机构数量(家)
	0.6	企业	0.5	高新技术企业数量(家)
			0.25	瞪羚企业数量(家)
			0.25	上市企业数量(家)

续表

一级指标	权重	考察维度	权重	二级指标
创新网络及协同	0.3	网络构建	0.3	产业技术联盟数量(家)
			0.7	国家级技术转移示范机构数量(家)
	0.4	协同创新	1	技术合同成交额(亿元)
	0.3	开放创新	0.4	企业在境外设立研发机构数量(家)
			0.6	外籍常住人员和留学归国人员占从业人员比重(%)
创新产出及绩效	0.3	经济	0.5	园区当年营业收入(亿元)
			0.5	当年新增工商注册企业数(家)
	0.3	技术	0.4	园区当年新增发明专利授权(件)
			0.2	从业人员万人拥有有效发明专利(件)
			0.4	形成行业、国家标准以及参与制定国际标准数量(件)
	0.4	产业	0.3	企业利润率(%)
			0.3	工业增加值率(%)
			0.4	高新技术产业营业收入占营业收入比重(%)
创新载体与环境	0.4	创新创业	0.6	国家级孵化器数量(家)
			0.4	房价工资比(万元/元)
	0.3	人居	0.5	千人床位数量(个)
			0.5	交通拥堵城市排名
	0.3	生态	0.6	单位增加值综合能耗(吨标准煤/万元)
			0.4	空气质量优良天数(天)

(二)评估结果

基于前面的计算方法,计算每个二级指标的综合得分,得到图 4-30。可以看出,济南高新区的创新生态发育的综合水平为 2~3 分。其中表现较好的是创新要素及投入,表现较弱的是创新网络及环境和创新网络及协同。而且与世界一流园区的平均水平相比,各项指标都存在一定的差距。

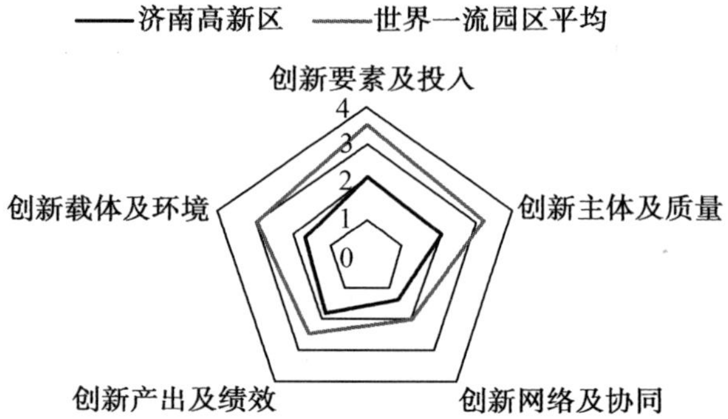

图 4-30　济南高新区创新生态评估表现

二、问题分析

基于所构建的创新生态评价指标体系中济南高新区的数据表现，在定量分析的基础上，结合第三章的部分定性资料，对济南高新区创新生态主要存在的问题可总结为以下五个方面。

(一)创新要素及投入：要素投入规模缺少优势

基于该维度3个指标的横向对比表现，济南高新区的企业研发投入强度排名第7位，属于低投入强度水平。济南高新区的科技财政投入水平排名最后一位，不仅低于邻省的合肥高新区，而且还低于本省的青岛高新区。在市场投入上，2017年直辖市及副省级城市成立的融资项目数、发生的投资事件数，济南市都排在第14位。从绝对值来看，与北上广深差距巨大。在高学历人才占比上，虽然济南有着较为密集的科教资源，但济南高新区的硕士、博士学历人数占比排名第10位。在高端人才数量上，济南高新区的国家高层次人才人数排名第10位，对高端人才的吸引力不足。这些指标的对比结果反映了济南高新区的资金和人才两类创新要素投入不足的问题。创新要素的绝对投入水平是创新生态形成和发育的前提条件，也是推动新旧动能转换、实现创新驱动发展的前提条件。当前，我国全国主要地区都普遍加大了创新的投入水平，并主动通过政府的引导，加强市场的投入水平，区域之间的创新要素竞争更加激烈。在这一方面，济南高新区要进一步加大创新要素投入水平，形成竞争优势。

(二)创新主体及质量：缺乏高水平院校和创新型企业

在对济南高新区的创新主体及质量的评价当中，一个是以高校科研院所为代表的知识创新主体，一个是以企业为代表的产业创新主体，济南高新区这两类主体的质量都有待提升。

在知识创新主体方面,济南市虽然是山东省的科教中心,也有着较为可观的科技人员和在校师生数量,但济南市的科教资源存在两个突出的问题。一是缺少高水平的大学和科研院所。济南市只有一所"211"院校。就高水平科研院所而言,中国科学院在青岛设了 7 个研究所或分支机构,在济南却一个也没有。济南市缺少高水平的高校,决定了济南市本地高质量科研成果的缺乏和高素质人才供给的缺乏。以济南高新区电子信息领域的领军企业浪潮集团为例,浪潮集团的一位管理者曾言:济南总部以普通工程师为主,但经验充足且技术熟练的普通工程师并不好招揽。浪潮集团在美国、北京、台北、济南均有研发团队,美国和北京主要是架构师级别及以上的高端研发人员。二是除了生物医药领域之外,济南市本地高校的优势学科领域与济南高新区的主导产业领域需求存在结构性的矛盾。首先是济南市的理工科院校缺乏,而高素质的理工科人才是济南高新区传统产业升级和目标产业发展所急需的人才类型。其次是在细分的学科领域上,济南市本地高校的优势学科与济南高新区产业的人才需求不相匹配。以山东大学为例,山东大学以文史哲见长,而济南高新区的主导产业是电子信息、智能装备等。

在产业创新主体方面,截至 2017 年年底,济南高新区的高新技术企业只有 514 家,济南市全市也才有 1074 家,而国内世界一流园区的高新技术企业的规模普遍在千家以上(广州仅 2017 年一年就新增高新技术企业 4000 多家)。高新技术产业有明显的聚集效应和规模效应,足够数量的高新技术企业在空间上集聚,会进一步地降低创新的公共产品,包括信息、人才和设备的成本,会产生虹吸效应。从单个企业来看,龙头企业在区域创新生态中扮演着非常重要的角色,与区域内顶尖的大学和政府形成"铁三角"。济南高新区的龙头企业存在两个突出的问题。第一,龙头企业多所处的传统产业领域产业格局已定,技术已经较为成熟,技术升级的潜力有限;第二,即使处于新兴产业领域的企业,就整个行业领域来说,也并未处于绝对的领军位置,而且龙头企业的研发投入普遍较低,也限制了龙头企业创新能力的提升。以济南高新区准备制造业的龙头企业中国重汽为例,中国重汽 2017 年的研发投入占营业收入的比例只有 1.37%,而我国著名的创新型领军企业华为,其研发投入强度一直在 10%以上。

(三)创新网络及协同:产学研和开放创新水平有待提升

在创新网络及协同评价方面,济南高新区的技术合同交易额在 10 个副省级城市中排名最后,而且作为科教资源相对密集的省会城市,济南市的技术吸纳却一直高于技术输出。这反映出济南高新区的创新网络较为稀疏,产学研各类主体的协作水平有待提升。济南高新区目前拥有各类高校 66 所,市级以上独立科研机构 200 余家。但科技研发投入占 GDP 的比重仅与全省平均水平持平,科技成果转化率一直是短板，企业研发投入较低。有媒体报道，位于济南市的山东省科学院2015年有400个与企业合作的项目，但与济南本地企业合作的项目大概只有20个。在国际开放创新方面，济南高新区的人才国际化水平、外资研发机构与10家世界一流园区相比，都排在最后一位。另有数据统计，2015年，济南市进出口总值为616亿元，折合99.12亿美元，总量在全国15个副省级城市中列第14位，仅为深圳的2.3%。在山东全省17个城市中，济南排在第7位，只占到青岛的15%左右。这反映出经济的开放性以及在全球层面的开放创新水平是济南高新区的突出短板。

（四）创新产出及绩效：新兴产业竞争力不足

在创新载体及环境维度评价方面，济南高新区国家级孵化器数量与10家世界一流园区相比排名最后一位，而且有较大差距。而且，在加速器方面，济南高新区目前仅建成ICT产业园、生命科学城生物医药产业园、齐鲁软件园加速器3家加速器，与高新区前端创业孵化载体体量不匹配，难以满足毕业企业下一步空间发展需求。在与创新创业紧密相关的金融环境方面，济南虽然是山东省的区域金融中心，但从济南集聚的金融机构的类型可以看出，济南市的金融资源以传统金融机构为主，风险投资机构较少。在业务上，以借贷为主，股权投资业务较少。在人居环境上，济南高新区的房价工资比排在13位，而且近几年快速上涨。济南高新区每千人拥有的床位数、医师数、护士数、卫生技术人员数均远低于国家和济南市水平。在生态环境上，济南高新区的空气质量也是全国倒数，生态环境是突出短板。

（五）创新载体及环境：人居和生态环境是突出短板

在创新载体及环境维度评价方面，济南高新区国家级孵化器数量与10家世界一流园区相比排名最后一位，而且有较大差距。在加速器方面，济南高新区目前仅建成ICT产业园、生命科学城生物医药产业园、齐鲁软件园加速器3家加速器，与高新区前端创业孵化载体体量不匹配，难以满足毕业企业下一步的空间发展需求。在与创新创业紧密相关的金融环境方面，济南虽然是山东省的区域金融中心，但从济南集聚的金融机构的类型可以看出，济南市的金融资源以传统金融机构为主，风险投资机构较少。在业务上，以借贷为主，股权投资业务较少。在人居环境上，济南高新区的房价工资比排在第13位，而且近几年房价快速上涨。济南高新区每千人拥有的床位数、医师数、护士数、卫生技术人员数均远低于国家和济南市水平。在生态环境上，济南高新区的空气质量也是全国倒数，生态环境是突出短板。

第五章　济南高新区打造创新生态的策略与建议

国家和区域之间的创新竞争日趋激烈，围绕探索生态赋能型发展模式，建设世界一流园区的目标，济南高新区需要加快构建具有活力和竞争优势的创新生态系统。本章基于构建的创新生态系统模型和对济南高新区创新生态的评价分析结论，按照把握规律、破解痛点、塑造个性的原则，围绕济南高新区下一步如何培育创新生态系统、提升创新发展水平的主题，从完善知识创新体系、技术转移转化体系、创业孵化体系、产业创新体系、开放创新体系、要素供给体系和环境支撑体系等七个方面提出对策建议。

第一节　完善知识创新体系，激发原始创新能力

济南高新区所处的地区是区域科教资源中心，但科研和教学水平较高的高水平院校，尤其是理工科院校非常缺乏，而且高校与产业缺乏联系，对产业创新发展的潜力有待激发。本节从完善知识创新体系、激发科教资源潜能的内涵和目标出发，针对济南高新区在知识创新体系方面存在的问题，提出加强本地高校院所建设、加快一流高校院所引进、建设综合性科学中心、建设新型创新中心、加强基础研究和应用基础研究布局等五个方面的建议。

一、加强本地高校院所建设

在前面针对济南高新区创新生态的评价分析里提到，缺少高水平的高校和科研院所，尤其是理工科科研院所是济南高新区创新生态的最大短板（该结论扩大到济南市乃至山东省，都是成立的），严重制约了济南高新区知识创新能力和人才培养的水平。因此，济南高新区打造创新生态的第一项任务就是积极推动、支持和参与济南市本地高校的一流大学和一流学科即“双一流”建设。2017 年，国务院、教育部、财政部和国家发展和改革委员会印发了《统筹推进世界一流大学和一流学科建设实施办法（暂行）》，开启了继“211”“985”工程之后的高等教育

领域的又一国家战略。虽然山东大学入选了“双一流”大学建设 A 类高校名单，但在学科建设上，只有数学和化学两个学科入选，位列末流。之后，山东省也出台了《推进一流大学和一流学科建设方案》，提出“十三五”期间，山东省级财政将加大投入力度，筹集 50 亿元，推进高校一流大学和一流学科建设。

在国家和山东省加大投入、推动“双一流”建设的背景下，济南高新区要发挥自身在产业方面的优势，积极支持和参与“双一流”建设，包括：(1)帮助高校发展紧密对接高新区产业链、创新链的学科专业体系，大力发展智能制造、高端装备、新一代信息技术、生物医药、新能源、新材料以及研发设计、数字创意、现代交通运输、高效物流、融资租赁、电子商务、服务外包等产业、急需紧缺学科专业。(2)动员园区内的科技型企业，通过联合课程教材研发、企业技术专家授课、学生到企业实训、订单培养等多种形式，广泛地参与高校的专业建设和人才培养。(3)支持高校与高新区、高新区内的企业成立多种形式的产学研共同体，做强市场拉动型科研，提升与市场需求紧密相关的学科建设水平。

斯坦福大学成功的五大要素

——斯坦福大学 Marc 校长

第一，斯坦福是一所优秀的研究院校，这里有优质的教育资源、基础科学和应用研究。最重要的是，斯坦福的学科很齐全，有人文学科、社会学、生物制药、工程学等学科。这些学科都非常好，而且更好的就是工程学的实验室都在做研究。斯坦福有非常杰出优秀的教职员工和学生，他们来自世界各地，其中有很多是中国学生和教师。斯坦福在研究和技术创新领域都保持着良好的记录，覆盖拯救生命、治疗方法以及 Google 这样的大公司。例子还有很多，斯坦福还会有更多的进步。

第二，斯坦福关注跨学科的合作。斯坦福的上一任校长也鼓励打破学科之间的界限。斯坦福现在有 18 个跨领域研究中心，我不会介绍所有的研究中心，只会提到其中的两个跨领域研究中心。

我想讲一下 ChEM-H/SNI，而在这个地方很快就会有新建的大楼，到时候可能会命名为 ChEM-H/SNI 大楼。这个研究中心会做化学、生物制药科学的研究。他们会把这些学科的研究成果应用到制药当中。前几天，我收到了研究所人员的一份报告，他们找到了一种方式能促进干细胞高效生长的方法。斯坦福历史最悠久的跨学科研究院于 20 世纪 90 年代末建成，主要研究计算机科学、物理学以及化学。我举个例子，在这个研究院有的研究人员正在开发一种新颖的技术，以便激活人脑或是动物大脑中的神经细胞。

所以，我认为斯坦福成功的第二个要素在于跨学科领域之间的研究与合作。

续表

第三，斯坦福有独特的社会环境。这里独有的学术环境能够促进不同学科之间的合作，把科学技术和人文联系在一起，让科技融入人文学科以及社会科学当中，从而“预见”人类的未来。 在未来，科技与人文学科的融合会愈发重要。我们现在的技术更加以人为本，我们不会把技术做得非常奇怪，难用。所以，我们更多会去关注技术变化对社会的影响。我们也想要做出一些预测和想要借此把技术的效用最大化。我认为，斯坦福有独特的优势在于我们能够把科技与人文相结合。我认为，21 世纪就要求我们结合科技与人文学科。 第四，自从斯坦福创办以来，学校一向重视加强我们与其他合作伙伴的关系。 在 50 多年前，工程学院院长弗雷德·特曼（Frederick Terman）提出的一个构想促进了硅谷的建成，也鼓励惠普在此处创业，这对硅谷来说是一个非常重要的时刻。 因此，斯坦福也有一个传统：与民营企业的联系十分紧密。斯坦福大学和民营企业的合作也非常的紧密。我在回来斯坦福工作之前，也曾受雇于企业。我们拥有与企业合作的校园文化，我们拥有极具活力的行业项目。我们有很多企业合作伙伴。就在去年我去到了 Chan Zuckberg Initiative（陈-扎克伯格计划），他们让工程师与生物学家一同合作解决问题。 除了斯坦福大学之外，参与项目的还有加州伯克利分校。我想举的另一个例子是，斯坦福也和制药公司有合作关系。 我想要强调的第五个斯坦福大学成功的原因是，这所大学的精神——斯坦福大学的精神包括：创新精神、企业家精神，这两种精神贯穿了斯坦福大学的历史。除此之外，斯坦福大学还有一种追求卓越的精神。斯坦福大学一直想要做得更加的卓越，造福人类。 我想这就是斯坦福大学最鼓舞人心的精神，它以优秀卓越而闻名，仍然继续追求优秀与卓越。最终我们都会使全人类受益于此。同时我也想谈谈让斯坦福受益的一点，我们大学一直都延续下去。 在斯坦福，你可以看到我们的医学院，你也可以看到我们的人文学院，还有社科学院。你可以看到我们所有的学院都是在这个校园里。这也给我们带来了很多好处，所以你也看到了我们对斯坦福的财富感到非常的骄傲。所以我们有责任去利用好斯坦福的资源，最终使人类受益。因为我们想要追求卓越，并且造福人类。

二、加快一流高校院所引进

针对本地高水平理工科院校不足的问题，济南高新区高度重视引进高校院所工作，在体制机制上，成立了产业技术创新协同中心，重点对接高校院所资源，开展协同创新工作；在加大投入上，出台了《引进技术转移机构扶持政策》《关于促进高校和科研院所协同创新和成果产业化的若干政策》等文件，在人才引进、平台搭建、成果转化、企业孵化等方面，提供资金和场地等扶持；在基金助推上，设立了产业投资基金、产业升级基金及人才引导基金等，助力科技创新和成果落地转化；在创新方式上，探索出“建设高校集聚区，打造成果转化联盟”“共建分院、分所、创新平台、技术转移中心、孵化中心、科技园区”“公司＋基金＋基地＋园区”等合作模式；在引进对象上，对接了中科院、浙江大学、复旦大学等一批创新资源；在合作共建上，建设了中科院苏州医工所山东创新研究院、山东工研院、浙江大学技术转移转化中心等一批创新机构；在人才引进上，引进了院士、国家千人专家、万人专家、泰山系列专家等一批高层次人才（团队）；在成果转化上，落地了石墨烯、氧化锆、隧道超前探测、无人驾驶等一批重大科技成果项目；在国际合作上，引进了英国曼彻斯特大学、诺丁汉大学、肯特大学等高端研发团队，与德国弗朗霍夫协会、马普学会、以色列希伯来大学等建立了合作联系。

济南高新区下一步要进一步加大高校院所的引进力度，优化高校院所引进的相关体制机制，加强统筹协调，提高引进效益，包括：(1)理顺管理体制，形成引进合力。成立由管委会领导任组长，各部门参与的引进高校院所工作领导小组。领导小组负责引进工作的统筹协调、整体规划、政策制定、动态管理、督促落实等；相关部门及各园区按照各自职责推动合作引进和落地工作。(2)重视依托重点龙头企业、本地院校及山东工研院参与高校院所引进，增强各方主体间的相互支撑和联动。(3)制定高新区建设区域创新生态体系整体规划，在规划中设“引进高校院所工作”专门章节，重点对引进原则、引进重点、实施步骤、保障措施等进行顶层设计。聚焦“服务现有产业”和“超前布局战略新兴产业”两种需求，瞄准世界著名大学、国内知名综合性大学、学科（专业）排名前 5 名的高等学校以及国内外知名综合性及专业性科研院所，经过甄别筛选，分别列出引进清单。(4)实施引进高校院所专项攻坚行动，制定行动方案，明确目标与计划，加大对清单内高校院所的引进工作力度，力争到 2020 年新引进 3～5 家国内外知名大院大所。在年度财政预算中设立专项资金，支持实施大行动。(5)采取集中与分布相结合的方式，在高新区中心区设立引进高校院所集聚区；依托高新区现有公共研发平台、孵化器、科技园区及产业集群，在各园区设分中心，落地与产业发展紧密相关的院校合作项目。

外地引进高校院所的经验启示

一是重视程度更高。武汉市成立招才引智工作领导小组，中共湖北省委副书记、市委书记陈一新任组长，下设“招才局”，局长由市委常委、组织部部长担任，“虚拟机构、实体运作”，把招才引智列为“一把手工程”，统筹整合分散在各部门的涉才工作和政策，形成合力引进创新资源；武汉市在全国率先组建“科技成果转化局”，由市委常委任局长，市科技局局长任常务副局长，成立院士专家顾问团，以体制创新、机制创新、政策创新为突破口，力争5年内在汉高校院所科技成果就地转化占比达到80%。广东省委、省政府召开全省新型研发机构建设现场会，广东省四大班子领导出席，省委书记及省长分别做重要讲话，各地迅速掀起了市领导挂帅积极对接引进高校院所，共建新型研发机构的高潮。2014年，广东省共拥有新型研发机构122家，2017年年底达到219家，增长近一倍。

二是政策更优，投入更大。激烈的竞争推高了引进成本，各地纷纷加大高校院所引进政策力度。青岛市出台《高端研发机构引进管理办法》，安排高端研发机构引进专项资金，对符合规定的研发机构最高给予3000万元专项资金补助支持；出台《关于加快引进优质高等教育资源的意见》，对引进的独立法人的国内外优质高等教育机构，第一年给予不低于1000万元的补助资金，以后根据绩效情况每年补助不低于400万元，连续补助5年，且从用地、配套、一事一议等方面给予政策支持。截至2017年年底，青岛已引进落户北京大学、复旦大学、中国科学院大学、北京航空航天大学、哈尔滨工业大学等29所国内知名高校院所，集聚效应初步凸显。重庆市颁布《重庆市与知名院校开展技术创新合作专项行动方案（2017～2020年）》，对于引进设立的研发机构，经认定为新型高端研发机构后最高可给予1000万元的资助，并可连续4年给予研发专项支持，每年最高资助经费1000万元。成都市出台《促进国内外高校院所科技成果在蓉转移转化若干政策措施》，支持国内外高校在蓉建设新型产业技术研究院，设立10亿元的产业技术研究院专项资金，每个产业技术研究院最高可获得5000万元的运营补贴。

三是主体更多元，方式更灵活。本地企业、高校院所及社会资本在引进高校院所方面的作用日渐突出，与政府形成了引进合力。院校合作项目除专注技术研发外，大多兼具成果转化、企业孵化、人才培养等多种功能，合作方式更灵活。苏州市联合武汉大学、苏州神海、浙江新一海海运共同成立武汉大学神海智慧航运联合实验室，落户苏州工业园区。泉州市引导民营资本、民营产业与各地科研院所结盟，组建了“泉州节能技术研究院”等20多家民办公助和企业性质的新型研发机构。深圳先进技术研究院构建了集科研、教育、产业、资本为一体的微型协同创新生态系统，与华为、中兴、创维、腾讯等知名企业开展项目联合申报、委托研发、成果转化等合作，建设了蛇口机器人孵化器、龙岗低成本健康产业园、李朗云计算产业园等特色育成中心，育成企业200多家，持股企业资产规模80多亿元。

四是对象更国际，人才更高端。2012年深圳市政府联合深圳大学引进香港中文大学，创立香港中文大学（深圳）学校，以此为平台引进了以色列人文与自然科学院院士、中科院外籍院士阿龙·切哈诺沃教授等三位诺奖得主，分别设立了由诺奖得主领衔的三个研究

续表

院。苏州高新区 2017 年引进世界百强名校荷兰瓦赫宁根大学，设立“瓦赫宁根苏州环境创新国际协同研究中心”，开展废弃物资源化利用等环境领域相关技术研究和产业化工作。深圳市 2016 年引进了 5 名全职院士，2017 年引进了 9 名全职院士，并从 2017 年 11 月 1 日起实施“百名院士引进计划”，计划到 2020 年，集聚 100 名海内外院士、诺奖得主等杰出人才。 五是产业聚焦更明确。与高校院所合作，各地更加突出产业需求导向，在相关政策和办法中都明确规定了重点支持的产业领域。如宁波新材料科学城《关于引进高端研发机构和优质创新创业项目的资助办法》明确规定，重点支持新材料、新能源、电子信息、智能制造、生命健康、海洋高技术等领域。引进英国诺丁汉大学共建“诺丁汉大学宁波新材料研究院”，开展环保及高分子新材料研究。青岛市《高端研发机构引进管理办法》要求研发机构围绕海洋开发、新一代信息技术、新能源、新材料、生物医药等领域，开展研究及相关活动。引进哈尔滨工业大学共建青岛船舶科技园，开展船舶与海工、水下机器人等涉海方向的技术研发和产业化。 六是运行机制市场化。截至 2017 年年底，广东省共有 219 家新型研发机构，其中企业 106 家，事业单位 45 家，民办非企业 68 家。有 12 家科研事业单位进行了企业化转制。武汉市目前建有 14 家工业技术研究院，分为企业和事业单位两大类。武汉导航与位置服务工研院、武汉地质资源环境工业技术研究院均是 2013 年 9 月注册成立的企业法人性质的新型研发机构，运行一年时间就已分别转化了 13 项和 8 项科研成果，转化合同价值合计 6000 余万元。武汉生物技术工研院是 2009 年成立的事业单位。2017 年 8 月 15 日，召开武汉生物技术研究院有限公司成立大会，明确研究院按照“事业单位企业化运营”。

三、建设综合性科学中心

综合性国家科学中心是上海市作为加快建设具有全球影响力的科技创新中心的重要举措提出来的，2017 年获批，随后，合肥、北京相继获批建设综合性国家科学中心。由于综合性国家科学中心是国家科技领域竞争的重要平台，是国家创新体系建设的基础平台，有助于汇聚世界一流科学家，突破一批重大科学难题和前沿科技瓶颈，显著提升中国基础研究水平，强化原始创新能力。在成立综合性国家科技中心的政策公布之后，全国具有科研实力的城市，纷纷提出申请。截至 2017 年年底，提出申请的城市有上海、北京、香港、广州、深圳、成都、武汉、南京、合肥、长沙、杭州、重庆、青岛、济南、西安、郑州和苏州等。2018 年 11 月 2 日，山东省人民政府常务会议研究实施大科学计划和大科学工程，提出打造国内重要的科学中心和创新高地。

综合性国家科学中心对于基础科学研究水平、大科学装置和国家实验室的数量有很高要求，就目前来看，济南市并不满足条件。但是随着“基于科学的创新”趋势越来越明显，科学人才对于区域创新能力的提升愈加重要，济南高新区应当以多种形式参与和推动区域性的综合性科学中心建设，提高科学研究水平和原始创新能力。包括：(1)依托省会研发中心的基础，围绕区内重点产业发展需求，加快推进建设一批重大科学装置、重大创新平台以及多学科交叉的重大科学研究平台，全力支撑区内行业前沿技术、关键核心技术研发创新。(2)支持高新区重点企业、科技型企业联合国内知名高校院所牵头承担国内重大科学计划。以省会研发中心统筹区内高校科研院所、企业研发中心等科技创新源头，围绕信息技术、生命健康、量子科技、人工智能等高精尖产业，牵头申报或承担重大新药创制专项、核高基等一系列国家科技重大专项和国家重点研发计划，提升重点产业核心竞争力。(3)积极实施重大源头创新工程，如重点支持国家重大新药创制平台、国家超算(济南)中心、浪潮高性能计算中心、山东量子技术研究院、国家网络软件产品质量监督检验(济南)中心等重大源头创新的平台建设。(4)加快建设一批跨学科、跨领域的前沿科技创新基地。引导各类创新基地探索目标导向、绩效管理、协同攻关、开放共享的运行机制。

合肥国家综合性科学中心建设

2017年9月，安徽省委、省政府、中科院正式印发了《合肥综合性国家科学中心实施方案(2017～2020年)》(以下简称《方案》)。《方案》提出要建设国家实验室、重大科技基础设施集群、交叉前沿研究平台、产业创新平台、“双一流”大学和学科“2＋8＋N＋3”多类型、多层次的创新体系，使之成为代表国家水平、体现国家意志、承载国家使命的国家创新平台。

“2”是指争创量子信息科学国家实验室，积极争取新能源国家实验室。

“8”是指新建聚变堆主机关键系统综合研究设施、合肥先进光源(HALS)及先进光源集群规划建设等5个大科学装置，提升拓展现有的全超导托卡马克等3个大科学装置性能。

“N”是指依托大科学装置集群，建设合肥微尺度物质科学国家科学中心、人工智能、离子医学中心等一批交叉前沿研究平台和产业创新转化平台，推动大科学装置集群和前沿研究的深度融合，提升我国在该细分领域的源头创新能力和科技综合实力。

“3”是指建设中国科学技术大学、合肥工业大学、安徽大学3个“双一流”大学和学科。例如，合肥工业大学将着眼“工程管理与智能制造”及“电气工程”等优势方向，布局建设一流学科；安徽大学将重点建设“物质科学与信息技术”学科群。

这一框架体系是《方案》的核心内容，进一步明确了建设合肥综合性国家科学中心的重点任务。同时，《方案》也提出了建设科学中心的四大原则：一是尖端引领；二是多方推动；三是协同创新；四是体制突破。

四、建设新型创新中心

新型创新中心是指契合新时代创新驱动发展和国家创新体系建设的，应用新技术、采用新模式、聚焦新兴产业领域的创新平台。国家为推动国家创新体系建设，分别提出新型创新中心的项目和计划，包括制造业创新中心[①]、国家产业创新中心[②]、国家技术创新中心[③]、协同创新中心[④]。各地在各类新型创新中心的建设上进行抢抓和布局。例如2018年9月，武汉国家数字化设计与制造创新中心建设方案通过论证，武汉成为继北京、上海之后第三个拥有两家国家级制造业创新中心的城市；苏州高新区投资18亿元，打造医疗器械产业创新中心；青岛围绕制造业重大共性技术需求，在工业云制造、轨道交通装备等领域争创国家制造业创新中心，在先进制造业、战略性新兴产业等领域创建省级制造业创新中心。

济南高新区的相关企业在推进各类新型创新中心建设上取得了一定成效，如浪潮集团建设的山东省工业大数据创新中心列入省级制造业创新中心试点名单。济南高新区应响应国家号召，应继续推进各类新型创新中心建设工作，深度融入国家创新体系，包括：(1)联合企业、科研院所成立新型国家级创新中心的申报小组，研究国家的规划导向，摸清高新区现有基础和产业发展诉求，积极申报新型国家级创新中心项目，争取更多的高水平的新型创新中心落地。(2)加强新型创新中心的建设。加大资金投入和政策支持力度，鼓励企业、高校院所主动按照国家创新中心的模式和要求，建设新型的创新平台，积极申报相关项目和计划。(3)加强创新中心的企业参与度，加强创新中心与区域产业发展的融合度，加强新型创新中心的模式创新和服务创新，提升创新中心对高新区产业发展的贡献度。

---

① 工业和信息化部、发展改革委、科技部、财政部联合印发的《制造业创新中心建设工程实施指南(2016～2020年)》中提出："围绕重点行业转型升级和新一代信息技术、智能制造、增材制造、新材料、生物医药等领域创新发展的重大共性需求，建设一批制造业创新中心。"

② 2018年，国家发改委印发《国家产业创新中心建设工作指引(试行)》的通知。采取企业主导、院校协作、多元投资、军民融合、成果分享的新模式，在战略性领域建立若干国家产业创新中心，培育壮大经济发展新动能，支撑供给侧结构性改革。

③ 参照科技部制定的《国家技术创新中心建设工作指引》。

④ "高等学校创新能力提升计划"(又名"2011计划")由教育部和财政部共同研究制定并联合实施，以人才、学科、科研三位一体创新能力提升为核心任务，通过构建面向科学前沿、文化传承创新、行业产业以及区域发展重大需求的四类协同创新模式，深化高校的机制体制改革，转变高校创新方式，建立起能冲击世界一流的新优势。项目以协同创新中心建设为载体分为面向科学前沿、面向文化传承创新、面向行业产业和面向区域发展四种类型。

五、加强基础研究和应用基础研究布局

把握全球科技创新新态势，瞄准世界科技前沿，发挥高等院校、科研机构和企业创新主体作用，以重大基础研究项目为抓手，以高水平科研平台为支撑，以关键共性技术、前沿引领技术、现代工程技术、颠覆性技术创新为突破口，聚集全球创新资源，着力在基础、前沿、源头研究领域爆发出重大科技成果，着力实现基础研究和产业技术创新融通发展，着力在高新技术产业示范带动作用上率先突破、做得更好，掌握创新主动权、发展主动权，勇做新时代科技创新尖兵。加强基础科学研究的统筹协调，加大基础科学研究的投入力度，布局建设重大科技基础设施，实施重大基础研究专项。

第二节　完善技术转移转化体系，促进产学研深度融合

技术转移转化体系是促进技术流动和扩散、加速和提升技术价值实现的体系，对于区域创新系统的运行和绩效至关重要。在对济南高新区创新生态的评估中，发现济南高新区存在创新网络较为松散、协同创新水平不高的问题。本节针对完善技术转移转化体系、促进产学研结合的目标，针对济南高新区技术转移转化体系的现状，借鉴其他地区的最新实践，提出了建设科技成果转移转化示范区、发展技术转移转化服务机构、建设新型研发机构、推动企业研发体系建设、建设概念验证实验室、挖掘储备项目库六个方面的重点任务。

一、建设科技成果转移转化示范区

2017 年 10 月，科技部正式复函山东省人民政府，支持山东省建设济青烟国家科技成果转移转化示范区。在《济青烟技术成果转移转化示范区建设方案》中，设置了 8 个方面共 26 项重点任务①（见表 5-1）。

表 5-1　济青烟技术成果转移转化示范区建设方案重点任务

任务	内容
打造济青都市圈高端产业聚集区	以济南为核心打造全国领先的现代信息通信产业聚集区 以青岛为核心打造世界一流海洋高新技术产业集聚区 以国家级农高区核心打造各具特色的优势农业产业示范带

① 《建设方案》与山东省人民政府在新闻发布会上对外公布的内容在结构上有出入，但基本内容一致。

续表

任务	内容
强化科技成果转移转化市场体系	建设完善的科技成果信息系统 构建统一的科技成果转化市场体系 创新科技成果交易方式 建设创新成果供给的科技创新平台载体体系 建设科技服务业聚集区 建设成果中试熟化与产业基地
建设协同创新体系	推动高校、科研院所成果转移转化 构建开放式产业协同创新网络 推动军民科技成果融合转化 推动国际成果转移转化
完善成果转移转化公共服务平台建设	培育科技中介服务机构 打造专业化的创新创业孵化体系 提高科技资源共享共用水平
推进科技成果转移转化人才队伍建设	推进示范区人才集聚高地建设 着力加强专业技术经纪人队伍建设 充分发挥高校院所科技人才在成果转移转化中的作用 实施“高精尖缺”人才集聚工程
建立多元化资金支撑体系	加大财政支持科技成果转化力度 建立投贷联动、科技成果风险补偿机制 建立健全科技金融综合服务体系
推进科技成果转移转化的体制机制创新	深化科技成果转化体制机制改革 改善科技成果转移转化激励机制 优化创新创业环境

2018 年 6 月，济南市又发布了《济南市加快国家科技成果转移转化示范区建设促进科技成果转移转化行动计划》，提出抢抓国家支持山东省建设济青烟国家科技成果转移转化示范区的重大机遇，提升省会城市科技创新成果集聚辐射能力，着力打造全省乃至全国重要的科技成果转移转化中心。济南高新区要以促进科技成果转移转化为重要抓手，促进优质的科技成果向高新区汇集，包括：(1)创新成果转化机制。实施科技成果对接转化工程，探索赋予科研人员科技成果所有权和长期使用权。支持工研院整合国内外创新资源，探索科技成果转移转化新机制和新模式。鼓励高校院所技术转移机构探索市场化运营机制，充分激发技术转移工作者积极性。(2)建设多类型技术转移转化平台。加快构

建技术交易、技术经纪、科技金融等资源与服务高度融合的技术转移体系。支持市场化、专业化技术转移机构发展，鼓励其建立复合型经理人团队，与创业投资、科技中介等机构联合打造一站式全链条服务，探索阶段评价和分段收费机制。拓展技术转移数据挖掘与开发利用，推进科技成果与技术需求有效对接。(3)推进跨国技术转移。建立全球性技术转移网络，引进一批全球知名的跨国技术转移服务机构，鼓励区内技术转移平台开展跨国技术转移服务。支持区内创新主体围绕前沿科技领域，联合国际一流科研创新机构开展技术研发与转化。支持企业设立海外技术并购基金，开展跨国技术转移与并购。

武汉成立科技成果转化局促进科技成果转化

武汉地区现有89所高校、95家科研院所、63名两院院士，在校大学生最高多达130万人，是全国三大智力密集区之一。但长期以来，经济发展与科技成果转化“两张皮”现象仍旧存在，武汉科技成果本地转化率只有20%。为解决好科技成果转化通道不畅的问题，围绕实施“大学＋”战略，加强改革措施的系统集成，通过组织创新、供需对接、服务联动、载体建设，汇聚政府、高校、企业的作用，合力打通科技成果转化的“最后一公里”。

科技成果转化是一项系统工程，需要以强有力的组织领导来系统推进。针对过去工作力量分散、政策措施碎片化的问题，武汉市从组织创新入手，建立统一高效的组织领导机构。为增强工作合力，武汉市成立由市委主要领导任组长，市政府主要领导、在汉“985”高校校长、中科院武汉分院院长为副组长，9所在汉高校和科研院所主要负责人及科技局、发改委等25个市直部门和开发区主要负责人共同参与的科技成果转化工作领导小组，负责顶层设计，研究重大问题，制定重要政策，强化了对科技成果转化的统一领导，将科技成果转化从过去单个部门负责的专项工作提升为事关全市发展大局的重大战略。

设立“虚拟机构、实体运作”的科技成果转化局。为加强科技成果转化的日常统筹协调，今年8月，武汉市以创新的办法，不新增机构、不新增人员编制，在全国率先设立“虚拟机构、实体运作”的科技成果转化局，集中原分散在各部门的政策制定、经费管理、绩效考核等职能，整合市科技局内部相关职能处室以及直属从事科技成果转化的事业单位力量，成立科技成果转化局。局长由市委常委、副市长兼任，常务副局长由市科技局局长兼任，副局长由市委组织部、市发改委、市经信委、市财政局、市科技局、市金融工作局和市科协等部门分管副职兼任，还从武汉大学、中科院、湖北长投、航天科工等高校院所和创投企业引进5名干部挂职担任副局长。科技成果转化局统一负责制定工作计划、出台支持政策、建立服务体系、搭建服务平台、开展对接活动、实施督办考核等7项职责，下设综合协调部、对接服务部、知识产权部和科技金融部等4个挂牌部室，目前人员30人。科技成果转化工作从分散到集中，进入到有专门机构、专业人员、专项政策的集成推进新阶段。

组建院士专家顾问团。科技成果转化专业性强、技术含量高。为此，武汉市成立了科技成果转化院士专家顾问团，邀请部分在汉院士共同参与全市科技成果转化的重大决策、政策制定，打通产业链和创新链。李德仁、刘经南、邓子新、李培根等12位院士成为顾问团首批成员，为科技成果转化工作提供了高水平的智力支持。

续表

此外，武汉市推进科技成果转移转化的其他做法也值得学习。如开展“高校科研成果转化对接工程”，主动收集高校院所的研究成果，有针对性地联系相关企业、协会和中介机构，一个一个地组织专场对接活动。 在原有的“武汉科技成果转化交易平台”“科惠网武汉分中心平台”的基础上，进一步拓展信息来源、加强资源统筹、促进服务共享，促进科技成果转化链条各环节的全天候对接。 成立了武汉市知识产权保护中心，建立集快速审查、快速确权、快速维权于一体的知识产权快速协同保护体制机制。依托国家知识产权局专利信息武汉数据备份中心数据资源，整合专利、商标、版权等信息，提升信息服务能力。 创新建设“环大学经济带”。依托大学的智力辐射，推进校区、园区、社区联动，在高校周边因地制宜地规划建设“环大学经济带”，促进科技成果就近转化，全市已形成了武汉大学周边的街道口、华中科技大学周边的鲁巷、武汉理工大学周边的南湖等一批众创高地。支持武汉大学、华中科技大学各建设一个1000亩(约67万平方米)的产学研转化园区，其他高校共建一个综合性转化园区。 探索建立工业技术研究院。武汉市围绕一批新兴产业和优势学科，由政府提供优惠地价土地和一定经费支持，高校院所以科技成果入股，共同组建14家工业技术研究院，涵盖光电子、智能装备、导航与位置服务等多个前沿领域。 分类建设科创小微企业园和现代产业园。围绕科技成果转化主题，武汉市正根据中心城区和新城区的不同特点，谋划实施“新两园”建设计划。在中心城区建设一批单个面积不小于5万平方米的科创小微企业园，同高校院所共建协同创新平台，打造共性技术研发、产品试制、中试熟化、检测检验等服务载体，促进科技成果转化的前端服务。在每个新城区和功能区建设10平方千米左右相对集中的产业园区，围绕1～2个主导产业，做好转化成果的规模放大，培育引进一批领军企业，带动一批中小配套企业，构建梯次布局、有序联动的技术转移转化通道和产业承载基地。

二、发展技术转移转化服务机构

基于第四章的分析，济南高新区只有两家国家技术转移示范机构，从以技术合同交易额反映的情况来看，济南高新区存在科技成果转化率低、产学研结合水平低的问题。要提升科技成果转化率，提升产学研结合水平，大力发展专业化的技术转移转化服务机构是重要抓手之一。从巴登-符腾堡州的案例分析中可以看出，像史太白基金会、弗劳恩霍夫应用研究促进协会等专业化的高水平技术转移机构和依托这些技术转移机构，在全球范围形成的技术转移网络，是巴登-符腾堡州成功的关键因素之一。因此，山东省人民政府在2018年6月印发的《关于加快全省技术转移体系建设的意见》中提出到2020年培育国家技术转移示范机构50家以上。

因此，济南高新区需要进一步加强技术转移转化服务机构的集聚和建设，包括：(1)加强针对世界知名技术转移转化服务机构的招引力度，争取高水平的技术转移转化服务机构落地。(2)联合知名技术转移转化服务就和高校院所，加强技术转移转化服务专业人才队伍的培养和建设。(3)支持龙头企业、科技服务企业、行业协会、高校院所、科研机构等主体自筹自建专业技术转移转化服务平台，创新平台管理、运营和服务模式，提供检验检测、产品认证、知识产权评估、科技成果转化等专业服务。重点鼓励建设科技成果中试平台，通过完善工艺，开展样品样机试制、中试及应用场景实测等手段实现科技成果熟化和工程化应用。(4)建设济南高新区科技大市场。积极参与泉城科创交易大平台建设，依托济南生产力促进中心、科技成果转化服务中心，建设"一网一厅"的济南科技大市场，采取政府引导、市场运作机制，打造线上线下结合的科技服务O2O平台。(5)搭建高新区科技服务集成平台，链接济南市科技云平台和全国高新区科技服务集成平台的科技服务资源，提供全链式科技转移转化服务。

三、建设新型研发机构

新型研发机构起源于广东。早在1996年12月，清华大学和深圳市政府合作建立深圳清华大学研究院，揭开了广东省新型研发机构建设的序幕。2006年初，随着我国科技体制改革的不断深化，以广州市政府、深圳市政府先后与中国科学院签署市院战略合作协议，成立中科院广州工业技术研究院和中科院深圳先进技术研究院为标志，广东省新型研发机构进入了蓬勃发展阶段。截至2017年年底，广东省经科技厅认定的新型研发机构达到219家。随着创新驱动发展战略的提出和深入，以新型研发机构促进科技成果转化和产业创新的做法在全国迅速扩展。例如东莞市就投入45亿元，在东莞高新区建设了32家新型研发机构。山东省"十三五"科技创新规划、济南市推进区域性科技创新中心建设若干政策中都有支持新型研发机构建设的内容。2015年，济南市、山东省科技厅和山东大学三方签署协议共同建设山东工业技术研究院。山东工研院的定位是面向济南十大千亿元产业需求，立足高新区电子信息、生物医药、智能制造、大数据四大主导产业，着力引进大院大所、研发总部、创新创业团队，建设创新转化平台，转移转化前沿技术成果，孵化落地科技型项目。其中，济南高新区负责建设科研孵化基地和产业发展基地两大载体，用于支撑山东工研院的产业发展。

济南高新区要引导设立投资主体多元化、建设模式国际化、运行机制市场化、管理制度现代化的新型研发机构。突出基础性、前沿性，培育一批在国际上有重要影响的先进技术研究院，抢占全球创新制高点。突出基础研究与应用研究相结合，做强一批国内领先的卓越科研机构，引领行业领域创新方向。突出应用需求研发导向，提升一批具有行业引领性、服务支撑性的转型发展类创新机构。用5年时间，形成一批具有国际、国内影响力的新型研发机构，取得一批重大技术突破，培养集聚一批国际一流人才，推进一批重大科技成果示范应用。

就当前而言，以山东工业技术研究院为主要抓手，加快推动山东工业技术研究院的能力建设，包括：(1)加快山东工业技术研究院建设。加快聚集一流的创新要素，加强科学技术创新，提供成果转化、创业孵化等一流服务。综合考虑高校院所优势学科、区域产业发展需求、储备人才和项目等因素，聚焦新一代信息技术、生物医药、智能装备、新材料四大产业领域，重点加强量子通信、人工智能、精准医疗、个性化医疗、机器人、半导体材料等领域的科技创新和创业服务。(2)组建结构清晰、分工明确的组织架构体系，联合多元主体建立董事会、监事会、业务推广、职能管理等部门，实行投管分离机制，给予工研院以充分的自助权。建立以聘用制为主、固定岗和轮流岗相结合的人才引进模式，重点招引研究人员、技术人员、行政人员三类人才，设置首席科学家、终身研究员、合同研究员、业务经理等岗位。加强人员考核和激励机制创新，建立分类考核、末尾动态淘汰等绩效管理制度，探索股权激励、技术入股等制度性设计，鼓励高校院所内的科研人员在岗创业。(3)建立政府科研经费投入、技术转移收益和股权投资收益等多元化盈利渠道，分阶段优化调整盈利来源结构，不断提升工研院自身“造血”功能。在建设初期，以政府补贴为主要来源，积极拓展研发项目经费和技术服务收入；在中后期，以科技成果转化收入为收益主要来源，技术服务收入大幅提升，探索拓展股权投资等收益渠道。逐步构建可持续发展的盈利机制，利用部分收益为设备添加、队伍扩充、项目研发增加、运营管理等提供经费支持，不断提升工研院服务水平和运作效率，形成良性循环。

南京以新型研发机构为抓手建设创新名城

关于新型研发机构的南京思考

南京具有发展新型研发机构的三个比较优势：一是具有突出的科教人才优势；二是具有良好的金融资本优势；三是具有独特的政策服务优势。南京市在新型研发机构建设工作中，形成了“三个必抓”的共识，一是抓创新名城建设，必抓新型研发机构。二是抓科技成果转化，必抓新型研发机构。三是抓高端产业集聚，必抓新型研发机构。

关于新型研发机构的南京实践

南京坚持做到了“五个注重”：一是注重系统设计，量身打造具有南京特色的新型研发机构。其中，总体定位是，建设集科学发现、技术发明、产业发展“三位一体”的科技企业孵化器；运作方式是，依托高校院所的高水平学术平台和领先技术，采用混合所有制组建，实行企业化运营；主攻方向是，深化技术研发和产品开发，转化科研成果、孵化科技企业。二是注重政策支持，就新型研发机构发展给出了一批含金量高、针对性强的扶持举措。比如，对纳入备案管理的新型研发机构，将给予授牌并提供50万元平台资金补助，同时每年按照绩效择优给予最高500万元的奖励，并支持开展一批创新示范产品的首购首用。对新型研发机构孵化的初创期科技企业，从获利年度起3年内，为南京经济发展所做贡献全部奖给企业，通过高新技术企业认定的再给予一定奖励。年薪50万元以上的高管和核心技术人员，可以拿到相当数额的补贴。三是注重股权激励，明确人才团队持大股，同时由所在园区和社会资本参与持股，既调动科研人员积极性，又强化政府的服务责任和社会资本的撬动功能。目前，全市新型研发机构中，人才团队平均持股58%，比例最高的达90%。四是注重合作共赢，深化科技成果分配制度改革，构建利益联结机制，打造校、地、人、企等多方面紧密协作的创新共同体。人才团队发表论文、申请专利等全归高校院所，政府再用30%以上股权收益支持高校院所发展。五是注重市场运作，引导新型研发机构以项目化、市场化形式推动企业孵化、产业转化，加快实现从学科群到创新群、从企业群到产业群的“两个 转变”。图灵奖获得者姚期智院士在南京组建图灵人工智能研究院，目前已有10个科技项目入驻孵化，其中一个估值已超过1亿元。

关于新型研发机构的南京追求

南京市突出“四链”同构，系统打造最优创新生态体系，使南京成为国内一流、国际领先的新型研发机构发展高地。进一步优化创新链，引导支持新型研发机构面向全球集聚创新资源，打造高层次人才团队，提供高水平技术供给，实现高质量科技创新。进一步完善资金链，对在南京新注册成立的天使投资、创投企业，给予最高1500万元奖励，对投资南京种子期、初创期科技企业的，给予最高500万元奖励，出现投资损失的给予最高600万元补偿。进一步壮大产业链，充分发挥新型研发机构创新联盟的平台作用和协同效应，做好延链、补链、壮链文章，构筑创新企业集聚、科技产业集群的发展新局面。进一步强化服务链，动态完善创新政策，通过“放管服”改革切实降低创新创业成本，从严保护知识产权，不断增强15个高新园区承载能力，营造有利于新型研发机构发展的一流环境。

北京市出台支持建设世界一流新型研发机构实施办法

近年来，北京市坚持面向世界科技前沿、面向经济主战场、面向国家重大需求，推动成立了北京量子信息科学研究院、全球健康药物研发中心等一批新型研发机构，吸引集聚一批战略性科技创新领军人才及其高水平创新团队来京发展，努力实现前瞻性基础研究、引领性原创成果重大突破。

北京市政府印发了《北京市支持建设世界一流新型研发机构实施办法（试行）》。该《实施办法》旨在吸引集聚战略性科技创新领军人才及其高水平创新团队，推动建设世界一流新型研发机构，有力支撑全国科技创新中心建设。具有以下亮点：

一是明确新型研发机构的定位，突出“新内涵”。新型研发机构是指由战略性科技创新领军人才领衔，采取与国际接轨的治理模式和运行机制，协同多方资源，从事基础前沿研究、共性关键技术研发的事业单位或科技类民办非企业单位（社会服务机构）。战略性科技创新领军人才是指在基础前沿、共性关键技术研究方面具有世界学术声望、重大原创贡献的全球顶尖科学家，在科技创新方面具有全球战略眼光、突出管理能力的创新型企业家，以及其他专注科技创新领域的杰出投资和管理型人才。

二是明确新型研发机构支持条件，突出“新体制”。新型研发机构应具有独立法人资格，建立了科技成果转移转化机制；依法制定章程，具备完善的组织体系、法人治理结构和运行机制，实行理事会领导下的院长（所长、主任）负责制，并设立评估、审计等专门委员会。

三是创新支持政策和服务保障，突出“新政策”。对新型研发机构实行个性化合同管理制度，赋予其人员聘用、经费使用、运营管理等方面的自主权，在确定的重点方向、重点领域、重点任务范围内，自主确定研究课题，自主选聘科研团队，自主安排科研经费使用；创新财政科技经费管理模式，探索实行负面清单管理；对符合首都城市战略定位的科技成果在京实施转化的，通过北京市科技创新基金等提供支持；提供居留和出入境、落户、医疗保险、子女教育等服务保障，开展职称自主评审试点。

四是创新组织实施方式，突出“新机制”。开展新型研发机构建设方案论证，由第三方机构组织对新型研发机构的定位与研究方向、规划与目标、体制机制、科研团队、创新能力、经费需求等方面进行综合论证；对新型研发机构实施绩效评价，依据合同约定，围绕科研投入、创新产出质量、成果转化、人才集聚和培养等方面进行评估分析。

四、推动企业研发体系建设

企业是研发投入、科研组织、成果转化、技术应用的主体，要构建市场导向、企业主体、产学研用相结合的企业研发体系。(1)推动企业设立研发机构：引导区内规上工业企业设立企业技术中心、企业工程技术研究中心、博士后科研工作站等科研平台；引导企业积极参与国家及行业标准制定，申报国家、省级重大科技专项，开展科技攻关。(2)探索企业研发机构法人化：根据行业的技术发展需求，遴选企业研发机构法人化试点单位；对符合条件的企业进行股权支持，对达到建设目标的企业机给予员工持股奖励。

五、建设概念验证实验室

科技成果转化特别是基础研究和前沿技术成果转化难，一直是世界性的难题。近年来，为填平基础研究成果与可市场化成果之间的间隙，欧盟、新加坡、美国在全球率先实施概念验证计划。以新加坡为例，概念验证资助计划提供每个项目最高 25 万新元的资助，资助高校院所的科研人员在原来的创造发明或想法的基础上，进一步开展研究及测试调整工作，将其研究成果转化为能够推出市场的商业产品，推动研究成果转让或鼓励研究成果发明人创业成立新公司。美国概念验证中心主要依托顶尖的研究型大学，如麻省理工学院德什潘德技术创新中心为科研人员提供点火资金和创新资金，其中点火资金为每个项目资助 5 万美元，主要用于科研人员证明其科研成果具有商业价值，创新资金主要针对已经证明概念和研发路径的项目，每个项目资助不超过 2.5 万美元。

济南高新区要谋划建设一批概念验证中心或实验室，提供概念验证、创业指导、集合咨询、解决方案、服务集成等专业技术服务，促进“想法→技术→产品→企业”的演化形成，包括：(1)加强概念验证中心建设顶层设计，引导概念验证中心与技术转移中心或技术转让办公室、大学科技园的错位发展和合作发展，明确概念验证中心建设的必要性、可行性以及思路目标、主要任务、建设主体和资金来源。(2)加强对概念验证中心建设发展的财政支持，解决概念验证中心建设初期资金问题，并在概念验证中心运营发展过程中给予稳定支持，充分保障概念验证中心的可持续发展。(3)支持创新主体开展概念验证活动。每年征集一批项目，组建概念验证项目专家顾问团队，邀请科学家、企业家、投资家为入选项目提供辅导，并给予一定资金支持。

中关村科学城实施概念验证支持计划

海淀上半年与北京市科委合作设立了中关村前孵化创新中心，在解决科技成果转化“最初一公里”方面进行探索。在此基础上，决定实施概念验证支持计划，进一步将目光前移、将支持环节前移，聚焦科技成果转化的细分阶段，以促进基础研究项目向概念验证项目转化为核心，弥补基础研究成果与可市场化成果之间的间隙，帮助研究人员和团队迈出科技成果转化的“最初一步”。

具体而言，海淀每年将支持创新主体开展概念验证活动。计划每年面向区内征集支持 20 个项目，单项支持不超过 50 万元；同时组建概念验证项目专家顾问团队，邀请科学家、企业家、投资家为入选项目提供辅导。支持高校院所设立概念验证中心。首批支持 5 家，每家每年给予 500 万元专项资金支持，连续支持 3 年；对概念验证中心服务团队联合进行专项培训，提高概念验证中心服务团队专业化水平。

另外，将对通过概念验证的项目进行持续支持。对通过概念验证并进行落地转化的项目，纳入海淀区孵化培育体系，在投资、落地空间和人才落户、公租房等方面提供综合支持。

六、挖掘储备项目库

要建立科技成果筛选、评价、储备制度，增加有效科技成果的供给。(1)建立科技项目成果项目库，深入挖掘高价值专利或具有良好市场应用场景的科技成果项目，逐步形成科技成果项目库收集、评估、推介、对接等工作机制，建立科技成果源头信息。(2)挖掘颠覆性创新项目，联合投资机构、知识产权服务机构等，围绕高新区重点产业领域，每年挖掘筛选一批颠覆性创新项目。

第三节　完善创业孵化体系，提升育成孵化水平

创业孵化体系是一个区域创新创业和企业成长的基本条件，其不仅包括创业企业的物理空间载体，而且还包括各类创业服务。孵化器最早诞生在国家高新区，孵化科技企业也是国家高新区的本质特征之一。本节围绕完善创业孵化体系，提升创业服务水平的内涵和目标，针对济南高新区在创业孵化软硬条件方面存在的问题，提出了加强创业孵化载体建设、全面提升创业服务能力、支持各类人才创新创业、培育高端创业主力军四个方面的重点任务。

一、加强创业孵化载体建设

济南高新区的创业孵化载体规模不大，与广州高新区、东湖高新区相比，创业孵化载体在数量和面积上都比较小，远不能满足创业企业和项目发展壮大需求，还存在较大发展空间。此外，济南高新区的加速器建设落后，目前仅建成ICT 产业园、生命科学城生物医药产业园、齐鲁软件园加速器 3 家加速器，与高新区前端创业孵化载体体量不匹配，难以满足毕业企业下一步的空间发展需求。就创业孵化载体的质量而言，还缺少高水平的、有知名度的创业载体。浪潮大数据创客中心、韩都衣舍互联网品牌孵化器等较优秀的孵化载体影响力不够，且没有入选国家专业化众创空间名单的载体。

济南高新区加强创业孵化载体建设，提高创新创业的承载和服务能力，包括：(1)瞄准国内外一流孵化器品牌，例如 36 氪、创新工场、启迪之星、联想之星、MIT、YC 等，争取知名品牌孵化器落地。(2)积极挖掘浪潮、齐鲁制药、博科、韩都衣舍等大企业潜力，支持区内龙头企业发挥自身技术、人才、资本、专业优势，投资建设专业孵化器。(3)加大加速器建设进度，以生命科学城、智能装备城、创新谷、临空经济区等重点专业园区为主体，规划建设加速器，探索出台优惠政策，鼓励各专业园引进专业运营商，通过新建、旧厂房改造等不同形式建设加速器。(4)打造泉源创业街区，加强创业孵化载体的聚集发展。(5)进一步联合龙头企

业、科研机构、孵化机构等在美国、欧洲、以色列等地区布局海外孵化平台，持续完善高新区海外孵化网络，加大对海外创新创业人才、项目的引进。(6)引导区内众创空间开展升级建设，整合专业领域的技术、设备、信息、资本、市场、人力等资源，凝聚一批熟悉产业领域的创业导师和培训机构，提供更高端、更具专业特色和定制化的增值服务。(7)建设生态赋能型孵化器：开展"生态赋能型"孵化器建设培育行动，以"智汇蓝海"孵化器为样板，制定"生态赋能型"孵化器认定标准，培育一批商业模式新、运行机制灵活、资源聚集度高、孵化经验丰富的标杆孵化器。

二、全面提升创业服务能力

2018 年，《政府工作报告》强调，要促进"大众创业、万众创新"水平，国务院发布的《关于推动创新创业高质量　发展打造"双创"升级版的意见》也提到"要提升孵化机构和众创空间服务水平"。过去几年，济南高新区在创业孵化载体的建设上取得了巨大的进步，但是在创业服务能力建设，尤其是高水平创业服务上，还存在一定差距。

济南高新区要进一步引导区内提供创业服务的载体和机构提升创业服务能力，包括：(1)引导各类创业孵化机构的集聚，推动物业租赁服务向提供高质量创业增值服务转变，积极探索"孵化＋创投""创业导师＋持股孵化""创业培训＋天使投资"等为代表的新型孵化模式，促进创业孵化服务专业化、社会化和网络化程度不断加深。(2)进一步完善"创业苗圃、孵化器、加速器"创业孵化链条，吸引社会资本建设投资促进型、培训辅导型、媒体延伸型、专业服务型、创客孵化型等新型孵化器，形成创新与创业、线上与线下、投资与孵化相结合的创业孵化模式。(3)推动政府孵化器市场化改革，提高民营孵化器专业化水平，提升现有科技孵化器的服务水平和运营效率。(4)开展标杆示范孵化器建设行动，培育筛选一批商业模式新、运行机制灵活、资源聚集度高、孵化经验丰富的具有全国影响力的孵化器。(5)支持区内孵化器与国内外知名孵化器开展深入合作，增强投资基金、创业导师、检验检测认证、咨询公司、法律、知识产权等专业服务能力。

国内知名众创空间：海尔海创汇众创空间

成立背景：依托海尔集团建设，是海尔实现由制造产品向孵化创客转变的重要载体。2016 年，海创汇成为首批国家级专业化众创空间，并入选首批国家双创示范基地。

专注领域：智慧家庭、TMT、智能硬件等技术型领域。

载体规模：海创汇办公和服务面积 18000 平方米。

孵化成果：自 2013 年以来，海尔海创汇服务创客 2.1 万人，成立了 183 个小微生态圈。海立方线上平台诞生了 1140 个创业项目，孵化和孕育了 2000 多家创客公司，成功开发出雷神、小帅影院等一批新产品。

续表

特色孵化模式：(1)利用线上平台整合全球资源。借助互联网手段，搭建海立方线上平台、Hope 开放创新平台、模块商资源网和模具云平台，吸引了专家、供应链等资源，为资源方和创业者搭建起资源交互平台。(2)聚焦产品提供创业金融支持。海尔集团出资作为母基金构建海尔创投基金，搭建海融易互联网金融众筹平台，创客项目创投基金联合加盟，从天使到 IPO，全方位解决创业项目的资金后顾之忧，规模超过 30 亿元。(3)搭建培训咨询平台。海创汇与北大、清华、麻省理工等高校合作建设创客学院、海尔创客实验室，聘请在全国具有声望和具体创业实践经验的创业者作为导师，通过公开课、训练营、导师辅导、互动社区等多种形式为创客提供系统创业培训。

三、支持各类人才创新创业

2017 年 8 月，济南市委、市政府发布了《深化人才发展体制机制改革促进人才创新创业的实施意见》，其中提出要“大力破除束缚人才发展的思想观念和体制机制障碍，最大限度地激发和释放人才创新创造创业活力”。济南高新区更是把人才工作作为各项工作的重中之重。2016 年，发布了《济南高新区聚人才稳增长 20 条政策措施(试行)》，构建了全方位的人才引进和服务体系。人才引进来很重要，但更重要的是用好人才，要通过平台和环境的打造，让各类人才在济南高新区发挥潜力，创造价值。

济南高新区要采取多种举措支持各类人才开展多种形式的创新创业，包括：(1)依托国家级海外高层次人才创新创业基地，加强海外高层次人才招引，大力支持海外高层次人才来高新区创新创业。(2)鼓励大学生人才创业，全面释放本地大学生创业潜力。支持本地高校设立创新创业学院，开展创新创业教育，探索建立“学业＋创业”双导师培养模式和大学生创新创业实践业绩与学分挂钩机制。建立大学生创业天使投资基金和大学生创业风险援助资金。(3)鼓励高校院所科技人才兼职创业。鼓励高校院所科技人才带技术、带项目、带资金在高新区创办领办科技企业，允许高校科研人员在岗创业、离岗创业，扩大创新创业的源头供给。支持本地高校科研院所探索建立管理、技术“双通道”晋升制度，创新科研人才聘任制度以及科研人才校企间自由流动机制。(4)鼓励企事业人员连续创业。出台鼓励国有企业和事业单位工作人员离岗创业的支持办法，重点保留其人事关系、职称评聘和社会保险等方面的权利。(5)支持龙头企业内部创新，建立创新股权奖励机制，成立大企业内部创业创新基金，鼓励员工开展符合公司战略发展的创业创新活动。引导传统企业通过技术并购、技术合作等模式实现“二次创业”，激活传统企业科技创业活力。

四、培育高端创业主力军

双创升级首先是创业人才的升级。首席科学家、跨国公司高管、留学归国人员等高端人才已经成为我国高科技领域创业的主力军。对这些高端人才的引聚和针对性的服务，有助于增加创业企业的科技含金量，并带动社会创新创业的氛围。在此方面，一些园区已经率先开始探索。例如，武汉东湖高新区发布的《中国光谷2035创新驱动发展战略行动纲要》中就明确提出，要培育高端创业主力军，并将校友企业家、在外楚商、高校院所科研人员、海外高层次人才等都纳入高端创业主力军的范围。

早在2014年，时任济南高新区主任的徐群就提出国家高新区活跃着一批创新“八路军”，包括国企系、国改系、民创系、院校系、外商系、侨商系、工研系、ABC系。下一步，济南高新区要加强高端创业人才的引聚，促进双创升级，包括：(1)围绕国家战略与产业发展需求，瞄准科技前沿，重点引进国际知名科技奖项获得者、最高科学技术奖获得者、国家两院院士等一批国际顶尖人才。(2)围绕高新区产业链、创新链的关键环节和重点领域，大力引进一批产业领军人才、高层次创新创业人才。(3)突出“高精尖缺”导向，完善提升重大人才工程，组织实施“泉城双创”人才计划，着力发现、培养、集聚科技领军人才、企业家人才、高技能人才。(4)强化人才投入优先保障，发挥政府投入引导作用，鼓励企事业单位、社会组织、个人等有序参与人才资源开发和人才引进。创新人才评价、流动、激励机制，最大限度地释放人才红利。

第四节 完善产业创新体系，增强产业集群竞争力

产业创新体系包含领军企业、高成长企业和各类平台型企业，是产业创新生态的核心部门。产业创新体系相对于知识创新体系而言，以产业技术创新为主，注重创新的产业化和价值实现环节。企业是创新的主体，也是创造价值的主体。本节围绕完善产业创新体系，提升产业集群竞争力的内涵和目标，针对济南高新区在产业方面存在的传统产业比重较大、新兴产业竞争力不足的问题，提出了加强前沿新兴产业布局、推动传统产业智慧化升级、提升龙头企业创新能力、培育高成长性企业群体、发展平台型企业和组织五个方面的重点任务。

一、加强前沿新兴产业布局

全球当前正处于新一轮以互联网、人工智能为标志的科技革命的当口，新技

术催生新产业，产业的兴衰与区域的兴衰紧密联系在一起。我国各个区域都在抢抓新兴产业发展机遇，寻求区域经济发展的突破口。在前面对济南高新区创新生态的评价分析中提到，济南高新区传统的重工业、能源产业比重过大，而新兴高技术产业比重不足，产业机构有待优化。当前，新能源汽车、液晶面板、工业机器人、人工智能等新兴高技术产业领域的竞争已经白热化，液晶面板、半导体等产业的发展格局已经基本确定，济南高新区在这些领域继续投入，也很难形成竞争力。此外，济南在量子产业已经形成了一定的先发优势，在全国率先发布了量子产业规划。应当按照规划，继续重点发展量子通信、量子测量和量子计算三大领域的设备制造和产业化应用，建设国内一流、国际知名的量子信息技术成果聚集示范区和产业化基地，形成量子人才、科技、产业和文化的聚集区，打造我国量子信息领域参与国际竞争的标志性品牌。

因此，济南高新区要放眼长远，加大前瞻领域的产业布局，抢抓下一个 10 年、20 年的未来产业，包括：(1)实施创新引领计划。在重大创新领域，加快布局一批能够支撑高水平创新的基础设施，持续吸引汇聚全球顶尖科研机构和重大创新功能型平台，形成抢占科技制高点的战略创新力量。针对济南高新区的产业布局和发展需求，建设一批具有国际水平、突出学科交叉和协同创新的国家实验室，加强面向战略性新兴产业的基础前沿和高技术研究，重点推进一批原始创新技术和关键共性技术攻关。实施重大研发创新项目，每年支持 20 个基础研究项目、20 个融合创新项目、20 个应用开发创新项目，支持企业自由探索的基础研究、开展技术群体性创新、开展技术应用开发创新。(2)实施“2030 未来产业计划”。委托专业的机构开展技术研究与预测，选择适合高新区未来 10 年、20 年产业发展的优先领域和关键技术。出台未来产业支持政策，吸引未来产业相关的创业者、技术领军人物到高新区，加大财政支持，鼓励技术成果转化、企业培育。支持企业加强国际前沿技术跟踪、技术评估与选择，开展技术并购和集成应用，提高技术主导权控制力。(3)围绕重点产业引入创新项目。济南高新区应围绕电子信息、生物医药、智能装备、现代服务业这四大主导产业持续引入优质创新项目，并培育若干新兴产业。可重点考虑引入可穿戴设备、智能家居、量子通信、3D 打印、车联网、卫星导航及服务、个性化医疗、医疗机器人、质子治疗、互联网金融相关项目。

杭州数字经济

2018年10月11日，杭州市委书记周江勇在杭州市打造全国数字经济第一城动员大会上提出，杭州打造全国数字经济第一城，绝不是空穴来风，而是基于对形势的客观判断和现实的理性思考。

首先是“有信心”。自信来自实力，预计杭州2018年全市数字经济线上主营业务收入将突破1万亿元，在全国排名前列；自信来自人才，2017年杭州互联网工程师人才净流入率为12.46%，位居全国第一；自信来自环境，杭州，既有万向、娃哈哈等“常青树”企业，也有阿里巴巴、网易、海康威视等数字经济龙头企业；自信来自竞争，各地都在进行数字经济竞争，杭州不会甘于落后。

其次是“有愿景”。数字经济是杭州的“柱”和“梁”，体现着城市发展的“高度”。杭州打造数字经济第一城，就是要打造提供无限想象之城、成就创业梦想之城、数字驱动产业之城、数字系统治理之城。

最后是“有路径”。杭州打造全国数字经济第一城，现阶段的主要路径是推进数字产业化、产业数字化、城市数字化“三化融合”。

目前，杭州市委、市政府已出台了《杭州市全面推进“三化融合”，打造全国数字经济第一城行动计划》，提出了一系列高含金量的政策举措。建成高速、移动、安全、泛在的新一代信息基础设施，构建高效的发展平台，加快建设一大批特色小镇、小微园区、双创示范基地、开放式创业街区和高端众创空间。

成都致力于发展新经济

在全国，成都成为第一个系统提出发展新经济的城市，正在围绕发展新经济，培育新动能，构建具有成都特色的现代化经济体系。2017年11月9日，成都新经济发展大会召开，描绘出新经济的蓝图：重点发展数字经济、智能经济、绿色经济、创意经济、流量经济、共享经济“六大新经济形态”，构建“七大应用场景”，力争到2022年基本形成具有全球竞争力和区域带动力的新经济产业体系，成为新经济的话语引领者、场景培育地、要素集聚地和生态创新区，建成最适宜新经济发育成长的新型城市。培育独角兽企业7家以上、潜在独角兽企业60家以上，新经济产值达5000亿元以上，新经济总量指数排名进入全国第一方阵。如何实现这个目标，成都确定基本路径是：以新技术为驱动、以新组织为主体、以新产业为支撑、以新业态为引擎、以新模式为突破。其中，新产业、新业态、新模式是表现形式，新技术、新组织是驱动力量，共同构成集成、协调、系统的新经济发展路径。数月内，各项新经济举措密集出台，一张城市经济发展的蓝图初具轮廓。2018年1月23日，《成都市关于推进共享经济发展的实施方案》出台，将发展共享经济明确落实在交通、住宿、医疗、旅游和生产等各个细分领域。同一天，“培育平台企业推进流量经济发展”研讨会举行，成都市新经济委、专家、企业代表共同探讨如何培育发展流量经济。2月5日，《加快新经济企业引进的工作措施》提出了8个方面新经济的具体招商举措。2月6日，《关于推进流量经济发展的实施方案》出台，提出加快流量经济在消费提档升级、枢纽门户建设、对外互联互通及平台打造四个方面14个场景的深度应用。

西安硬科技

硬科技是比高科技还要高精尖的科技，具有极高技术门槛和技术壁垒，难以被复制和模仿。它能够推动产业转型升级，为经济发展提供“硬支撑”，为城市竞争力贡献“硬实力”。对硬科技的研究深度和应用广度及其生产发展的速度和规模，已经成为衡量一个地区科技水平的重要标志之一。

2016年12月，西安市委书记王永康到西安光机所调研后提出，要把西安打造成“硬科技之都”。在2017全球硬科技创新大会上，王永康书记表示，从科教资源、军工资源来看，西安具有打造硬科技之都的基础和实力。大会期间，西安市政府还印发了《西安市发展硬科技产业十条措施》，重点支持军民融合产业孵化器、校地合作重大创新平台、西安科学园建设，促进硬科技产业关键核心技术知识产权自主化，打造全球硬科技人才高地。

目前，西安地区已经形成了全链条创新创业服务体系，以西安高新区、西咸新区为代表的园区、基地和平台承载能力显著增强；西安的硬科技“八路军”（航空航天、光电芯片、新能源、新材料、智能制造、信息技术、生命科学、人工智能）发展势头良好、潜力巨大。《2017年中国城市硬科技发展指数报告》显示，在全国24个观察城市中，西安的硬科技综合实力排名第6位。

二、推动传统产业智慧化升级

基于互联网的物联网、大数据、人工智能等新的技术正在加速向经济社会渗透。这些新技术为传统产业的转型升级提供了新的路径和模式。国家出台的“互联网＋”行动计划，就是指利用信息通信技术和互联网平台，把互联网和包括传统行业在内的各行各业结合起来，促进传统产业的升级发展。其中互联网与制造业结合的形态就是工业互联网和智能制造。2016年，工信部和财政部联合发布了《智能制造发展规划（2016～2020年）》，对我国推进智能制造发展作出统筹布局，并提出到2025年，智能制造支撑体系基本建立，重点产业初步实现智能转型的目标。济南高新区具有较大的传统产业存量，以智能化改造推动这部分产业的智慧化升级是实现新旧动能转换的重要任务。

高新区在建设省会研发中心过程中为推动产业智慧化升级进行了两点尝试：一方面，瞄准传统产业转型升级推进产业智慧化，做到“有中生新”；另一方面，发力新兴技术推动智慧产业化，做到“无中生有”。济南高新区要持续推动传统产业智慧化升级，包括：(1)加强腾讯工业云、航天云网等新制造业互联网、智能化解决方案供应商的招引力度，支持其为本地传统企业提供有针对性的智慧化升级解决方案。(2)联合龙头企业、高校，针对高新区内传统产业的升级需求，在关键智能制造装备、部件研制、核心软件开发方面加大投入和支持力度。(3)遴选若干有基础、有需求、有示范意义的企业，实施产业智慧化升级试点示范工程，在设备补贴、平台建设、品牌打造等方面给予政策、资金支持。(4)鼓励以为传统产业提供智能化、智慧化解决方案的中小企业的发展，打造智慧服务产业集群。

三、提升龙头企业创新能力

龙头企业是区域创新生态中的重要创新主体，济南高新区各产业龙头企业的研发投入普遍在4%以下。龙头企业的创新能力不强，是济南高新区创新生态中的突出问题。深圳正是由于拥有一大批像华为、腾讯、大疆等创新能力强劲的龙头企业，才崛起成为“东方硅谷”。

济南高新区要采取多种措施，培育创新型领军企业，提升龙头企业的创新能力，包括：(1)支持龙头企业加大研发投入，应用新技术和新设备，建设或与高等学校、科研院所共建国家和省级重点实验室、工程技术研究中心。(2)支持龙头企业海外并购拥有核心技术和重大发明专利的科技型企业或研发机构。(3)支持产业龙头企业新建或参与建设科技孵化器、科技企业加速器等创新创业服务机构，牵头设立产业技术研究院等新型研发机构。(4)支持大企业构建开放式创新创业平台，推动大企业内外部的创新团队、关联企业、研究机构等各类主体共同创造价值并衍生新企业。(5)鼓励和支持产业龙头企业牵头开展新技术、新工艺、新装备、新材料、新品种等的联合攻关和推广应用。(6)鼓励在企业内部建设众创空间，引导职工进行技术创新。鼓励大中型企业通过投资职工创业开拓新的业务领域、开发创新产品，提升市场适应能力和创新能力。

深圳——龙头企业之城

深圳是拥有行业级头部企业最多的城市，华为做到了通信行业的第1名，平安集团做到了保险行业的第1名，腾讯做到了移动互联网的第1名，万科做到了房地产行业的第1名，正威做到了有色金属的第1名，招商银行做到了股份制银行的第1名，中集集团做到了航运装备的第1名，创维做到了电视机行业的第1名，比亚迪做到了动力电池领域的第1名，大疆科技做到了无人机领域的第1名……

盘点这些行业时，可以看到一个有趣的现象：一个行业，深企要么不做，要做就是第1名，有时候连前三名也给承包了，深企强大的竞争力可见一斑。

头部企业对深圳GDP与税收的贡献之大令人称奇。2017年3月21日，深圳市统计局公布了2016年对深圳市GDP总量贡献最大的20强企业名单(简称“G20榜单”)，从高到低依次是：华为、中兴、富泰华工业、平安银行、腾讯、平安人寿、招行、中海石油深圳分公司、建行深圳分行、工行深圳分行、中移动深圳分公司、中国银行深圳分行、中信银行信用卡中心、农行深圳分行、鸿富锦精密工业、中信证券、深圳供电局、广深铁路、深圳航空以及比亚迪汽车。这20个企业占据深圳GDP的26.5%的比重。

2015年的一个数据显示，深圳纳税十强企业均是国地税共管户，按纳税额排名分别是：招商银行、华为技术、平安银行、平安人寿、国信证券、深圳烟草、中信证券、腾讯、平安产险、华为投资。十强企业2015年合计贡献税收657亿元，同比增长46.9%，对全市税收总量和税收增量的贡献分别为10.2%和12.2%。

四、培育高成长性企业群体

所谓“高成长企业”，是指那些在较长时期（如 5 年以上）内，发展速度快、能带来高效益、具有高增值能力、能引起当代生产领域的变革并处于当代经济前沿的企业。一定规模的高成长性企业群体，是产业未来发展的增量所在。这些高成长性企业通常也是代表着先进技术演进方向、具有创新活力的企业。

济南高新区的高成长性企业群体规模还偏小，需要采取多种措施，制定高成长企业梯度培育计划，根据高成长企业的爆发式增长特性和不同成长阶段，量身打造青苗计划、瞪羚计划、独角兽计划，培育壮大本地科技型中小企业，促进新动能快速发展。(1)实施青苗计划认定计划。开展新经济企业认定工作，建立济南高新区新经济企业库，从成长速度、创新能力、市场估值、技术先进性等指标分析，每年筛选一批经济业态新、科技含量高、创新能力强、增长速度快的初创企业进行重点培育，聘请国内外知名咨询机构为其制定成长路线图，助推企业发展壮大。(2)实施瞪羚计划。出台高新区瞪羚企业认定培育办法，从营业收入、复合增长率、创新能力、发展潜力等维度筛选认定瞪羚企业，并提供人才、资金、技术、咨询等专业化、特色化服务，培育形成一批拥有自主知识产权的高成长性企业，形成高新区产业发展的后备力量。(3)实施独角兽引培计划。从瞪羚企业中筛选一批成长速度快的潜在独角兽企业，实行“一企一策”专项扶持，提供创新管理服务、提供应用场景、集聚要素资源等支持措施，培育一批呈指数级增长的本土独角兽企业。依托独角兽专业研究机构资源，重点关注电子信息、生命健康、人工智能等领域的独角兽企业，大力引进平台型独角兽企业的衍生业务，推动其在本地发展成为独角兽企业。(4)实施技术改造升级行动。深入实施中国制造2025，对接德国工业 4.0，激发企业自主创新活力和内生技术进步，加速推进信息技术与产业的融合，实现价值链向中高端转变，大力推进“腾笼换业”，推动产业转型升级，实现高端化、智能化、绿色化发展。

山东积极培育高成长性创新型企业

近年来，山东省级财政多措并举，积极培育高成长性创新型企业，助力新旧动能转换。

一是实施瞪羚企业专项激励。出台《山东省瞪羚企业认定培育和奖励行动计划（2017～2019）》，确定 3 年内认定和培育瞪羚企业 300 家。对今年首批评选出的 100 家瞪羚企业，山东省财政给予一次性奖励 50 万元。同时，严格落实贷款贴息扶持政策，研究起草培育支持瞪羚企业的多项措施，在技术研发、创新平台建设、信用增信、政府引导基金投资、上市培育、企业家培训等方面提供一揽子政策支持。

续表

二是加大"单项冠军"企业扶持力度。为引导制造业企业专注创新和产品质量提升，走"专优特精"发展道路，积极培育制造业发展新动能，2016年山东省财政在全国率先出台激励政策，对入围全国制造业单项冠军的示范企业和培育企业进行奖励，鼓励制造业企业全面对接新旧动能转换工程，加快生产技术或工艺研发，在更多细分产品领域形成全球市场、技术等方面的单项冠军地位。2017年起，省财政把单项冠军示范企业和培育企业奖励标准提高一倍，分别达到200万元和100万元，两年共安排激励资金4000万元。在政策激励下，全省共有38家企业入围全国制造业单项冠军企业名单，数量居全国第1位，占全国总数的近1/5。 三是着力培育独角兽企业。积极推进"瞪羚—独角兽"资源链接，从瞪羚企业中挖掘和发现爆发式成长的独角兽企业和潜在的独角兽群体，提供针对性辅导和精准服务。对于认定的全国独角兽企业，山东省财政一次性奖励300万元，并通过政策、金融等多方面的创新生态推动，打造良好的独角兽企业发展平台和环境，完善独角兽企业成长链条。

五、发展平台型企业和组织

2017年4月，济南市政府印发了《济南市十大千亿元产业振兴计划》(济政发[2017]3号)，其中就有关于"支持平台型企业发展"的扶持政策。济南高新区内的龙头企业正在通过商业模式改造、建设开放式的众创空间、创新平台的方式，促使自身的平台化转型。韩都衣舍打造的平台化、生态化的商业模式，成为所处领域的行业标杆。但整体来看，济南高新区内在行业处于主导地位的平台型企业和平台型组织还比较缺乏，平台型企业在参与产业生态打造、提升产业集群竞争力方面发挥的作用还有待提升。

济南高新区要大力发展平台型企业和平台型组织，包括：(1)鼓励企业平台化发展。围绕主导产业发展，鼓励龙头企业发展资源共享、创新众包、创业自由的平台型经济。设立资源共享券、成果转化券、技术服务券等科技创新券，引导大企业开放内部实验室、技术平台等创新资源，为内部员工创新创业提供平台，为中小微企业提供技术服务。支持韩都衣舍、浪潮集团、齐鲁制药等龙头企业构建大企业生态圈，打造平台型企业。鼓励企业寻求第三咨询机构开展企业平台化发展的咨询服务，提升企业战略发展水平，给予一定资金补助。(2)搭建平台型载体。以主导产业发展需求、新产业新业态培育需求为导向，重点打造软件研发平台、互联网金融平台、基因工程平台、智能装备平台等产业平台，搭建电子商务、信息资讯等信息服务平台，鼓励现有平台引入市场化机构入驻，放大现有平台资源优势，不断满足企业创新发展需求。

平台化组织的特征

BCG发现并提炼出了平台化企业组织的四大重要特征：大量自主小前端、大规模支撑平台、多元的生态体系以及自下而上的创业精神。

数量众多且规模较小的自主型前端，一般由跨职能部门的人员组成；在被赋予自主权的同时，也承担全部或部分盈亏。

大规模支撑平台建立标准且简洁易用的界面，使每个职能模块化；形成资源池，便于资源共享；根据业务发展需求，形成新特色及新能力，如大数据分析、机器深度学习和创新辞典等。

借力生态体系，使体系内的企业能够互相影响，协同治理，相互合作；进而为创造更大的价值提供可能性。

自下而上的创业精神体现为：项目、产品、创意等由小前端启动；平台使用风险投资型机制和内部自由市场机制来配置资源；领导层不再进行事无巨细的管理，而是给予更多的授权。

第五节　完善开放创新体系，拓展创新发展空间

任何一个区域创新生态都不是封闭的，甚至并不一定自成体系，区域创新生态在不断地与外界发生着物质、信息和能量的交换。在创新生态发育的早期，外部的要素和能量的注入对于创新生态的起步发展非常重要。优越的创新生态能够产生显著的虹吸效应，不断吸纳所在区域的优质资源为我所用。本节围绕完善开放创新体系，促进开放融通发展的内涵和目标，针对济南高新区在开放创新和开放发展方面的条件和问题，提出了开展高质量招商引资、加强协同创新平台建设、链接国际创新生态圈、加强区域创新协作、促进军民融合发展五个方面的重点任务。

一、开展高质量招商引资

济南高新区整体经济规模与世界一流园区存在一些差距，这反映在增加值、营业收入、市场主体数量和财政收入等多个方面。尤其在新兴高技术产业领域，济南高新区与国内其他同类产业相比，现有的产业规模较小。尤其是电子信息、智能装备、生物医药产业等领域，在研发环节的规模效应也特别突出。产业集群规模直接决定了能组织起多大规模的研发活动，因而也决定了产业的竞争力。产业的内生培育是一个漫长的过程，济南高新区要秉持开放发展的理念，通过面向新兴产业领域开展高质量、高水平的招商引资，实现快速追赶和跨越式发展。

济南高新区要展开高质量招商引资，要创新招商机制体制，优化现行招商管

理体系，健全项目竞赛机制、调度机制、帮包机制和保障机制，确保优质高效推进项目落地。为此，要：(1)聚焦主导产业领域，加大招大引强的力度，争取每个产业领域的龙头企业都在高新区布局。在各产业领域的龙头企业的招引上，要以该领域的民族民营高科技企业为主。这些民族民营高科技企业会是支撑我国高科技产业领域的主体，比同样领域的外资企业有更大的未来发展潜力。(2)实施平台招商，招引创业孵化平台(创新型孵化器、众创空间、大学科技园等)、创业投资平台、综合科技服务平台(科技大市场、瞪羚云服务平台等)。(3)实施科技招商。招引高端研发人才、新型研发机构、专业化科技服务，为产业赋能。(4)实施新业态招商，招引专特精新企业、瞪羚企业、独角兽企业，以场景创新实现招商，为园区寻找新增长点。(5)实施产业链招商，明确各细分产业链未来的重点强链和补链环节，进行目标资源梳理，瞄准重点企业、行业协会等，做好精准招商。(6)实施资本招商。战略性产业领域往往具有投资规模大的特点，资本、技术门槛都很高，要充分利用资本手段和现代金融工具，学习合肥和重庆培育面板产业的经验，充分利用资本市场，发挥政府力量，用充分的资本开展高科技招商。

二、加强协同创新平台建设

增强不同主体之间的创新协作，是创新系统从解决“系统失灵”的角度开出的药方。我国现有经济体制由计划经济转轨而来，虽然一直在推进科技体制改革，但科技与经济两张皮的问题仍然突出。济南高新区新建了一批创新平台，这些平台制度化和非制度化的联系还有待提升。近年来，济南高新区以产业发展需求为导向，以科技成果转化为核心，联合高校院所、科研机构、龙头企业等多元主体，重点新建山东工业技术研究院，进一步完善产业技术协同创新中心、专业技术服务平台等平台建设，构建了多层级、功能互补、链条完整的创新服务平台体系。

济南高新区要采取多重措施，促进产学研资政介等不同主体之间的协作，包括：(1)结合现有公共技术服务平台以及机器人、生物材料和工程等领域需求，持续引进建设共性技术平台，打造区域协同创新平台集群。(2)鼓励高校院所、龙头企业联合共建产业技术协同创新中心，以产业发展需求为导向，充分发挥工程工艺创新和技术应用创新两大核心功能。(3)针对符合产业发展需求、创新服务效果好的产业技术协同创新中心，加大支持力度，对平台设备购置、运营成本、对外服务、资质认定提供补贴及奖励。(4)鼓励建立开放式运作机制，采用现场入驻和网上挂牌等方式，整合中介机构、高校院所、行业协会等机构，加强协同创新。

国际典型协同创新平台机制建设

北卡三角协同创新网络

与硅谷、128公路一样，北卡三角研究园(RTPNC-the Research Triangle Park of North Carolina)是美国较有影响力的科学研究园区，著称于世。正如斯坦福与硅谷、麻省理工与128公路，北卡三角科技园的诞生、发展与三所研究型大学(北卡州立大学、杜克大学和北卡大学)息息相关。这三所大学之间形成了一个三边长分别为45千米、18千米和51千米的三角形地带，北卡三角研究园位于三角大学中央，构成一个典型的协同创新网络，亦可称“大学—企业—政府的协同创新平台”。该平台的协同机制运行效果卓著，缘于北卡州政府的适切作用、三角大学的特色融入模式、企业的差异化参与机制与政府—大学—企业的协同管理模式。

1.北卡州政府以“总设计师”和“总指挥”的角色引导创新网络的建设与发展

第一，北卡三角协同创新网络由北卡州政府全面规划、专款投资、全程参与建设而成。北卡州州长听取北卡罗来纳大学社会学教授 Howard Odum 和 Romeo Guest“创建三角研究园”想法之后，及时联合北卡州政府首脑、商界领袖和三角大学校长成立非营利性组织“三角研究委员会”，共同商议包括园区选址在内的涉及创新网络总体设计的所有事项，依托北卡州立大学在农业和工程方面的学科优势、杜克大学在生物医学和工程方面的学科优势以及北卡大学在生物医学和计算机科学等学科优势，结合北卡区域传统产业改造的需求，整体布局创新网络的重点发展领域：生物工程及制造业、化学制品业、制药及健康护理业、通信及计算机网络业等以及相应组织结构的设计，引导创新网络的发展方向。通过与三角大学合作，建立三角研究院，科学与技术研究中心，北卡微电子中心，北卡生物技术中心以及三角大学计算机中心、三角大学高级研究中心等组织架构；通过优惠政策主动吸引著名企业入驻，如IBM、Nortel Networks、Cisco Systems、Glaxo Smith Kline、BD Technologies、United Therapeutics Corporation等，逐步布局重点发展产业领域的组织网络。

第二，根据总体设计，州政府拨专款200万美元进行建设与经营。其中，州政府总体指挥与协调各方关系，按照规划引导园区的发展，充分发扬企业家精神，积极营造企业投资环境，但不干涉各方的具体事务。值得一提的是北卡州政府主动与企业接触，为科研三角做宣传，并对园区企业的反应作出评估，以此为依据不断改进政府的策略，对科研三角进行综合调整。整个过程都是以企业对投资环境的要求为行动导向的。

2.北卡三角大学的特色融入模式

北卡三角大学位于协同创新网络的外围，主要通过四种模式融入三角科技园区。

第一，积极与州政府合作，发挥自身的学科优势建立混合研究机构嵌入到协同创新网络中。如1958年建立的三角研究院，1963年州政府拨款建立的科学与技术研究中心，1980年投资建立的北卡微电子中心，1981年建立的北卡生物技术中心、三角大学计算机中心、三角大学高级研究中心等。

续表

第二，通过与政府联合吸引相应领域内的知名企业入驻或是在园区内建立研发机构，构建校企合作研发或是研用对接平台，有效链接研究与应用。譬如，美国卫生部投资建立的环境健康科学研究院，IBM 建立的研发机构以及相继吸引的多家公司。

第三，三角大学通过输送人才和传播知识为纽带与网络内企业建立稳定联系。园区内超过 85%的大学校长把三角园内的企业看作毕业生就业机会的重要来源，接近 70%的校长认为三角园的企业是学生实习和教师专业培训的重要场所，近一半的校长把三角园内企业看作学校访问学者、支持资金和科研经费的重要来源。

第四，通过与园区内企业，以项目为载体的形成建立合作关系。

3. 北卡园区企业的差异化参与机制

北卡园区内企业主要由入驻企业、大学衍生公司、社会创业公司、核心企业裂变、模仿与创新而成的中小企业等组成。园区内企业主要通过两种方式参与创新网络之中。

第一，根据产业集群的结构，按照有序分工原则，对照产业链需求缺口，选择性入驻集群中，形成企业间的协作网络。选择企业间差异化参与机制，规避恶性竞争，引导有序合作。

第二，企业主要通过吸收人才与知识，参与校企合作。在园区内，接近 90% 的公司表示与周围大学建立正式或非正式的关系，超过 80%的园区公司重视从周围大学的毕业生中挑选员工。并且，超过 70% 的公司重视员工的培训。其他的校企合作形式包括文化、社会方面的合作以及咨询服务等。

4. 大学—企业—政府的协同管理模式

北卡协同创新网络并非采取政府一方管理大学、企业等创新主体的模式，而是采取大学-政府-企业协同管理模式。由非营利机构“三角研究基金会”进行管理，基金会由政府、学校、企业等各方代表 11 人组成理事会。协同管理一方面避免了政府利用行政权力过多干预的弊病，激发了大学和企业界发展的活力；另一方面利用政府力量弥补了企业发展后劲不足的缺陷，为企业提供了良性的科研智力环境。

法国大科学院式协同创新平台

由于教学与科研职能的分化，法国早期的教育与科研体制是平行的。高校只承担教学任务，科研由独立于高校的科研机构专门承担。而且，两者互相独立，几乎没有合作。为突破高校与研究机构之间的壁垒，发挥高校多学科的综合优势以及研究机构多功能的潜力，法国政府持续制定了一系列的法规政策以推动高校教学与科研职能的协同、高校与科研机构组织之间的协同，形成了高校与科研机构之间类似于大科学院式的协同创新平台。

1. 法国政府的引导与促进作用

第一，法国政府通过制定一系列法律法规政策促进高校教学与科研机构的协同。譬如 1968 年颁布的《高等教育方向指导法》、1984 年的《高等教育法》(《萨瓦里法》)等。

续表

<table><tr><td>
第二，政府直接针对高校与科研机构之间的体制壁垒制定专门政策以突破，为打破组织之间科研人员缺乏流动机制而难以形成专职协同创新队伍的桎梏，专门制定《创新与研究法》，对推动协同创新起到标志性作用。该法于1999年颁布，确定了科研人员的流动机制：大学和科研机构的科研人员可以创建企业，既可以是合作者身份，又可以经理身份参与企业管理。其中，科研人员在大学和科研院所与企业之间的流动期为六个月，其间，可在原单位与企业任职之间自由选择，且流动期间保留公职。自此，法国的大学、科研院所与企业之间的协同实现实质性的突破，成为法国科教发展的制度基础。
2.大学与科研机构的协同机制
第一，为促进科研的协同，建立了混合研究单位。混合研究单位是由研究能力强的研究型大学的大学实验室与国家科学研究中心组成，致力于开展长期的、深层次的协同创新，而非短期的合作创新。在国家科学研究中心的政策支持下，其经费、人员、技术等由大学和中心提供，并建立理事会制度共同管理。经费使用计划、研究目标、方向和发展规划都由大学和中心共同确定，双方共同承担科研风险的同时做到优势互补。
第二，为促进人才培养协同，建立了博士学院。博士学院致力于高层次人才培养的协同，由多所大学、研究单位等联合研究型大学（具有博士学位授予权）组建而成。集多所学校优势学科的集聚优势致力于博士研究生的培养。
第三，为促进学科协同，创建了“联合大学”和“高等教育与研究集群”。2006年，法国颁布实施了《研究计划方向法》，该法决定创设“联合大学”或“高等教育与研究集群”的组织形式，促进法国或欧洲的各类公立、私立高校与研究机构可以在“联合大学”或“集群”的框架下合并业务，共享资源，产生协同效应。在联合大学之中，牵头高校具有明显的组织协调能力，它们与研究机构联合，汇集他们各自的优势，使之为共同的抱负付出努力。例如，里昂联合大学经过近十年的对话、交换意见，2007年终于达成一致组建一个从事高等教育与研究的团体，拥有9个成员和11个合作伙伴。
</td></tr></table>

三、链接国际创新生态圈

全球化由生产全球化进入创新全球化的新阶段。人才、技术和风险资本等创新要素在全球范围内加速流动，为后发国家实现对先进国家的追赶提供了难得机遇。就中国而言，一方面，“双创战略”的提出和营商环境的改善增强了国际人才的回流，越来越多的留学生和华人选择回国工作或创业，成为我国高科技产业的中流砥柱；另一方面，我国提出“一带一路”倡议，增强对“一带一路”沿线国家的技术、产品输出。此外，在全球贸易保护主义抬头的情况下，我国仍提出进一步扩大开放，不断提高开放水平。

济南在近代就是东部开放的桥头堡之一。由于国内整体上创新资源稀缺，竞争激烈，跳出国内，在国际上开展创新资源招引，也许比国内更容易取得成果。济南高新区要采取多种措施加强国际交流和合作，包括：(1)绘制全球创新地图，主动加强与硅谷、以色列、德国等国际创新高地的联系。掌握自身与创新高地的创新资源，充分利用华人的人脉关系，通过华人社团、企业家人脉网络，对接创新高地的创新资源和孵化器。(2)探索建立海外联络中心，定期组织召开推介会，积极向外推介高新区投资环境、政策环境，公共技术平台优势，吸引高端创新资源。(3)支持企业构建跨国研发网络，建设双向离岸创新创业基地，搭建高端国际链接平台。(4)融入“一带一路”倡议，开拓与沿线各国的战略合作关系，推动产业、企业、产品、技术、标准、服务等“一体化”走出去。实施出海计划，重点支持智能输配电、电子信息、智能装备等产业内重点企业，以全产业链企业合作、大企业带中小配套企业等模式沿“一带一路”抱团出海，通过在海外建设产业聚集区、工业园区、技术研发机构或子公司等方式，参与“一带一路”建设。(5)打造类海外工作生活环境。争取市级政府支持，设立高新区出入境服务窗口，争取异地办护照、落地签证、72 小时过境免签证等政策。(6)加快建设拥有国际化教育设施、高水平医疗服务设施、异国风情休闲设施的国际化城市功能配套，提升海外人才生活品质。提供涉外咨询服务、涉外警务服务、特色人文活动等，构建国际化社区服务体系。

国际科技成果产业化平台(Internation Tranfer of Technolgy，iTOT)

国际科技成果产业化平台(简称“iTOT”)由山东建邦集团主导发起，以服务于国际科技成果产业化为目标，由 iTOT 高科技产业联盟(联盟由 iTOT 牵头，联合火箭院、日本科学技术振兴机构、日本国立产业技术综合研究所、腾讯公司、麻省理工学院等机构)提供技术和产业资源支撑，是以创新模式链接中国市场、资金和全球资源的科技服务平台。iTOT 以“科技＋金融＋产业化”为理念，致力于国际科技成果在中国(山东)本土产业化的综合性科技服务平台。

iTOT 以高成功转化率为核心，以政府的公共服务和公共资源为基础，通过灵活的机制，打造融合创新服务、科技成果、特色资源、创新企业于一体的国际科技成果转化生态系统。

iTOT 的创新服务主要包括供给服务、转化服务、落地服务、支撑服务四部分。供给服务是指依靠 iTOT 优质的配套资源、高转化率和产业化优势，吸引国内外高科技成果在山东集聚；转化服务是指以产业专家团队提前介入判断进行筛选，专业化转化团队主导成果转化、大幅提高转化率；落地服务采取特色引导股权等园区服务，使创新企业免费使用土地、办公厂房、公共设备，降低初始成本；支撑服务依托山东科技成果转化体系，打造差异化的特色支撑服务。

四、加强区域创新协作

在交通设施日益完善，阻碍人才、企业等要素流动的障碍（尤其是制度、行政方面的障碍）不断减少的条件下，创新要素的跨区域流动越来越频繁，区域创新生态更加深入地嵌入更大区域的创新生态之中。这意味着区域生态无须所有要素齐备，自成体系。尤其对于发展水平较周边其他区域较为落后的区域更是如此。济南高新区在高质量创新要素的缺乏，可以通过增加与高水平地区的交流与协作来弥补。

济南高新区要在区域层面加强协同，与存在协作潜力的地区实现优势互补，弥补创新系统的短板，包括：(1)对接山东省“北上南下”活动，与中关村、深圳、武汉东湖、上海张江等先进园区建立合作关系，探索合建平台、引进创新服务资源等合作，重点对接产业技术联盟、行业协会、高校院所、科技服务机构等，围绕电子信息、生物医药、智能装备、新材料等领域引进创新资源。(2)助力山东半岛自主创新示范区建设，加大同青岛、烟台、潍坊、淄博等园区合作，探索建立以优势互补为基础、以市场机制为纽带的区域协同创新平台，促进人才、资金、技术等要素资源跨区域共享。通过定期互派人员挂职及举办管理机制、运行方式、管理服务等经验交流会的方式，强化区域合作。牵头成立山东半岛国家自主创新示范区产业联盟，强化产业链区域分工与协作，深化在智能装备、生命健康、电子信息等领域合作。(3)辐射带动周边区域跨越发展。发挥高新区高端引领和辐射带动作用，为周边区域发展提供模式探索和路径示范，推进产业协作与协同创新。大力推行“飞地模式”，实现产业、创新创业、人员等方面的资源流动与共享。(4)深化部地、院地、央地合作。加强部地交流合作，争取国家重大创新平台、基础设施、科技项目落户高新区。加强与中国科学院、中国工程院等大院大所合作，围绕新型通信、人工智能等领域共建一批协同创新平台，推动创新资源与区内企业重大技术需求有效对接，建立重大决策院士专家咨询机制。推进央地深度合作，吸引央企设立研发中心与产业基地，推进开展联合技术攻关，推动央企科技成果落地转化。

五、促进军民融合发展

济南市推进军民融合具有良好的条件基础和潜在需求。截至2017年，规模以上的军民融合企业就已实现主营业务收入近200亿元，很多新兴民营企业也纷纷参与新兴军品的研发。据统计，济南市军民两用技术产业规模约占全省的40%，是全省最大的军民两用技术产业发展城市。在民参军方面，中国重汽集团、萨博特种车、中鲁特种车公司在军用车领域首屈一指；在信息技术保障领域，浪潮集团、乾云科技、济南半导体所等企业为维护军用信息保护、保密服务等方面提供了很大帮助；在陆军装备领域，兰剑科技、华为液压等为军工发展做出了贡献；新材料领域的华凌电缆等更是质量效益型的典范企业。在军转民方面，兵器工业 53 研究院、航空工业 637 所、兵器工业 234 厂等军工企业在服务陆军等领域以及济南汽车、轨道交通轻量化发展等方面提供了很大支持。另外，济南市一机床、二机床集团为我国导弹、航空航天、核电等产品及配件加工提供了巨大的技术支撑。

济南高新区要进一步推动军民融合，包括：(1)创新组织管理体系、工作运行体系和政策制度体系，推动军民在产业、科技、人才、设施等方面进行多要素、多领域、高效益的融合。(2)在军转民方面，对接中国和平利用军事技术协会、十二大军工集团及科研院所，推动军用科技成果转移转化，组建国防知识产权转移转化山东中心，争取开展军民融合国家知识产权池制度试点。(3)民参军方面，协同区内企业山东智囊盒子信息技术有限公司对接省发改、经信等单位，共同发起山东省军民融合产业投资基金，成立山东省军民融合产业协会和济南市军民融合产业发展促进会，共建高新区军民融合服务平台，推动民用技术在军事领域转化应用。(4)实施军民融合协同创新专项行动计划，强化军地、军民联合攻关，实施一批军民融合重大项目，打造一批军民融合示范项目。

第六节　完善要素供给体系，促进创新要素集聚

持续不断的要素供给是区域生态生生不息的基本保障，要素的富集程度和质量也直接决定了创新生态系统的发育水平和创新绩效。要素供给体系包含人才、资金、数据、标准等多种要素。本节围绕完善要素供给体系，提升要素供给水平的内涵和目标，针对济南高新区关键要素、高端要素供给不足的问题，提出了提升人才要素供给、提升金融要素供给、提升专利标准供给和加强数据开放共享四个方面的重点任务。

一、提升人才要素供给

近年来，济南市、济南高新区加大了人才招引力度。2017 年 5 月，济南市委、市政府印发了《关于深化人才发展体制机制改革促进人才创新创业的实施意见》。紧接着，济南高新区又出台了《济南高新区聚人才稳增长 20 条政策措施(试行)》。这是济南高新区史上力度最大、政策最优、模式最新的高端人才培育和引进工程，其扶持力度也走在了全国前列。但整体来看，济南高新区的各层次人才都相对缺乏，人才流失的问题依然存在。

济南高新区应持续加大人才招引力度，形成多领域、多层次、国际化的创新人才供给体系，包括：(1)汇聚高层次双创人才。继续落实国家高层次人才、山东省“泰山学者”、济南市“5150”引才计划和“泉城双创”人才计划，深入实施高新区

“海右”人才计划，实施有显示度的人才政策，制定实施精准人才计划（全球引领型人才招募计划、海外留学生归国计划、海外人才驻济计划、高校毕业生筑巢计划、高技能人才培养计划等），建立人才需求数据库，大力引进高层次创新创业人才和急需紧缺人才。(2)设立高端人力资源配置平台、高层次人才服务平台，实现人事代理、企业用工登记、争议调解仲裁、就业服务等公共服务“一口受理、协同办理”。(3)建设专家公寓、配套学校、医疗机构等设施，完善商务会所、星级酒店、时尚休闲购物中心等商业配套，打造创业创新宜居社区。(4)实行人才激励奖励机制，设立创新创业人才引进专项基金、研发和创业扶持基金等，形成技术入股、年金、收益分成等多种奖励形式。(5)探索建立人才信用体系，依托国家人口信息资源库建设高新区个人信用公共服务平台，重点完善人才信用档案建设，营造诚实守信的社会氛围。

济南高新(国际)人力资源服务产业园

2018 年 11 月 2 日，济南高新(国际)人力资源产业园正式开园。

产业园建筑 22 层，地上建筑面积 4.6 万平方米，规划了公共服务区、展览展示区、政府职能办公区、创业孵化区和高层次人才交流合作区、入驻企业办公区等六大功能区域。按照全球人力资源服务机构 100 强、大中华区人力资源服务机构品牌 100 强、省级人力资源服务业十大品牌等 6 类标准，分别制定入驻标准及配套政策。已吸引 10 余家全国排名前 100 强的人力资源企业入驻，同时收到 200 余家省级知名机构申请。

产业园将以打造“人力资源产业园——人力资本产业园——人力资本产业中心”为路径，充分发挥“人才是第一资源”的优势，全力引进创新性人力资本产业机构，做强人力资本服务产业，将人才评价、人才金融、人才保险等全要素融合，共同建设“全国第一家人力资本产业园”。

二、提升金融要素供给

金融是创新生态中的重要因素和活动。美国正是由于构建了完善和高度活跃的资本市场，才成为世界上创新生态最为优越的国家之一。然而，我国当前的金融体系仍然是以银行为主的，17 家银行占了整个银行业总资产的 55%，占了整个社会融资总量的 70%，而股市不到社会融资总量的 4%。虽然我国一直在推进金融体系改革，但短时期内以银行业为主导的金融体系不会有根本性改变。济南由于聚集了银行、证券等一大批金融机构区域总部，是传统意义上的以银行机构为主、借贷业务为主的区域金融中心，针对创新创业的风险投资并不发达。

济南高新区下一步要大力支持科技金融服务创新，建立覆盖“天使—风险投资—私募基金—上市辅导”的多层次资本，提升金融要素供给，包括：(1)鼓励金融机构创新金融产品。推动设立科技银行，探索实施投贷联动、债贷结合、选择权贷款等组合式金融服务。支持银行业金融机构面向科技型中小企业开展股权质押、信用贷款等业务。推进融资租赁、科技担保等机构发展，探索开展“创投＋租赁”业务。推动银政企保合作，建立政府引导、多方参与、市场化运作的科技企业信贷风险分担机制。引导互联网金融等新业态健康发展。(2)完善股权投资体系。着力打造覆盖企业全生命周期的天使投资、创业投资、私募股权投资、产业投资基金等股权投资基金链条。鼓励国内外天使投资人、企业及其他机构针对区内种子期、初创期企业开展直接投资，鼓励区内创业投资机构、企业家等在全球开展创业投资。(3)支持企业利用多层次资本市场融资。建立科技型企业上市梯级培育机制，加快推进“小升规、规改股、股上市”工作，推动符合条件的企业进行规范化股份制改造，鼓励企业上市挂牌融资，打造资本市场创新先行区。(4)设立科技金融超市。依托汉峪金谷建设，设立科技金融超市，集聚银行、保险、担保、小贷、融资租赁等各类金融机构，对接高新区创新型产业生态发展需求，为科技企业提供“一站式、多层次”融资产品和服务。(5)与金融大数据企业合作建立征信体系，做好“政、银、企”三方数据的分析和应用，为全区企业投融资提供信息交流服务平台。

成都高新区盈创动力科技金融服务模式

成都高新区聚集了大量的科技型中小企业，其中大多数处于初创期，普遍具有规模小、技术新、资产轻、信用低、风险高等特点。为了解决这类企业的融资困境，成都高新区作为首批促进科技与金融结合试点地区，由管委会下属国有独资公司成都高新投资集团投资打造了盈创动力科技金融服务平台，为中小企业提供债权融资服务、股权融资服务和增值服务，着力缓解中小企业融资难、融资贵问题。

盈创动力已吸引了人民银行、交通银行、成都银行、农业银行、川藏股权交易中心、成都生产力促进中心、美国凯雷投资、美国 VIVO 基金、韩国 KTB 基金等 50 余家金融机构和投融资服务机构入驻，注册资本超过 100 亿元，聚集资金市场规模超过 200 亿元。

在服务体系上，构建了股权融资、债权融资、增值服务三大服务体系，形成集天使投资、创业投资、私募股权投资、融资担保、小额贷款、融资中介、改制上市辅导、项目对接、专业培训、峰会论坛等多种科技金融服务功能于一体的服务模式，通过整合政府、企业、机构等各方优势资源，助推中小企业与金融资源有效对接。

截至 2017 年 6 月底，盈创动力累计为 4900 余家中小企业提供债权融资超过 400 亿元；累计为 400 余家中小企业提供股权融资超过 72 亿元；累计为 16000 余家中小企业提供投融资增值服务；累计助推 80 余家中小企业改制上市。

续表

2017 年 9 月《国务院办公厅关于推广支持创新相关改革举措的通知》发布，盈创动力探索的“面向中小企业的一站式投融资信息服务”被纳入全国推广清单(见图 5-1)。

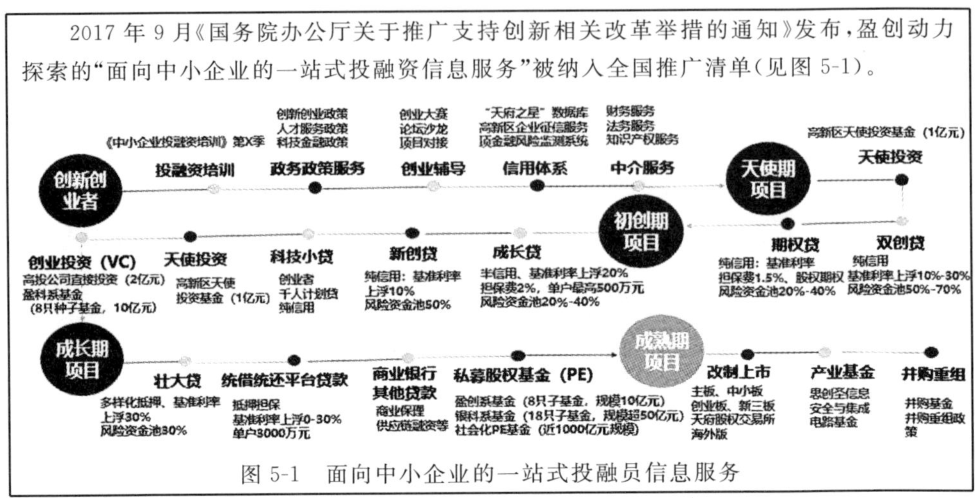

图 5-1　面向中小企业的一站式投融员信息服务

济南高新区要为企业利用资本市场实现创新发展创造良好条件，包括：(1)成立面向中小企业的一站式投融资信息服务平台，构建股权融资、债权融资、增值服务三大服务体系，整合政府、企业、金融机构等各方优势资源，为中小型企业提供债权融资服务、股权融资服务和增值服务，解决企业融资困境。(2)设立面向创新创业和高精尖新产业的政府引导基金，按照市场化的运行方式进行管理，主动与国内外顶级风险投资机构对接，共同向区内的优秀企业进行投资。(3)支持符合条件的新经济企业在中小板、创业板、新三板及区域性股权市场挂牌，支持有意拓展海外市场、吸引国际资本的新经济企业境外上市融资。(4)引入第三方信用评级机构，建立“信用评级→真实信息披露→金融机构认可→融资合作”的中小企业信用评级体系。建立高新区企业信用评级数据库，定期发布企业信用评级信息，构建政府、银行、投资机构等主体的企业信用评级报告使用机制，全面优化高新区信用环境和中小企业投融资环境。

在利用资本市场力量推动企业发展方面，歌尔股份的案例值得借鉴。公司相关负责人介绍，除了垂直整合产业链外，歌尔股份还开展一系列并购活动，通过收购世界顶级音响品牌丹麦丹拿，将集团业务拓展至智能音响、汽车音响领域；收购智能穿戴公司 Mobvoi Inc. 12.5%的股权，加快整合传感器等器件产品。下一步，山东将大力推动资本市场发展，提升运用资本市场水平，为助推新旧动能转换做出新的贡献。一是大力推动“十强”产业企业挂牌上市，加快对接多层次资本市场；二是持续做好规模企业规范化公司制改制，加快培育资本市场主体；三是深入实施并购重组；四是大力拓展债券融资，满足不同企业融资需求；

五是大力培育私募市场，努力打造股权投资高地；六是加强风险监测防控，推动资本市场健康发展。

三、提升专利标准供给

近年来，山东省、济南市陆续出台了一系列推动知识产权发展的政策文件①。济南高新区在知识产权方面的工作十分突出，以全国第三名的成绩顺利通过了国家战略性新兴产业（综合性新药和创新药物产业集群）知识产权集群管理试点验收。2017 年 12 月，济南高新区生物医药产业知识产权公共服务平台的建成启用。在质量标准建设方面，2016 年，济南高新区获批创建国家检验检测认证公共服务平台示范区。2018 年 8 月，全国量子计算与测量标准化技术委员会（筹）在济南高新区揭牌成立，12 月，济南高新区检验检测产业园项目立项招标。济南高新区在知识产权、标准化方面处于快速发展的阶段。

济南高新区要大力实施知识产权、标准、质量和品牌战略，包括：(1)建立知识产权管理服务体系。建设知识产权信息服务平台，提供专利检索、数据分析、专利供求信息查询、知识产权保护政策等各项服务。培育一批科技成果转化经纪人，引进培育一批知识产权中介服务机构，提供知识产权代理、鉴定、评估、转让、认证等专业化服务。争取在高新区设立知识产权巡回法庭，开展专利、商标、版权、著作权等知识产权案件审理工作，保障企业知识产权权益。(2)实施标准化战略。推动创新主体实现标准创制与技术创新、产业化的协调发展，运用先进标准引领产品、工程和服务质量提升。搭建标准创新服务平台。健全科技成果转化为标准的机制，支持企业主导或参与制定国际与国家标准，实施企业标准领跑者制度，加快培育发展团体标准，建立支撑产业升级的标准群。(3)推动质量强区建设。加快以新技术新业态改造提升产业发展质量和水平，塑造以技术、技能、知识等为要素的质量竞争型产业优势。完善计量、标准、检验检测和认证认可等全链条质量服务。推动优质品牌国际化，形成一批品牌形象突出的优势产品、企业和集群。

四、加强数据开放共享

济南高新区的知名企业浪潮在大数据开发应用和采集加工方面实力雄厚。

---

① 山东省和济南市陆续出台了《山东省重点产业知识产权运营引导基金管理实施细则》《山东省科技服务业转型升级实施方案》《山东省知识产权战略纲要》《山东省知识产权强省建设实施方案》《知识产权创新支持新旧动能转换的工作措施》《济南市知识产权战略纲要》《济南市知识产权（专利）专项资金管理暂行办法》等。

浪潮一直致力于倡导并推进数据的开放共享与创新应用，致力于打造“数据工厂＋数据产品＋数据电商”的大数据产业形态。浪潮大数据双创平台涵盖数据资源、平台工具、方案整合、人才培养、营销推广、创投资金等六大赋能体系，专为“数商”赋能。

相对于商业数据的存储和开放而言，公共数据资源的开放是短板，济南高新区要继续稳步推动公共数据资源开放共享，包括：(1)联合省市层面，以济南高新区为试点，加强政府部门和事业单位等公共服务机构的数据统筹，打破不同机构之间、同一机构不同部门之间的数据壁垒，构建体制机制，搭建统一的政府数据开放平台。(2)制定政府数据开放清单和路线图，按照增量先行、涉及民生的教育、医疗、安全、环境、信用等重点领域现行的方式，逐步推进政府数据的开放，促进标准化建设和制度建设。(3)积极引导市场和社会机构加大数据的开放共享，鼓励基于数据的产品和服务开发，通过政府采购的方式，支持一批数据服务的机构和企业发展。

济南市政府数据开放平台

济南市政府数据开放平台于 2018 年 1 月开始正式运行，市民可以从该网站获取各种权威数据。

正式运行的济南市政府数据开放平台首次开放 53 个部门的 1010 个数据集。济南成为全国一次性开放单位最多、数据集最大的城市，超过原定计划的 3 倍以上。

该平台包括各个政府部门、公用事业单位的权威数据，涵盖了政务、经济、政法、财政、健康、交通、环保、民政、文化、体育、教育、农业、水利、扶贫、旅游、社保、宗教、外事、测绘等各个方面。数据向社会免费公开使用，也可以进行二次加工，开展大数据领域的创新创业活动，是济南市政治经济社会活动中唯一权威的政府数据。目前已有 20 多家机关、企事业单位及个人利用该数据开发了一批方便市民的信息化应用项目，如爱城市网、公交 369 等，受到了广大市民的欢迎。

该数据开放平台作为新型智慧城市建设的重要内容，还将进一步加大数据开放力度，组织开展大数据创新创业大赛，向社会各界推广使用该平台的数据，挖掘数据价值，让数据资源成为济南发展的最新动能，为经济发展和民生服务做出更大贡献。

第七节　完善环境支撑体系，构筑制度文化优势

环境支撑体系是整个区域创新系统的环境条件，对于区域创新生态中的所有主体、过程发生作用。环境支撑体系中包括硬件支撑和软件支撑。硬件支撑主要指基础设施，而软件支撑主要指制度和文化。本节从完善环境支撑体系、构筑制度文化优势的内涵和目标出发，针对济南高新区在硬件、制度和文化方面存在的问题，提出了加大创新政策支持力度、持续提升政府服务效能、完善数字基础设施支撑、营造知识思想市场高地、营造创新创业文化氛围五个方面的重点任务。

一、加大创新政策支持力度

在针对济南高新区创新生态的评价分析中，济南高新区的创新投入水平缺乏优势。以企业研发投入为例，2016 年，济南高新区的企业研发投入强度为 2.57%，而同期青岛高新区的企业研发投入强度达到了 3.72%。在政府科技财政投入上，济南高新区的投入额也低于世界一流园区的平均水平。随着创新驱动发展的深入，区域之间对于人才、科研机构等创新资源的争夺陷入白热化，除了真金白银的直接资金补助，还有其他各种形式的优惠条件。济南高新区的政策支持力度缺乏竞争力，一方面会导致自己在创新资源，尤其是优质创新资源的竞争中落败，另一方面，也会导致自身创新资源的流失。

因此，济南高新区要进一步加大创新政策的支持力度，包括：(1)在直接的资金支持上，对于高端人才、高水平科研院所和科技项目加大支持力度。要对标周边园区，尤其是存在竞争关系的园区的支持力度，保证一定的政策优势。(2)要充分利用自创区政策先行先试的优势，针对科学研究活动、技术开发活动、产业化活动规律，在财政资金使用、政策方式等方面进行探索创新，不断提高政策的精准性和有效性。(3)进一步完善创新政策体系，增强政策的协同效应。针对创新链条的前段加强政策支持，针对国际创新合作、科技成果转移转化、科技服务业发展、教育培训等薄弱环节，加强政策支持，构建完善的政策支撑体系。(4)加强普惠型政策，做好普惠型政策与择优型政策间协同，完善市场机制，营造公平竞争的市场环境。

建设创新名城　南京公布“1+45”政策文件

2018 年，南京市以市委市政府名义召开的第一个大会——南京市创新名城　建设动员大会，发布了 2018 年南京市委 1 号文件《关于建设具有全球影响力创新名城的若干政策措施》，公布“创新十策”。

续表

在一号文件发布不到一个月的时间里，全市各部门对创新十策逐条细化，最终制定了45个配套文件，绘制了60余张办理流程图。2月11日，南京市举行"一号文"配套文件新闻发布会暨启动送政策"百千万"服务工程，集中公布了45个配套文件。青年大学生"宁聚计划"、南京市国际社区建设规划等一大波利好政策落地！

南京集中亮出45个配套文件

据了解，这次集中公布的45个配套文件与市委一号文件"创新十策"一一对应，是市委"一号文"的细化落实。这45个配套文件主要分为5大类。

第一类是支持高校院所创新，此类实施细则有9个，占总数20%。面向创新链条的前端，从学院建设、专业设计、参与国际大科学计划、推进教育国际化等多个方面进行支持。

第二类是支持企业创新，此类实施细则有11个，占总数24%。

第三类是支持各类人才创新创业，此类实施细则有9个，占总数20%，包括有面向大学生的"宁聚计划"、面向高层次人才的"创业南京"和中青年拔尖人才计划、面向海外高层次人才的"345计划"等。

第四类是支持创新载体平台及科技服务建设，此类实施细则有10个，占总数22%，主要是对高新园区、科技服务、新型研发机构建设等给予支持。

第五类是涉及创新生态建设的，此类实施细则有6个，占总数13%，包括金融、土地、教育、医疗健康等有益于打造创新生态的各类要素。

细则上都给出流程图

据介绍，这次45个配套文件，最特别的是，制定配套文件时，要求提供"三份材料"，即"一张清单""一个流程图"和"一项承诺"，让所有人看了政策后，就能方便办理、简便易行。

其中，列出一张清单，逐项列出享受政策应具备什么条件，该提供什么材料，简洁明了、通俗易懂；给出一个流程图，要求讲清楚按照什么流程办理，找谁联系、向谁咨询，一目了然；亮出一项承诺，明确办理时限，承诺在符合规定条件下，用最短的时间，最快的速度，办完每项政策兑现的所有流程，做到言必行、行必果。

另外，南京还将在市政务服务中心开设市委"一号文"配套文件的专门办理窗口，联动在大厅内的各部门政策服务窗口，为市委一号文各项政策兑现开辟绿色通道。增设"12345"专线，负责答复市委"一号文"的相关咨询和问题反馈，做到有问必答、有求必应。加快开发市委"一号文"配套实施细则的网上受理系统，推动网上联审联办，努力实现"最多跑一次"和"不见面"办理(网站正在开发中)。

同时在当天的新闻发布会上，送政策"百千万"服务工程正式启动。南京力争用三个月的时间，服务数百家高校院所、数千家企业、数万名人才，实现创新名城新政在大中型工业企业和高新技术企业、在宁高校和科研院所、15个高新园区等"三个全覆盖"。

二、持续提升政府服务效能

2017年10月，山东省针对社会保障、养老医疗、食品药品、城市管理、就业创业等五大领域，推出首批35998项“零跑腿”和“只跑一次”事项。2018年6月，济南市召开全市优化营商环境动员大会，会上印发了《深化“一次办成”改革进一步优化营商环境的若干措施》，针对济南营商环境存在的突出问题，提出了35条改革措施，优化济南的营商环境。济南高新区在济南市发布优化营商环境促进市场主体快速增长“十条措施”的基础上，推出了高新区版“十条措施”，树立“金牌店小二”的高新态度，追求“24小时不打烊”的高新速度，突出“托管服务”的高新密度，通过市、区两级优惠政策的叠加引领，推动市场主体快速增长。

济南高新区大力推行的行政管理体制改革显著提高了济南高新区的行政效率，在内部为企业创造了更好的营商环境，在外部为济南高新区赢得了良好的声誉和形象。但是随着高新区的扩区和区域创新竞争的日趋激烈，济南高新区不断面临新的治理问题，包括新经济治理、不同分园区之间的协调、不同产业之间的协调、产业发展与社会发展之间的协调、国际交流与合作、安全、环保等诸多问题。

济南高新区要进一步推进体制机制改革，持续提升政府的服务效能，包括：(1)按产业领域成立发展委员会。针对四大主导产业，分别新设产业发展专职机构，增加产业统一规划职能，为每个产业发展机构配备行业专家，同时建立各产业发展机构之间的互动机制，从管委会层面统筹所有的产业规划、产业发展的招商和服务。(2)强化政府服务能力。建设专业化管理团队，积极吸纳园区内大中型企业中高层管理人员到高新区管委会挂职，引入产业、投融资、园区运营管理等方面的专家和学者。(3)健全政务服务体系。继续完善行政管理、招商服务、社会治理、融资建设等服务体系建设。(4)完善跨部门协同监管与综合执法机制，构建以信息公示、信用约束为核心的新型监管模式，加快形成企业自治、行业自律、社会监督、政府监管的多元共治格局。促进信用服务业发展，培育信用服务中介机构，创新信用产品类型。(5)建立健全决策咨询机制。与第三方智库、科研院所或高校合作，通过共建独立公司、项目合作等形式，组建区域经济与高端产业发展智库，长期跟踪研究高新区创新创业、产业发展等情况，为园区管理运营提出切实可行的决策建议。

三、完善数字基础设施支撑

2017年3月，济南市人民政府办公厅印发了《济南市加快推进通信基础设施建设工作实施方案的通知》，提出“加快推进新一代通信基础设施建设，不断提升通信业技术、服务水平及安全保障能力，全力打造高速优质的网络环境”。2018年，济南市又发布了《新型智慧城市建设行动计划(2018～2020年)》，提出到2020年年底，基本建成“云、管、端”智慧城市有机生命体，感知、连接、计算、应用四位一体的智慧城市大脑和神经系统协同高效运转，业务数据化、数据智慧化、智慧普惠化基本实现。近年来，济南高新区加快信息技术在政务服务领域的应用，以优政、惠民、兴业为核心，打造出独具特色的智能政务系统，助力新旧动能转换。

济南高新区要加快构建高速、移动、安全、泛在的新一代信息基础设施，统筹规划政务数据资源和社会数据资源，完善数字基础设施建设，构建万物互联、人机协同的数字空间，包括：(1)建立基础设施建设的多元化投入机制，引入社会资本，形成多主体共建共享的建设模式。(2)加快园区基础设施数字化升级，推进市政公用设施、环卫设施、地下管网等基础设施数字化改造，构建市政设施管理感知网络系统。(3)完善信息网络基础设施，尤其是与产业服务相关的信息基础设施，为智能工厂、智慧物流和智能消费场景提供基础支撑。(4)促进政务服务数字化转型。推动政务数据资源整合和开放共享，建立信息资源目录体系和政府数据采集机制，完善人口、法人、信用等基础数据库。(5)推动数据资源应用创新，强化政务大数据与企业、社会大数据的汇聚融合和关联分析，在经济发展、社会治理、民生服务重点领域实施一批大数据融合开发和应用创新项目。促进数据资源开放，探索建立相关制度，加快数据资源开放平台建设。

四、营造知识思想市场高地

知识思想高地是指该区域的创新知识和信息的交汇点和碰撞中心，是催生创新创业的土壤。知识思想高地与创新人才的汇聚有关，也与区域的文化的品牌影响力有关。就山东省内的高新区而言，虽然济南高新区的火炬综合评价的排名要高于青岛高新区，但济南的城市品牌却弱于青岛，尤其在青岛成功举办上合组织峰会之后，城市的品牌实力又提高了一个层次。在互联网时代，一方面，粉丝经济大行其道，形象和口碑的营造，对于小到个人，大到城市、国家都非常重要；另一方面，基于互联网的营销模式不断翻新，借助网络平台、自媒体等手段的营销比传统营销方式更加有效。西安通过与抖音平台的合作，促成了西安城市在网络上的爆红，显著提升了城市形象。

济南高新区要多举措打造思想市场高地，提升园区品牌形象，包括：(1)实施思想市场营造计划。邀请专业第三方智库共建高新区新经济智库，对济南高新区全局性、综合性、战略性、长期性、前瞻性以及热点、难点问题进行研究。邀请高成长企业、知名投资专家、行业专家、技术专家等共建企业俱乐部，组织经常性的、非正式的企业家社交活动，促进不同领域思想的自由交流碰撞。(2)实施世界影响力计划。邀请硅谷、以色列等全球顶级专家、学者、大师、投资人；中关村、深圳、东湖等世界一流园区；济南高新区科技先锋、优秀创业者、企业领袖、投资人；国内外知名主流媒体、新媒体、社交媒体等参会。(3)构建园区品牌、产业品牌、企业品牌相互促进的“三位一体”的区域品牌体系。明确高新区总体定位，深化园区品牌内涵，加强园区形象设计。抓住高新区产业优势和特色，打造电子信息、生命健康、智能装备、现代服务业等特色产业集群品牌。(4)实施名牌企业培育工程，支持浪潮、齐鲁制药等已具有品牌优势的企业进一步扩大影响力和知名度，培育具有国际影响力的自主品牌。(5)实施高新区品牌的统一策划、统一传播和统一管理，丰富品牌推广渠道。

“抖音之城”西安——造就城市营销新模式

2018年4月19日，西安市旅发委携手抖音短视频召开新闻发布会，宣布双方达成战略合作：基于抖音平台现有全系产品对西安的文化旅游资源进行全世界范围内的宣传，以“从西安出发，向全世界讲好中国故事”为主题，联合推出“四个一计划”，通过文化城市助推、定制城市主题挑战、抖音达人深度体验、抖音版城市短片全方位包装和推广西安，向世界传播中国优秀传统文化和城市文化。城市营销的新模式在这座拥有13代王朝3000年历史的古都西安以抖音15秒短视频的方式蓄势蓬勃发展起来了。

15秒视频引爆了3000年古都

早在西周时期，武王伐纣，定都镐京，开启了西安3000年的历史，以厚重的特色成为中国唯一的世界历史文化名城，散发着独特沉稳的文化气息。这样一座古城却在年轻人聚集的网络社交短视频软件抖音上突然火了起来。短短几个月时间，西安的美食和历史景点，成了年轻游客们“打卡”的圣地，摔碗酒、毛笔酥、陕拾叁冰激凌、蛋黄夹馍、肉夹馍、凉皮、灌汤包、羊肉泡馍相继吸引了成千上万的游客。

西安借助“抖友”们在这个年轻人聚集的网络平台，点燃了3000年古城的激情，一个女孩发起的“西安”主题挑战，短短几天时间就吸引了2.3万人参与。随着内容的填充和主题挑战的元素多样化，基于官方意志的城市营销和系列主题会议也相继展开，迅速成就了“抖音之城”的称号。据悉，西安是唯一一个专门组织专题会议研究利用“抖音”进行城市宣传的城市。

西安造就城市营销新模式

传统意义上的城市营销，主要考量区域经济、传统文化、人文地理、房产投资和旅游资源等几个因素。在互联网时代，互联网思维下的城市营销又该如何展现？这一次晋升为“抖音之城”的西安无疑做了最直观的体现，造就了城市营销的新模式。

在4月19日举行的西安市旅发委携手抖音短视频召开新闻发布会上，抖音总裁张楠表示，西安是古代丝绸之路的东方起点，是东西方文明交汇的枢纽与桥梁。历史上的西安，是中国强盛、开放的象征。张楠说：“抖音可以用来发掘、呈现城市的文化、风貌，通过抖音，给西安打造一个短视频名片，进而把西安的悠久历史文化和今天的美好生活，分享到全世界”。

续表

早在2018年初，西安市委书记王永康提出，要按国家中心城市和国际化大都市建设要求，建设国际旅游名城和世界旅游时尚之都。在发展西安旅游的十大任务中他提到，宣传营销要用力，提升“新西安”品牌，用好各类媒体传播圈，展示西安国际化新形象，抓旅游就是抓城市国际化。 此次合作便是最好的响应，城市硬实力的发展借助互联网平台和文化软实力的铺垫，除了与抖音合作之外，在今年5月份，西安与奥美达成合作，就城市形象塑造与传播展开深度沟通，从“中共西安市委宣传部西安城市形象塑造与传播”的招标书中可以得知，在总预算为2000万元的项目中，奥美中标的标段预算为1500万元，利用各种国内外传播资源和载体，面向国内外知名人士、高端群体等，通过项目设置、包装和传播的方式，推进西安城市形象在国内外的整体塑造和传播。互联网平台、国际化的公关公司的双重发力下，城市的品牌形象塑造、城市的精气神都将会得到快速的提升，同时也标志着西安城市营销进入一个新的阶段。

五、营造创新创业文化氛围

山东是孔孟之乡，受儒家忠孝文化熏陶，文化整体保守，也更容易加深官本位思想。山东的官本位思想体现在多个方面，包括偏好政府、国企、事业单位等体制内的单位。山东官员整体思想保守，缺乏创新改革的思维和魄力。而创新从根本上来讲是需要追求冒险和不确定性，在墨守成规和偏好安稳的文化制度土壤下，很难产生创新的萌芽。

济南高新区要多举措并进，塑造宽容失败、开放进取、富有活力的创新创业文化，包括：(1)实施“清泉汇”创业计划。开展系列创业主题活动，筹划打造具有国际影响力的创业大赛，扩大济南高新区创业品牌的影响力和号召力。(2)塑造高新区创业品牌形象。加大对成功创业者、青年创业者、天使投资人、创业导师、创业服务机构的宣传力度，利用新媒体广泛开展新闻报道，推广先进经验和模式，树立一批“创业偶像”。(3)常态化举办全球性创业活动。支持各类创业服务机构开发利用全球创业资源，积极举办中国创新创业大赛、黑马大赛、创客嘉年华等跨地区跨领域的全国性、国际性的创业活动。(4)举办创业分享会、创客大赛、创业训练营、主题创业沙龙、创业之星评选等主题活动，定期优选年度最具影响的创业者和创业团队，予以资助奖励。(5)弘扬创新文化精神。厚植“敢于冒险、鼓励创新、崇尚成功、宽容失败”的文化基因，形成全民崇尚创新创业、全民支持创新创业、全民参与创新创业的文化氛围。倡导科学家精神，营造宽松的科研氛围，增强敢为人先、勇于冒尖、大胆质疑的创新自信。倡导实干精神，提高领导干部科学决策和管理水平，建立健全容错纠错机制。(6)加强创新文化宣传。加强对科技工作者、创业者、企业家、改革者、服务者等多类型创新主体的宣传推广，树立典型人物，报道先进事迹，展示个人魅力，弘扬创新精神，进一步形成尊重劳动、尊重知识、尊重人才、尊重创造的良好风尚。拓展多类型传播渠道，加强与海内外高端媒体联系，提升园区文化国际影响力。

理解创新文化的一个综合性框架及其政策含义

科学史家、科学社会学家默顿指出：17 世纪英格兰科学的成长与传播很大程度上得益于它肥沃的文化土壤。德国柏林科学技术研究院出版的《文化与技术创新》(1994 年)一书，从国家竞争力的高度系统分析了文化对于技术创新的重要作用，认为“所有的创新经济都根植于其特定的文化土壤，文化因素是国家间组织能力和制度能力差异的重要根源，而且往往导致国家间竞争力的差异”。[①] 在当代高科技产业发展中，人们常以硅谷为例研究创新文化的重要性问题。萨克森宁在《地区优势—硅谷和 128 公路地区的文化与竞争》中也指出，文化的作用在硅谷优势的构建中不可小觑[②]。他有力地论述了，相对于美国东部波士顿地区的 128 号公路周围而言，硅谷之所以后来居上而成为世界知识经济发动机的根本原因在于文化差异：硅谷文化的主要特点是平民化、组织扁平化、经验交流、知识共享、拥抱变革、挑战传统；而 128 号公路地区的文化则是相互封闭、讲究个人身份和家庭背景，相对比较保守，因此尽管有更多的世界一流大学，尽管政府的支持也相对更多，但是最终还是被硅谷所超越。他还指出，遍布全球的产业创新区、高技术园区都在模仿硅谷，但是文化却很难移植。斯坦福大学李钟文等人在《硅谷优势：创新与创业精神的栖息地》一书中，强调了创新和创业精神的问题，认为“硅谷不是计划造出来的，发展高科技，资金固然重要，但更重要的是能充分发挥人的创造力的体制和文化，歧视企业家和创业精神的经济不会有活力”[③]，正是别具一格的创新文化、创新精神将硅谷打造为创新的“栖息地”。

美国硅谷成功的奥秘是因为硅谷有一个良好文化生态系统的观点获得多数专家学者的同意。艾伦·韦伯在《新经济新的是什么？》一文中说：“最终，新经济的版图并不在科技里，亦不在芯片或全球电信网络中，而是在人的思想疆界中。”硅谷成功的诀窍不在硅片中，不是快速芯片，不是奇妙的电脑游戏，也不是供查找数据使用的技术深奥的软件，而是在那个定义模糊然而却是极为重要的因素——文化里面。美国马里兰大学教授钱颖一也指出，硅谷的环境和硅谷的文化造成了技术创新和创业的新天地。“只有一种宽松的创业体制，非常分散的决策过程才能创造出硅谷这样的奇迹。发展高科技，资金固然重要，但更重要的是要有一种能充分发挥人的创造力的体制和文化”[④]。

---

① [德]柏林科学技术研究院编，吴金希等译. 文化 VS 技术创新：德美日创新经济的文化比较与策略建议[M]. 知识产权出版社，2006：82.

② [美]安纳利·萨克森宁著，曹蓬等译. 地区优势：硅谷和 128 公路地区的文化与竞争[M]. 上海远东出版社，1999：107.

③ 李钟文. 硅谷优势：创新与创业精神的栖息地[M]. 人民出版社，2002：41.

④ 谈新敏. 创新文化是建设创新型国家的根本[J]. 学习论坛，2006，22(10)：74-77.

附录一　研究成果

济南高新区“七系并进”打造省会研发中心

济南高新技术产业开发区是1991年经国务院批准设立的首批国家级高新技术产业开发区，经过多年的发展取得了很大成就。在新一轮科技革命和产业变革面前，济南高新区坚持以习近平新时代中国特色社会主义思想为指导，抓住国家实施创新驱动发展战略的有利契机，把握先进科技要素流动规律，充分利用和依托省会济南优势，大力改革创新，实施重大举措，通过集聚高校、院所、企业、行业、区域、海外、军民七大系列创新资源，引进培育研发团队、研发机构和企业研发总部，在一年多时间里，成立了产业技术创新协同中心，系统布局打造省会研发中心，打开了高新区提升发展的新空间，更加凸显在全市乃至区域发展中的地位和作用。

高校系：链接国内外高校，瞄准创新源头。坚持用好驻鲁驻济高校资源、引进国内外知名高校资源，围绕应用技术研究、技术转移、成果转化、企业孵化、人才培养、咨询智库等开展合作，探索出“建设高校创新资源集聚区”“组建科技成果转移转化联盟”等合作模式，促进校地企协同创新。一是建设高校集聚区，打造成果转化联盟。以山东大学为龙头，高新区整合驻济、驻鲁高校，汇聚省内20余所高校资源，组建山东省技术转移联盟，建设成果转化基地，采用项目路演、技术论坛、专题对接等形式促进校企对接和成果转化落地。二是建设技术转移中心，打造技术转移转化示范区。按照科技部批复建设“山东省济青烟国家科技成果转移转化示范区”的要求，高新区引进浙江大学、西安交通大学等高校在高新区设立技术转移中心、企业孵化器、加速器、科技园等，促进科技成果落地高新区。三是建设协同创新机构，打造技术转移平台。按照“大学科研基地＋地方产业化基地”双基地模式，高新区与复旦大学合作共建“复旦大学济南产业技术创新中心”，围绕电子信息、生物医药、智能制造等产业领域，在建设具有国际影响力的工程技术研发平台、企业孵化平台与技术人才培养平台等方面开展合作。

院所系:引进培育科研院所,打通创新链条。坚持聚焦重点产业技术方向,整合现有平台资源,采取“创、引、服”模式,打造新型科研院所体系。一是探索创立新型研发机构。按照体制机制创新与科技创新“双轮驱动”的要求,探索“一院、两基地、多园区”的发展模式,与省科技厅、山东大学合作共建山东工业技术研究院,设立宽禁带半导体、机器人与智能制造等协同创新中心,引进了英国曼彻斯特大学、诺丁汉大学、索尔福德大学等高端研发团队,累计转移转化科技成果近 30 项,氧化锆纤维、隧道超前探测、光芯片等 10 余项产业化前景广阔的项目落地高新区。二是重点引进国内顶尖科研院所。配合山东中科院产业技术协同创新中心建设,推动引进中科院北京国家技术转移中心,对接自动化所、化学所、生态环境中心等 30 多个科研单位,落地“苏州医工所山东创新研究院”、全国首家“生态农业院士工作站”等。三是着力服务区内企业建设创新平台。按照科研机构法人治理结构改革要求,建设具有独立法人资格的“山东激光传感研究院”,搭建国家级创新平台,进行市场化运作,为打造国内激光传感研发高地和产业发展集聚区提供强力支持。

企业系:集聚企业研发总部,壮大创新主体。坚持引进行业龙头企业设立研发总部、创新中心等,以科技研发带动培育瞪羚企业、科技小巨人企业和独角兽企业,打造研发总部型经济。一是支持龙头企业加大新技术研发力度。中国重汽成功设计制造中国首款氢燃料码头牵引车和全球首款无人驾驶电动卡车,引领未来汽车产业发展的重要方向。浪潮集团通过发展云计算、大数据、人工智能产业,将数字经济的关键技术、核心技术、高新技术牢牢掌握在自己手中,云计算、大数据专利及标准数量均居国内第 1 位。二是引进龙头企业打造创新中心。与百度共建“百度(济南)创新中心”,打造“人工智能+创新创业+产业升级”的发展链条和多维创新的 ABC 生态体系。引进全球顶尖芯片设计供应商建设“ARM 智能物联协同创新中心”,聚焦物联网、智能制造等领域核心技术,开展研究开发和产业孵化,打造具有行业影响力的智能物联创新研发、体验及应用推广中心。三是推动企业“走出去”全球布局科技研发。齐鲁制药公司在美国西雅图、旧金山、波士顿以及中国上海建立了 4 家创新中心,形成了完整创新研发体系,发明专利超过 500 件,获得 10 余项 PCT 授权。

行业系:打造行业研发中心,引领产业转型升级。瞄准传统产业转型升级推进产业智慧化,发力新兴技术推动智慧产业化,着力推动人工智能、大数据等新一代信息技术与传统产业深度融合,实现跨界融合化。一是产业智慧化升级。选取家居、种子等行业,围绕产业链部署创新链,引进集聚家居企业和种子企业研发机构,打造研发机构和高端研发人才集聚区,引领传统产业转型升级。二是智慧产业化发展。发挥宽禁带半导体领域的产业优势，整合区内中乌新材料、浪潮华光等企业，依托俄罗斯国家科学院基础物理研究所、乌克兰国家科学院超硬材料研究所、国家晶体材料重点实验室等单位，组建宽禁带半导体产业技术创新研究院，打造从晶体材料到外延薄膜到半导体器件的完整链条。三是科技前瞻化布局。依托济南量子技术研究院等科研力量，牵头成立全国量子计算与测量专业标准化技术委员会，推动落地中科院量子信息与量子科技前沿卓越创新中心应用技术研发及产业化基地，形成量子信息领域科研、孵化、产业和运营的核心集聚区，打造千亿元级“中国量子谷”。四是跨界融合化破题。济南高新区weatbook象谱公司致力于交通气象大数据服务，运用人工智能分析处理技术将基础数据加工成交通综合数据，使交通变得更加智能、精细和人性化。

区域系：共建地区研发总部，强化辐射带动。发挥省会科教研发优势，探索地区研发中心建设模式，推动形成“省会研发中心＋县域制造中心”发展格局，促进省会与地市协同创新、互动发展。一是建立莱芜企业济南研发中心。莱芜电子信息企业力创赢芯在济南高新区建立莱芜企业济南研发中心，借助公共技术平台支持，成功自主研发芯片，打破国外技术垄断，技术大幅提升，成本大幅下降，初步形成了“研发在省会，生产在地市”协同发展模式。二是建设临沂高新区省会研发中心。在济南临沂两市协作框架下，以两地高新区为主体，建设临沂高新区省会研发中心，吸引临沂市电子信息、生物医药龙头企业来济设立研发总部，与驻济驻鲁高校院所开展产学研合作，提升本地企业创新能力和市场竞争力。

海外系：引进海外创新资源，拓展创新空间。充分利用国内国外两种资源、国内国际两个市场，坚持“引进来”与“走出去”相结合，积极推动国际科技合作。一是做实对德科技合作好样板。设立并管理运营德国斯图加特中小企业协同创新中心、德累斯顿产业办公室，安排中德企业互访，协助10余家济南企业研发总部入驻海外孵化器。连续举办“中德中小企业合作交流会”，成功创建中德（济南）中小企业合作区，集聚大陆机电、费斯托、博世等50余家知名德企。对接德国弗劳恩霍夫应用技术协会、史太白技术转移中心，建立对德合作技术、人才、产业化项目三位一体机制。二是拓展对外科技合作新渠道。设立中英（济南）国际创新中心，芬兰万塔（济南）产业办公室，推动在英国、澳大利亚等地建设海外人才离岸创新创业基地，设立离岸创新创业基金，对接海外高校院所、创新人才与科技成果，为海外人才创新创业提供服务平台。

军民系：推进军民深度融合，实现双向转移转化。深度挖掘沿海城市经济与技术优势，推动电子信息、新材料、智能装备等优势产业互联互通，打造有地方特色的军民融合示范区。发挥地方企业产业化优势，推动军工生产能力及民口市场开拓，组建国防知识产权转移转化山东中心，争取开展军民融合国家知识产权池制度试点，推动军用科技成果转移转化。联合山东省、济南市军民融合优势企事业单位，成立山东省国防经济发展促进会和济南市军民两用技术发展促进会，设立山东省和济南市军民融合产业投资基金，共建高新区军民融合服务平台，吸引国内优势军民两用技术团队及产业落地，着力打造军民融合亮点工程。

济南高新区通过整合高校院所、知名企业、海外研发、军民融合等创新资源，促进科技与金融、科技与产业、高校与企业、济南与国际的融合，“七系并进”探索省会研发中心建设，初步走出了一条很有特点的科技创新路子，取得了初步成效。截至目前，已引进了中科院、浙江大学等一批海内外高校院所，聚集了两院院士、国家高层次人才、“泰山学者”等一批高层次人才创新团队，建设了中科院苏州医工所山东创新研究院、山东工业技术研究院等一批创新机构，搭建了国家超算济南中心、国家综合性新药研发技术大平台等一批科研创新平台，落地转化了高端半导体激光器芯片、氧化锆纤维、隧道超前探测等一批重大科技项目。其做法具有一定启示性。一是坚持顶层设计。实施创新驱动发展战略，推动科技创新是一个系统工程，必须加强顶层设计，搞好系统谋划。高新区实施生态赋能发展模式，围绕产业链部署创新链，着力促进政产学研金服用多元创新主体的协同，推动知识、技术、人才、信息、数据各种创新要素的整合，打通基础研究、技术开发、产业发展创新链条，构建起充满活力的区域创新创业生态。二是坚持双轮驱动。改革驱动创新，创新驱动发展。推动科技创新引领产业发展，必须坚持体制机制创新和科技创新“双轮驱动”，特别要通过体制机制创新增加制度供给。高新区创新体制机制，率先实行“大部制”改革，实行全员聘用、全员 KPI 考核、全员末位淘汰，制定出台聚人才、促投资、建平台、引高校等专项政策，为科技创新驱动发展除障碍、增活力、添保障。三是坚持双手合力。科技创新本质是科技创新资源优化配置过程。高新区充分发挥市场在资源配置中的决定性作用，发挥企业创新主体作用以及市场机制创新导向作用。同时，高新区更好发挥政府规划协调、环境营造、政策供给等方面作用，弥补市场失灵，使政府“有形之手”和市场“无形之手”形成合力。四是坚持项目导向。落实创新驱动发展战略，推动以科技创新为核心的全面创新，必须有具体的工作抓手，实施项目化运作。高新区以省会研发中心为抓手进行系统布局，把研发作为产业，把技术成果作为商品，通过具体项目实施，聚集创新资源、建设创新生态、促进成果转化。五是坚持人才为本。创新驱动实质是人才驱动。发展研发型经济新业态，推动科技创新，必须将人才集聚使用作为重中之重，扎实做好育才、引才、聚才、用才工作。高新区坚持“高、精、尖、特”导向，做到政策、服务、环境“三位一体”，实现全方位最优，以人才大集聚推动产业技术集群式突破。六是坚持开放融合。开放带来进步，封闭必然落后。越是前沿技术创新,越需要开放整合全球创新资源。高新区在全球布局创新网络,探索建立科技合作新模式,加强知识产权保护,注重包容共赢,高效引进海外技术、人才、项目,不断厚植开放发展、创新发展新优势。

济南高新区体制机制改革主要经验

济南高新区是我国首批设立的国家级高新技术产业开发区,在近30年时间实现了快速发展。

一、主要做法和成效

济南高新区体制机制改革坚持问题导向,着力破除行政化运作模式,致力解决行政效率低下、活力不足的主要问题,围绕"企业化管理、市场化运作、专业化服务"的目标要求,推动"四大改革任务",实现"四个转变",即改革行政管理体系,推行简政放权和"大部制",实现行政管理由"层级审批管理"向"保姆式"服务转变;改革干部管理方式,推行干部全员聘任制,实现干部人事管理由"身份管理"向"岗位管理"转变;改革干部考评体系,推行全员绩效考评,实现干部考核由"主观评价"向"量化考评"转变;改革分配激励机制,推行绩效工资制,实现薪酬管理由"铁工资"向"活薪酬"转变。主要做法有:

(一)实行放权改革,提高行政服务效率

济南市委提出,对高新区放权"以放为原则,不放为特例"。为确保放权到位,由常务副市长与相关分管副市长共同召集会议,部署安排相关事宜,市委、市政府跟进督查,对不能按既定时间节点授权、放权高新区的单位要向市委、市政府作出情况说明。在市委、市政府强有力的推动下,3480多项市级权限,除法律明确规定不能下放的,其他3250项权限2016年6月底前全部下放给高新区。为保证权力下放到位,济南市48个部门刻制了2号章交高新区使用。2号章与部门章同等效力。高新区管委会按照"谁用章谁负责"的原则,在管理区域内直接行使相关权力,直接对市委、市政府负责。实行放权改革后,行政效率明显提升,突出表现在项目审批上,一个项目从签约立项、落地建设到建成投产,所有审批手续在一个局可全部办结。一般项目从拿到土地证到拿到开工许可证,全国的平均用时是300天左右,而济南高新区不超过10天,重点项目只需1天,行政服务效率大大提升。

(二)实行"大部制"改革,打造快速高效的行政服务体系

济南高新区打破现有的行政管理体制,在不突破市编委核定的机构个数、编制总量和领导职数的前提下,按照"大部制"管理思路,把职能相近、业务相近的

部门整合到一起，加强招商引资、行政审批、项目建设、服务业管理、审计监督等职能，按照项目引进、投资建设、达产运营、发展升级的要求设置组织机构，组建“大建设”“大经济”“大服务业”“大社会管理”“大审批”“大审计”“大战略”“大人力资源”等八大体系，精简至15个业务部门，比如发改、商务、经信、科技、安监、统计等与二次产业相关的部门职能整合，组成“科技经济运行局”；贸易、金融等与三次产业相关的职能整合组成“服务业促进局”；食药监、质监、工商、物价、食安等与市场监管相关的职能整合为“市场监管局”；土地、规划、建设、人防、房管等职能整合成“国土规划建设局”。大部制整合，解决了职能交叉、条块分割和多头管理问题。对市场主体的执法行动，原来出动4个部门、8名执法人员进行4次检查，现在市场监管局1个部门、2名执法人员开展1次综合检查。以监管餐饮经营者为例，一次监管就可以覆盖企业名称、户外广告、证照管理、操作流程、压力容器、计量器具、物价管理等各个方面，既避免重复检查“扰民”，又促进了行政资源的集约利用。

（三）实行全员聘任制改革，变身份管理为岗位管理

济南高新区打破行政事业、编制内外身份界限，实行全员岗位聘任制和分类管理。一是对管委会机关、事业单位在编在岗人员，实行干部编制内任职与岗位聘职相分离、档案工资与实际薪酬相分离、干部人事档案管理与合同聘用管理相分离的“双轨运行”管理。包括管委会领导在内所有人员的职务、职级、工资、身份等全部封存，一律按岗位实施无差别的人力资源管理。在编制内职务有空缺时，根据绩效考核情况，按规定晋升职务或专业技术等级，并作为编制内职务存入档案，以此作为在编人员晋升、交流、调整档案工资和办理退休的依据。二是对改革实施后使用的编制外工作人员，面向社会公开招聘，签订劳动合同，实行岗位聘用，聘用期满重新竞聘，不纳入编制管理。岗位聘任主要采取直接聘任、竞争聘任、双向选择聘任、社会招聘等方式进行。这次改革，突出人岗相适、宁缺毋滥并坚持向园区关键岗位倾斜，既高职低聘，也低职高聘，个别不适应岗位需要的干部被高职低聘，一批新招聘的年富力强的年轻人走上了重要岗位。这些学历高、年纪轻的人才，作为新鲜血液注入，使高新区的干部队伍得以整体优化。

（四）实施绩效考核改革，建立企业化评价考核体系

高新区设计了一套以“量化考评”为核心的体系，制订了《薪酬管理办法》，引入了KPI（关键绩效指标）考核原理，薪酬分配以KPI考核结果为依据。根据济南高新区管委会发展战略，提炼各层级KPI指标库。明确部门主要责任和部门员工的业绩衡量指标，确保业绩考评建立在量化基础之上。每年年初，管委会要确定各部门和个人的KPI价值系数，价值系数与绩效薪酬直接挂钩。为了鼓励大家到一线去，系数会向一线园区、招商岗位倾斜。而同一单位内部，根据不同

员工承担工作的重要程度，也有不同的价值系数。每个季度，管委会对各部门KPI目标完成情况进行考核。从济南高新区2016年绩效考核成绩看，经过层层考核、多维度测评，按照末位人员比例不少于5%的强制分布原则，整个管委会近1000名纳入考评体系的工作人员中，有60多人被归为“末位淘汰”的序列，其中有9人因为不能胜任工作被“剁尾巴”淘汰，这里面不乏行政编制、事业编制人员和管理岗位人员。这样的考核调整力度，在政府部门实属罕见。

（五）实行薪酬激励改革，强化实干者得实惠

改革薪酬分配制度，按照“全员聘用、竞争上岗、以岗定薪”和“稳住基本、加大激励、分步实施”的原则，建立包括济南高新区领导班子成员在内的全员绩效工资薪酬体系。薪酬总额分为固定薪酬和绩效薪酬两部分，并逐年提高绩效薪酬在薪酬总额中的比重。薪酬总额由各部门和员工的考核指标价值系数确定，价值系数越高，工资标准越高。改革前，固定薪酬与绩效薪酬的比例为8.4∶1.6，改革后，二者的比例调整为6∶4，2017年调整到5∶5，到2018年将调整到4∶6。工作表现优秀的，则可得到全部薪酬，表现差的则仅能得到基本工资（档案工资扣除津补贴）。在高新区，平行部门同样级别的“一把手”，根据工作业绩不同，拿到的薪水可能是天壤之别。绩效考核最好的园区和最差园区，同级别一把手的到手薪酬会相差一倍多。可量化的薪酬考核体系对干部冲击力大，带来了危机感。过去坐在办公桌前“等活来”的闲人主动要工作干了。还有不少能力强、冲劲足的干部主动要求调整到更具挑战性部门，希望承担更多工作任务。

2015年底改革开始实施后，济南高新区人人扛指标、人人有压力，工作主动性强、效率大幅提高，企业满意度不断提高，经济实力不断增强，高新区的发展驶入快车道。

一是各项经济指标大幅增长。2016年济南高新区地区生产总值比2015年增长8.3%，预计2017年同比增长12%；固定资产投资2016年同比增长18%，预计2017年增长19%；公共财政预算收入2016年同比增长11.5%。截至2017年4月底，济南高新区公共财政预算收入累计实现36.7亿元，同比增长34.3%。除此之外，济南高新区多项经济指标领跑全市，一季度外贸进出口总额、外贸出口额及增幅、进口总额均位列全市第一。

二是招商项目落地数量和质量大幅提升。2015年，上高新区招商项目审定小组会研究的项目有40多个，2016年猛增到260多个，2017年前两个月超过100个，全年有望达到500个，且项目质量大大提高。一些企业纷纷追加投资、扩大规模。

三是新增市场主体数量大幅增长。2015年到工商窗口办登记变更手续的企业每天20多家，2016年达到70多家，2017年一季度平均每天有100多家。

目前高新区注册企业达 2 万多家，仅去年一年就新增 5000 多家，相当于前 25 年累计企业总量的 1/3，而仅 2018 年前 4 个月，全区共新增注册公司已近 3000 家，全年预计新增注册企业超过 9000 家。

二、改革关键点

济南高新区的改革实施一年以来，改革力度大、成效显、反响好，超出了预期。有专家认为，济南高新区改革是“迄今为止最为彻底的行政管理体制改革”。去年以来，全国已有 60 多个高新技术产业开发区、经济开发区先后慕名来济南高新区取经。据介绍，济南高新区这次改革涉及重大利益调整，但是实施较为平稳，得到市直各部门的支持和广大干部职工的理解。主要抓住了三个关键点：

一是主要领导高度重视，全力支持。济南高新区的改革是时任中共山东省委副书记、济南市委书记王文涛亲自出题目、提要求并力推实施的。他多次明确要求要加快建立高新区的正向激励机制，并指出，“不怕工资拿得高，就怕干不干活工资都拿得高”。2016 年 5 月，济南市委、市政府印发了《济南高新区(综合保税区)体制机制改革方案》，开启了以“放权”和“搞活”为主旨的改革之路。为保障改革顺利进行，济南高新区主要领导由市委常委兼任，为高新区加快实施体制机制创新、政策先行先试，提供了有力的领导保障。

二是建立容错免责机制，为敢做事的干部免除后顾之忧。时任市委书记王文涛提出“摸着石头过河，摸错了不能一棍子打死”。市委、市政府建立了“为担当者担当”的保障机制和“让实干者实惠”的激励机制，极大地鼓励了党员干部干事创业的热情。2016 年以来，济南市委连续出台了《容错机制》《纠错机制》《防错机制》《诬告陷害查处办法》4 个文件，营造为敢于担当者担当的制度环境。2017 年，济南市又提出建立“正向激励”机制，让实干者得实惠，让干部有干事的劲头和保障。徐群主任介绍，他作为高新区改革的实际执行者，之所以敢干、敢闯，得益于市委、市政府出台的容错免责机制，让他没有后顾之忧。

三是科学设置考核体系，建立竞争择优的用人分配机制。科学设置考核体系是高新区改革的关键环节。济南高新区请国内知名咨询公司进行总体设计，同时结合高新区发展实际，深度参与核心目标的设计，坚持“工作优先、目标优先、业绩优先”导向，紧扣经济社会发展目标任务，建立了非常清晰的三级目标责任体系，通过绩效考核制度将市委、市政府和党工委、管委会的重大决策部署落实到每个具体部门和岗位。

济南高新区引进高校院所政策研究报告

高等院校和科研院所是国家创新体系的重要组成部分，是创新驱动发展的科技供给源头，是创新成果与人才的聚集地。国家围绕实施创新驱动发展战略和建设创新型国家，作出一系列重大决策，提出一系列重大举措，要求高校院所面向世界科技前沿、面向经济主战场、面向国家重大需求，深化体制机制改革，开展产学研协同，增加科技创新供给，促进科技成果转化，服务经济社会发展。各地高度重视，积极响应，成立专门机构，加大投入力度，聚焦产业发展需求引进高校院所，形成了千帆竞发、百舸争流的生动局面。

一、现状与问题

高新区高度重视引进高校院所工作，加大工作力度，聚焦重点发力，取得积极成效。在体制机制上，强化了产业技术创新协同中心的统筹作用、园区的平台作用和重点龙头企业的主体作用；在扶持政策上，出台了“科创 11 条”“人才新政 30 条”“高校院所 20 条”等政策文件，设立了产业投资基金、产业转型升级基金及人才发展基金等多只基金，在人才引进、平台搭建、成果转化、企业孵化、科技投融资等方面给予综合扶持；在引进对象与方式上，聚焦高新区产业需求，对接了中科院、浙江大学、复旦大学等一批知名高校院所，探索出“建设高校集聚区，打造成果转化联盟”“共建分院（所）、创新平台、技术转移中心、孵化中心、科技园区”“公司＋基金＋基地＋园区”等合作模式；在国际合作上，引进了英国曼彻斯特大学、诺丁汉大学、肯特大学、Salford 大学等高端研发团队和创新项目，与德国弗朗霍夫协会、马普学会、以色列希伯来大学等建立了合作联系；在引进成果上，引进了院士、国家高层次人才、“万人计划”人才、泰山系列专家等一批高层次人才（团队）；建设了中科院苏州医工所山东创新研究院、山东工研院、浙江大学技术转移转化中心等一批创新机构；落地转化了高端半导体激光器芯片与模块、石墨烯、氧化锆、隧道超前探测、无人驾驶等一批重大科技成果。

但对照建设全国一流高新区和新旧动能转换先行区标准，对标打造区域性科创中心、深化供给侧结构性改革要求，对表国内先进地区经验做法，高新区在引进高校院所工作方面还存在短板和不足：

1. 在引进理念上，对创新引领发展的认识不够到位，对创新引领发展的实效心存疑问，存在“引进高校院所投入大、风险高、显效周期长”“不如引进具体产业项目来得实在”等看不起、看不透、看不上等认识问题。

2. 在引进对象上，缺乏创新生态体系的整体规划和顶层设计，没有分类分层次的重点目标清单，引进对象存在随机性强、自主选择性差等问题；与创新链和产业链融合需求脱节，与十大园区和四大主导产业发展需求错位，存在供需失衡问题；在顺应新一轮科技革命和产业变革要求，进行科技与产业前瞻布局方面，魄力不够、眼界不高、力度不大。

3.在引进主体与方式上，在发挥市场配置创新资源的决定性作用方面，市场导向不突出，政府与市场的关系处理不到位，作用结合点尚未找准，既存在着政府缺位问题，也存在着越位、错位问题；企业对技术创新主体作用认识不够，在引进工作中参与度不高，产学研结合不够紧密，主体作用发挥不到位。

4.在引进政策上，现行政策中虽有关于引进高校院所的扶持政策，但散布于招商引资、科技创新、引进人才等多项政策中，系统集成不够，缺少围绕高校院所具体落地需求的条款设计，覆盖面不广；相较青岛、成都等地，现有政策资金扶持力度不够，缺乏竞争力；现有科技创新政策缺少实施细则，工作中难以应用落地。

5.在引进评价和决策程序上，在引进评价上，缺少科技界、企业界、金融界等专业人员参与，内外部评价结合不够；在决策程序上，缺少适用于引进高校院所合作的专项审定程序，缺少专家咨询、风险评估、合法性审查等必要环节，科学性和规范性不够。

6.在引进管理上，缺少统筹协调和完善的工作组织架构；缺少全生命周期的管理制度设计，如：缺少事前分类认定、建设过程监督与验收、年度考核与期满评估等管理制度和机制，对期满评估不达标的合作项目也没有明确的清退规定和程序。

二、借鉴与启示

创新驱动发展战略成为国家战略之后，各地争引高校院所的态势愈演愈烈，通过借鉴分析外地经验得出六点启示。

一是重视程度更高。武汉市成立招才引智工作领导小组，省委副书记、市委书记陈一新任组长，下设“招才局”，局长由市委常委、组织部部长担任，“虚拟机构、实体运作”，统筹整合分散在各部门的涉才工作和政策，形成合力引进创新资源；武汉市在全国率先组建“科技成果转化局”，由市委常委任局长，市科技局局长任常务副局长，成立院士专家顾问团，以体制创新、机制创新、政策创新为突破口，力争5年内在汉高校院所科技成果就地转化率达到80%。广东省委省政府召开全省新型研发机构建设现场会，广东省四大班子领导出席，省委书记及省长分别做重要讲话，各地迅速掀起了市领导挂帅积极对接引进高校院所，共建新型研发机构的高潮。广东省2014年共拥有新型研发机构122家，2017年达到219家，增长近一倍。

二是产业聚焦更明确。与高校院所合作，各地更加突出产业需求导向，在相关政策和办法中都明确规定了重点支持的产业领域。如：宁波新材料科学城《关于引进高端研发机构和优质创新创业项目的资助办法》明确规定，重点支持新材料、新能源、电子信息、智能制造、生命健康、海洋高技术等领域。引进了英国诺丁汉大学共建“诺丁汉大学宁波新材料研究院”，开展环保及高分子新材料研究。青岛市《高端研发机构引进管理办法》要求，研发机构需围绕海洋开发、新一代信息技术、新能源、新材料、生物医药等领域，开展研究及相关活动。引进了哈尔滨工业大学共建青岛船舶科技园，进行船舶与海工、水下机器人等涉海方向研发和产业化。

三是主体更多元，方式更灵活。本地企业、高校院所及社会资本在引进高校院所方面的作用日渐突出，与政府形成引进合力。院校合作项目除专注技术研发外，大多兼具成果转化、企业孵化、人才培养等多种功能，合作方式更加灵活。苏州市联合武汉大学、苏州神海、浙江新一海海运共同成立武汉大学神海智慧航运联合实验室，落户苏州工业园区。泉州市引导民营资本、民营产业与各地科研院所结盟，组建了泉州节能技术研究院等 20 多家民办公助和企业性质的新型研发机构。深圳先进技术研究院构建了集科研、教育、产业、资本为一体的微型协同创新生态系统，与华为、中兴、创维、腾讯等知名企业开展项目联合申报、委托研发、成果转化等合作，建设了蛇口机器人孵化器、龙岗低成本健康产业园、李朗云计算产业园等特色育成中心，育成企业 200 多家，持股企业资产规模 80 多亿元。

四是对象更国际，人才更高端。苏州高新区 2017 年引进世界百强名校荷兰瓦赫宁根大学，设立瓦赫宁根苏州环境创新国际协同研究中心，开展废弃物资源化利用等技术研究和产业化工作。深圳市政府联合深圳大学引进香港中文大学，创立香港中文大学(深圳)学校，以此为平台引进了以色列人文与自然科学院院士、中科院外籍院士阿龙·切哈诺沃教授等三位诺奖得主，分别设立了由诺奖得主领衔的三个研究院。深圳市 2016 年引进了 5 名全职院士，2017 年引进了 9 名全职院士，并从 2017 年 11 月 1 日起实施“百名院士引进计划”，计划到 2020 年，集聚 100 名海内外院士、诺奖得主等杰出人才。

五是政策更优，投入更大。激烈的竞争推高了引进成本，各地纷纷加大高校院所引进政策力度。青岛市出台《高端研发机构引进管理办法》，安排高端研发机构引进专项资金，对符合规定的研发机构最高给予 3000 万元专项资金补助支持；出台《关于加快引进优质高等教育资源的意见》，对引进的独立法人的国内外优质高等教育机构，第一年给予不低于 1000 万元的补助资金，以后根据绩效情况每年补助不低于 400 万元，连续补助 5 年，且从用地、配套、一事一议等方面给予政策支持。截至2017年年底，青岛已引进落户北京大学、复旦大学、中国科学院大学、北京航空航天大学、哈尔滨工业大学等29所国内知名高校院所，集聚效应初步凸显。重庆市颁布《重庆市与知名院校开展技术创新合作专项行动方案(2017～2020年)》，对于引进设立的研发机构，经认定为新型高端研发机构后最高可给予1000万元资助，并可连续4年给予研发专项支持，每年最高资助1000万元。成都市出台《促进国内外高校院所科技成果在蓉转移转化若干政策措施》，支持国内外高校在蓉建设新型产业技术研究院，设立10亿元的产业技术研究院专项资金，每个产业技术研究院最高可获得5000万元运营补贴。

六是运行机制市场化。截至2017年，广东省共有219家新型研发机构，其中企业106家，事业单位45家，民办非企业68家，累计已有12家科研事业单位进行了企业化转制。武汉市目前建有14家工业技术研究院，分为企业和事业单位两大类。武汉导航与位置服务工研院、武汉地质资源环境工研院均是2013年9月注册成立的企业法人性质的新型研发机构，运行一年时间就已分别转化了13项和8项科研成果，转化合同额达6000余万元。武汉生物技术工研院是2009年成立的事业单位，2017年8月15日召开武汉生物技术研究院有限公司成立大会，明确研究院按照事业单位企业化运营。

三、对策与建议

引进高校院所工作具有基础性、前瞻性、战略性、风险性等特点，是一项复杂的系统工程，牵动政产学研金服用等多方主体，涉及基础研究、应用技术研究、成果转化、产业孵化等多个环节，需要整合科技、人才、平台、数据、信息、项目等多种创新要素，必须纳入高新区区域创新生态体系建设大局中一体考虑、一体布局、一同推进，既要统筹谋划、政策协同、系统推进，也要找准主攻方向，聚焦重点发力。

(一)理顺管理体制，形成引进合力

按照使市场在资源配置中起决定性作用，更好发挥政府作用的原则，建立政府主导、企业主体、产学研协同的工作机制。

1.建议高新区管委会成立引进高校院所工作领导小组，由管委会分管领导任组长，相关部门、园区和单位主要负责人为成员。领导小组下设办公室，负责引进工作的统筹协调、整体规划、政策制定、动态管理、督促落实等；相关部门及各园区按照各自职责推动合作引进和落地工作。

2.将“引进高校院所工作”作为激励加分项纳入KPI考核。根据考核结果，对开展引进工作的部门、园区等单位给予考核加分。

3.鼓励和引导重点龙头企业、本地院校及山东工研院作为主体，以产业技术

创新联盟等组织形式，发挥各自优势，加强沟通协调，增强联动协同，形成引进合力，围绕行业发展需求，开展高校院所合作工作。

（二）做好统筹规划，精准引进对象

要坚持战略引领，按照全国一流高新区标准和高质量发展要求，不断强化顶层设计，谋划创新战略，改善创新治理，推动高校院所引进，增加科技创新供给。

1.制定大规划。制定高新区区域创新生态体系整体规划，在规划中设“高校院所”专篇，从高校院所与各方主体的作用和联系上，进一步明确引进原则、引进重点、实施步骤、保障措施等。

2.列出大清单。聚焦“服务现有产业”和“超前布局战略新兴产业”两种需求，用好驻鲁驻济高校院所资源，瞄准国内外知名综合性大学、国内学科（专业）排名前5名高等院校以及国内外知名综合性及专业性科研院所，经过甄别筛选，分别列出引进清单。

3.实施大行动。实施引进高校院所专项攻坚行动，制定行动方案，明确目标计划，加大力度引进清单内高校院所。在年度财政预算中设立专项资金，支持实施大行动。发起设立成果转化投资基金，支持高校院所成果产业化项目落地。

4.设立大园区。采取集中与分布相结合的方式，在高新区中心区设立引进高校院所集聚区；依托高新区现有公共研发平台、孵化器、科技园区及产业集群，在各园区设分中心，落地与产业发展紧密相关的院校合作项目。

（三）优化审定流程，完善政策体系

1.制定引进高校院所合作项目审定流程，完善“专家论证＋风险评估＋合法性审查＋集体决策”审定程序，提高决策的科学性和规范性。重点做好专家论证组织工作，邀请科技界、企业界、金融界专家代表成立专家委员会，主要围绕合作院校已有工作基础、创新能力、研发方向、技术方案可行性、市场前景、产业带动能力、风险分析及预期投资回报等，提出技术评估与风险评估意见，必要时可邀请两院院士、教育部科技委学部委员及国外相关领域专家进行论证。

2.按照综合运用现有政策，量力而行，适度突破的原则，逐步建立较完善的扶持政策体系，根据引进高校院所具体合作方式和合作内容，进行分类扶持，扶持力度力争达到在国内具有较强竞争力水平（详见附录）。

（四）强化动态管理，提升服务水平

1.建立合作项目闭环管理体系。围绕共建分院、分所、新型研发机构等合作形式，制定分类认定标准，设定年度考核指标并写入合作协议。根据协议约定，对合作项目运行情况进行跟踪服务，对运行成效实行年度考核，根据考核结果将政策扶持资金分年度扶持到位。合作期满，对合作整体情况进行第三方评估，及时清退不达标项目。

2.增强服务意识,优化服务环境。通过整合高新区服务资源,创新服务模式,为合作项目搭建专业系统的科技中介服务平台,提供项目申报、企业认定、科技资源共享、科技成果转化、科技人才支撑、科技金融保障等综合服务,使引进的高校院所合作项目“引得来、留得住、发展好”。

济南高新区公共技术服务平台建设研究报告

公共技术服务平台聚焦科技创新,围绕产业服务,体现公共性、公益性,是高新区技术创新体系的重要组成部分,也是引人才、聚人才、服务人才、创新创业的大平台。

为推动全区公共技术服务平台的优质高效发展,产业技术创新协同中心委托北京市长城企业战略研究所对全区公共技术服务平台开展了调查研究工作,集中走访了园区平台、开展了国内外平台对标研究和趋势分析、制定了平台未来发展计划,形成了《济南高新区公共技术服务平台调研和规划研究报告》,理顺了加快平台建设的思路和建议,现将有关情况汇报如下。

一、基本情况

济南高新区已建成公共技术服务平台33个、在建9个,总投资超过15亿元。根据建设主体和功能不同分为三类:地方政府主建公共技术服务平台已建成11个、在建6个;政企合作共建公共技术服务平台已建成17个、在建2个;国家布局科研平台已建成5个、在建1个。

其中,在电子信息领域,高新区已建成千万亿次超级计算平台、集成电路设计平台、通信测试平台、数字媒体技术平台、物联网嵌入式研发平台、卫星通信研发平台、量子通信研发平台、软件与信息服务外包公共服务平台、金融信息安全检测服务平台、机器人与智能装备公共技术服务平台等10大公共技术服务平台;在生物医药领域,高新区投资建设了国家综合性新药研发技术大平台,包括分析测试平台、分子生物学平台、药物合成平台、中药创新药研发平台、药械结合平台、药代动力学研究平台等6大子平台。

二、平台作用

公共技术服务平台在服务企业创新,招商招才引资,支撑产业发展方面发挥了重要作用。

(一)支撑产业发展

济南高新区公共技术平台通过提供仪器设备共享、检验检测、研发设计等服务,有效降低企业成本,不断吸引企业入驻,形成“平台支撑产业集群”发展格局。

在电子信息领域，高新区依托齐鲁软件园投资13亿元全力打造10大公共技术服务平台，吸引集聚1750多家信息软件企业。在生物医药领域，高新区投资1.4亿元建设国家综合性新药研发技术大平台，结合“科技创新券”“平台使用券”等优惠政策，为生物医药企业提供专业服务，吸引集聚生物企业达700多家，2015年销售收入达410亿元。

（二）促进招商引资

高新区将公共技术平台作为“招商利器”，通过合建平台方式，给予招商企业仪器设备、空间场地等支持，成功吸引量子通信研发团队、北京多普勒斯科技有限公司等团队和企业入驻，建成量子通信研发平台、金融IC卡芯片安全检测平台；济南高新区智能装备产业发展中心与临工集团合建山东省建筑与矿山机械公共技术平台，高新区出资5000万元配套资金，用于平台设备采购等。

（三）引进科研机构与高端人才

依托国家新药创制大平台，高新区与中科院苏州生物医学工程技术研究所合作，打造医疗器械研发创新协同中心，建立生物医药孵化器。依托国家千万亿次超级计算平台引进专业团队进行市场化运营，管理团队由100多名超级计算技术研发和应用服务等领域的专业人员组成，硕士以上学历人员占比超过70％。平台累计为海洋科学、信息安全、气候气象、基因工程等领域400多家用户单位提供6000多批次的计算和模拟仿真服务，专业技术服务收入占平台总收入比重达40％。

（四）服务企业创新

莱芜电子信息企业力创赢芯在高新区建立研发中心，借助公共技术平台支持，技术大幅提升，自行设计热量表芯片，打破国外技术垄断，成本大幅下降，初步形成了“研发在省会，生产在地市”协同发展模式。临沂高新区整合临沂海纳电子、中瑞电子、龙立电子、卫康生物等电子信息、生物医药龙头企业来济设立研发总部，充分利用高新区公共技术服务平台，与山东大学等驻济高校院所开展产学研合作，提升本地企业创新能力和市场竞争力。

三、存在问题

济南市高新区公共技术服务平台建设投资大、种类全、起点高，有力支撑了高新区的创新发展，但总体呈现出“虎头蛇尾”之态，仍存在建设主体单一、服务功能基础、运行效率偏低、考核管理不足等问题：

（一）建设主体单一

高新区现有平台多数由政府主导建设或政府与企业、高校院所共建，企业自建、行业组织建设的平台较少。例如：千万亿次超级计算平台由科技部、山东省科学院国家超级计算济南中心共建;集成电路设计平台由国家信息通信国际创新园、山东省信息通信技术研究院合建;济南药谷·化药中试公共服务平台由济南高新技术创业服务中心与济南爱思医药科技有限公司合建等。

(二)服务功能基础

高新区57%的现有平台主要提供产业技术创新、仪器设备共享等基础性服务,缺乏创新研发、产业孵化、成果转化等复合功能,新产业新业态的培育作用不足。例如:软件与信息服务外包公共服务平台以设备和工具共享为主,专业化增值服务不足,服务不符合产业和企业发展需求。

(三)运行效率偏低

现有平台委托非专业化运营团队在管理运营,运行效率偏低。例如:国家综合性新药研发技术大平台包含6大子平台,由生物医药领域专业公司代运营,存在平台资源独自占用、仪器设备闲置浪费、开放性、公共性不足等风险,造成平台利用率低,沉淀成本高。

(四)考核管理不足

没有形成高新区公共技术服务平台考核管理机制,平台的监管、考核、激励等具体措施尚不健全,缺乏对平台运营科学高效的平台管理考核体系。例如:生物基因工程与医学转化公共服务平台考核指标覆盖人才引进数量、实验室使用次数、招商引资情况等,考核指标全面,实际执行较困难。

四、未来思路

(一)总体思路

济南高新区将在借鉴先进地区经验的基础上,按照"补缺强弱、构建体系,深化改革、搞好做活"的总体思路,加快推进公共技术服务平台由政府主导向市场主导转变、由单一功能向复合功能转变、由界限分明向跨界融合转变、由重资产向轻重结合转变"四大转变",充分发挥公共技术服务平台在核心技术突破、新兴产业培育、双创生态营造中的重要作用,将公共技术服务平台建设成为高端前沿技术的引领者、产业融合创新的加速器、创新创业生态的策源地。

(二)重点任务

第一,赋能改革,着力提升平台活力。推进平台的运营机制改革,引入第三方机构或专业团队,进行企业化管理、市场化运营。对于企业需求低、经营效果差、利用率不高的平台进行整合重组、逐步退出,对于企业需求大、利用率高的平台要继续加大软硬件资源投入力度。

第二,增量聚焦,重点新建一批平台。重点推进山东工业技术研究院、中德(济南)智能制造应用技术中心、智能制造金融支持平台、山东省知识产权"一站式"综合服务平台、大数据流通与交易技术国家工程实验室等平台建设，新建激光产业领域专业化公共技术服务平台。

第三，协同共享，构建融通共享体系。重点实施"济南高新区开放实验室"计划，搭建"济南高新区合作共享社区"，进行线上和线下相结合的"轻量化"运营，推进各主体间的资源整合和交流合作。

第四，建立健全公共平台管理规章制度。建立健全公共技术服务平台管理规章制度，构建绩效考核评估指标体系，加强平台的动态管理，积极引入专业机构开展第三方评估，推动公共技术服务平台健康发展。

五、工作建议

(一)成立平台统筹协调部门

建议仍由各园区分管公共技术服务平台，管委会要明确公共技术服务平台统筹管理部门，统一协调负责平台的建设管理，协调组织、考核评价工作。

(二)各园区出具现有平台提升方案

各园区平台负责部门，根据平台实际情形，针对技术服务支撑能力弱、平台运行效率低、资源链接不足能问题，围绕平台运营机制、资源链接和整合等方面，出具现有平台提升方案。

(三)各园区提供新建平台计划方案

各园区根据园区重点产业的发展需求，坚持"多元主体建设""建设资金来源多元"的原则，提供新建平台计划方案。

(四)构建完善平台评价指标体系

各园区要在本次调研报告的基础上，立足平台具体实际，从自成长能力、资源集聚、服务水平、协同合作等方面提出具体平台考核评估指标体系。

(五)定期进行平台发展年度总结

管委会、各园区要对公共技术服务平台的运行状况实行动态管理和跟踪总结，形成常态化季报、年报制度。

附录二　创新政策

济南市“科技创新十一条”：发挥省会优势打造科技人才创新创业高地若干政策措施

为推动国家创新型试点城市建设，打造科技人才创新创业高地，按照省内“先行先试”的原则，确定对高校和科研院所科技人员、高校全日制在校学生到济南高新区、大学科技园、特色产业园区（以下简称“园区”）创办科技创业企业给予支持。具体政策措施如下：

1.鼓励高校、科研院所创办科技创业企业，加快成果转化。职务发明成果转化所得收益，按至少60%的比例分配给参与研发的科技人员及其团队。省、市科技计划对此类成果转化项目给予优先立项。

驻济高校、科研院所科技人员，取得授权发明专利及通过成果转化对本单位做出突出贡献，可优先推荐评审相应专业技术职务资格。

2.高校、科研院所创办的科技创业企业，注册资本中知识产权等无形资产最高可允许70%的比例。申请设立企业注册资本在50万元以下的内资公司（1人有限公司除外），其资本注册实行“自主首付”办理注册登记，允许“零首付”“零首付”的股东在公司成立之日起3个月内，按《公司法》有关规定缴纳注册资本。

3.允许和鼓励高校、科研院所创办的科技创业企业实施股权激励。相关科研团队和个人在成果转化过程中达到约定成效的，兑现相应股份期权；以股权形式量化给予个人，依法暂不征收个人所得税。

4.允许高校、科研院所科技人员离岗创办科技创业企业，其中属于事业单位科技人员离岗创业的，经办理辞职、辞聘手续，3年内如本人要求回原单位，经单位同意且有岗位空缺的，可按有关规定重新办理聘用手续。

5.允许和鼓励驻济高校全日制学生（包括各类研究生）创办科技创业企业。凡进入园区开展创业工作，可视为其参加学习、实训、实践教育，按相关规定计入学分，并免费享受创业导师辅导。

6.对新创办科技创业企业，市科技局在3年内安排技术研究与开发专项资金时，视其缴纳企业所得税情况加大扶持力度。

7.新创办科技创业企业通过省级以上鉴定的新产品，从认定之日起，3年内由市财政将该产品新增的增值税、企业所得税等地方财政收入部分通过扶持资金方式拨付企业，专项用于技术研发。

8.济南市科技金融风险补偿专项资金和高校科研院所创新创业计划、引进海内外各类创业人才计划，优先支持园区科技创业企业。

9.鼓励社会资金、财政资金在园区设立投资基金，支持园区科技创业企业发展。

10.各类软件开发与测试平台、生物医药研发平台、环保与新材料研发平台、专利技术孵化平台、科技信息共享平台等公共技术服务平台，向园区科技创业企业全部开放，优惠使用。

11.新建并经国家或省认定的创业服务中心、大学科技园、软件园、留学人员创业园、大学生创业孵化基地等科技企业孵化器，自认定之日起一定期限内，按规定免征营业税、房产税和城镇土地使用税。

本政策措施自公布之日起施行，有效期5年。

济南市“高校院所二十条”：关于促进高校和科研院所协同创新和成果产业化的若干政策（试行）

为增强高校、科研院所（以下简称“高校院所”）协同创新能力，加快科技成果产业化，充分发挥驻济高校院所创新资源优势和创新引擎作用，大力推进“招商引智”工作，统筹集聚国内外优质创新资源，提高我市源头创新和成果产业化能力，推动新旧动能转换先行区和区域性科技创新中心建设，增强核心竞争力，加速发展我市十大千亿元产业，为变道换向提前布局，实现“外地高校院所引进来，本地高校院所活起来，平台建起来，项目抓起来，产业火起来”，结合我市实际，制定本政策。

一、支持高校院所“筑巢引凤”，建设服务新旧动能转换的高端研发和成果转化机构

（一）支持驻济高校院所建设高水平科技研发和成果转化平台体系

1.支持高校院所组建国家级和省级科技创新基地以及一流学科。对新批准

认定的国家实验室、国家重点实验室、国家工程研究中心、国家技术创新中心、国家临床医学研究中心、国家科技资源共享服务平台等国家级科技创新基地，最高给予500万元资金补助；对新批准认定的省级科技创新基地，最高给予200万元资金补助；对新列入国家“世界一流学科”和“省一流学科”建设的分别给予500万元、200万元补助；对高校与我市企业联合新设立的院士工作站、博士后工作站分别最高给予30万元项目资助。

2.支持高校院所单独或联合设立科技成果转移转化机构。对新增国家级、省级技术转移转化机构，分别最高给予100万元、50万元补助。定期开展高校科技成果转化和技术转移转化机构绩效年度评估，年度被评定为优秀的，最高给予20万元奖励。

3.支持高校院所自主培养创新团队。支持高校院所在国际领先的优势学科和技术领域，新组建若干创新团队，经评审认定，可每年给予50万元项目资助，连续3年扶持，用于创新团队开展研发和成果转化等活动。

4.支持高校院所单独或联合设立各类产业创新载体。支持高校院所新独立组建或与我市各区(园区)和企业联合共建产业技术研究院、产业科技园、协同创新中心等平台载体，通过自主研发、合作研发等方式，开展行业共性技术开发。根据投资规模、技术水平和研发成果在济产业化落地等情况，经评审或考核可最高给予100万元后补助支持。

5.支持高校院所建设各类孵化器和众创空间。打造“泉城众创空间”等品牌，对新独立建设或与我市各区(园区)、企业联合共建孵化器和众创空间，根据投资规模等情况，经评审或考核，最高给予100万元补助。对创业服务能力强、孵化绩效突出的众创空间每年最高给予10万元创业服务补贴，最多连续支持2年。众创空间举办各类创新创业活动，可享受活动券政策补助。

6.支持高校院所设立科研带头人工作室。鼓励高校院所设立科研带头人工作室，开展传帮带，培养杰出人才，对符合条件的给予50万元项目资助。

7.推动高校院所科研设施开放共享。实施中小微企业创新券制度，推动高校院所的研发机构、大型仪器设备等面向企业和社会开放共享，提供创新服务，所获创新券兑现资金视同成果转化收益。

(二)支持驻济高校院所引进国内外高水平教育研发和成果转化机构

8.支持高校院所引进国内知名高校院所教育研发和成果转化机构以及创新团队。引导支持高校院所充分利用现有资源，引进国内知名高校院所来济建立分院或共建二级学院等，分别最高补助3000万元。支持以机构、人才、项目、产业“四位一体”产学研合作等方式吸引国内知名高校院所在济设立具有独立法人资格的研发、成果转化机构，联合开展重大关键共性技术研发，根据投资规模、技术水平等情况，经评审或考核，分别最高补助 500 万元，对引进的创新团队最高资助 200 万元。

9. 支持高校院所搭建国际化科技研发和成果转化合作平台。支持高校院所发挥长期积淀的国际学术交流资源优势，进行全球布局，对接海外优质创新资源，联合我市企业，面向国际知名高校和高端研发机构，实施“精准引进”，对在我市建立特色学院最高给予 3000 万元补助；对在我市建立国际联合研究中心、技术转移中心等国际合作平台，根据投资规模、技术水平等情况，经评审或考核，最高给予 500 万元补助。

10. 支持高校院所开展国际国内科技人才交流合作。支持深度参与国际科研交流与合作，实施高端人才引进计划，聘任入选国家高层次人才、教育部“长江学者奖励计划”等全球一流的专家和科研人员，利用国际创新资源开展科研项目研究和研究生联合培养工作，经考评，对在济产业化落地的科研项目分别最高给予 300 万元资助。

(三)吸引国内外“大院大所”来济设立研发或成果转化机构

11. 支持各县区等积极开展科技招商活动。鼓励各县区等吸引国内外知名高校院所在我市新设立具有独立法人资格的高层次研发机构和成果转移转化机构，并引入核心技术、配置核心研发团队，视年度科技招商的总规模和成效等情况对县区等进行考评，最高给予 3000 万元奖补。奖补资金主要用于引进高层次人才和团队以及改善科研条件和科技成果转化方面。

12. 积极发挥社会力量在引进国内外“大院大所”工作中的桥梁作用。对在引进国内外高校院所工作中起重要中介作用的第三方法人单位及个人，事前经政府部门备案，事后经审核，分别最高给予 200 万元、100 万元奖励。

二、完善产学研协同创新体系，促进科技成果服务济南新旧动能转换

13. 建立高校院所与我市企业产学研协同创新和成果转化“一张网”管理平台。依托立足山东、辐射全国的山东科技创新成果交易大平台，建设连接相关部委和先进省市的网络平台，集聚、对接高校院所科研平台、基地、人才、团队、成果以及我市企业等创新资源供需双方，并在此基础上成立产学研协同创新中心，实行联席会议制度，完善产学研协同创新体系。发挥平台线下服务和线上应用的优势，对高校院所与我市企业产学研协同创新和成果交易及产业化实施“店小二式”“全链条”跟踪服务。

14. 设立研发专项资金支持驻济高校院所创新研发。支持高校院所和我市企业联合在济开展科研项目攻关和成果产业化，建立高校院所产学研和成果转化项目库以及“项目储备制度”，实行动态跟踪管理。发挥财政资金引导作用，强

化绩效导向，通过补助、“借转补”等方式对高校院所研发并在我市实现成果落地转化的项目择优扶持，一般按项目投资额10%资助，最高不超过1000万元。对驻济高校院所与济南市合作承担的市级科技计划产业化项目，企业获得的财政扶持资金中用于高校院所人员劳务支出不设比例限制。

15.设立基金支持驻济高校院所科技成果在济转化。利用“教育产业发展基金”，设立驻济高校院所科技成果产业化基金，同高校院所研发专项资金实行联动扶持，为高校院所科技成果在济产业化落地提供资金扶持。对驻济高校院所设立的成果转化基金或产业引导基金，可按基金总规模的一定比例进行参股设立子基金，专项用于支持驻济高校院所科研成果在济落地转化。

16.支持驻济高校院所和企业以“柔性引进”方式与国内外高校院所合作。对驻济高校院所和我市企业以“柔性引进”方式与国内外高校院所开展联合科技攻关以及合作研发等，且研发成果在济南产业化落地的项目，给予上述研发专项资金和科技成果产业化基金政策的扶持。

17.支持高校院所及社会中介机构科技成果转化。鼓励高校院所完善科研人员的股权、期权及分红激励机制，依法完善科技成果、知识产权归属和利益分享机制。鼓励企业与高等院校、科研院所、科研人员以股权为纽带，建立长期稳定的合作关系；对促成省内外高校院所科技成果向我市企业转移的在济南市注册的独立法人技术转移中介服务机构和驻济企业，在技术转移服务活动发生前，在市、区县科技管理部门完成首次备案登记的，可在完成成果转移一年后，经科技主管部门审核，按不超过技术合同中实际发生技术交易额的1%给予补助，单项资助最高200万元。

18.支持高校院所开展技术转移转化服务。对在本地转化的年度技术合同交易额3000万元以上，并经济南市科技局备案的在济南市注册的高校院所技术转移服务机构，按照不超过年度技术合同交易额2.5‰给予补助，最高不超过200万元。同时，对通过济南技术交易市场或科技成果转化平台完成科技成果挂牌交易和拍卖，并在本地转化的，经技术合同认定登记后，按照不超过成交价10%给予补助，单项资助最高80万元。

19.支持高校院所人才在济创新创业。对高校院所在济创新创业的高层次人才，优先推荐申报国家高层次人才、高层人才、“泰山学者”、泰山产业领军人才、泉城产业领军人才等市级以上人才工程；优先推荐申报市级以上科技计划，提供科技成果转化、大型仪器设备共享、知识产权信息等平台服务；优先推荐申请风险投资资金支持。支持高校院所科技人员和高校学生到各类科技园区创办、领办科技型企业，或者高校院所为推动职务发明成果转移转化，以单位资产、资金创办的科技型企业，符合规定的企业可领取最高30万元的科技创业企业创

新券

20. 支持开展科研人员服务企业行动。对高校院所组织的科研人员服务企业活动，根据规模与成效，对组织单位每年最高给予 30 万元补助。补助资金可自行支配用于开展服务活动。

市人才工作领导小组办公室负责若干政策的统筹管理，市科技局负责具体实施，市财政局负责资金预算安排和拨付。

对符合本政策，同时又符合其他政策的，按照从高不重复原则执行。本政策实施细则另行制定。本政策由市委组织部、市财政局、市科技局负责解释，自公布之日起施行。

济南市"人才新政三十条"：关于深化人才发展体制机制改革促进人才创新创业的实施意见

为深入贯彻落实中共中央印发的《关于深化人才发展体制机制改革的意见》(中发[2016]9 号)和省委印发的《关于深化人才发展体制机制改革的实施意见》(鲁发[2016]22 号)，大力破除束缚人才发展的思想观念和体制机制障碍，最大限度地激发和释放人才创新创造创业活力，为"打造四个中心，建设现代泉城"提供坚强有力的人才保障和智力支撑，现结合济南实际，就深化人才发展体制机制改革、促进人才创新创业，提出如下实施意见。

一、实施人才引进培养升级政策

1. 建立人才分类目录。建立全市人才分层分类体系，按照人才能力水平和业绩贡献，将人才分为国内外顶尖人才(A 类)、国家级领军人才(B 类)、省级领军人才(C 类)、市级领军人才(D 类)、高级人才(E 类)五个层次。建立人才分类动态调整协调机制，成立市人才分类协调小组，定期修订完善人才分类目录。对济南产业发展急需、社会贡献较大、现行人才目录难以界定的"偏才""专才"，经协调小组认定后，享受相应的人才政策。(牵头单位：市委组织部、市人力资源社会保障局)

2. 实施顶尖人才集聚计划。制定顶尖人才奖励资助实施办法。对新引进或自主培养的国内外顶尖人才和团队，经评审认定，可通过项目资助、创业扶持、贷款贴息、股权直投等方式，给予最高 1 亿元的综合资助。对新当选和全职引进的中国科学院院士、中国工程院院士等层次的国内外顶尖人才，给予 500 万元生活补贴。(牵头单位：市委组织部、市人力资源社会保障局)

3.深化泉城"5150"引才倍增计划。新来济创新创业的国家高层次人才、"万人计划"人才、"泰山学者"、泰山产业领军人才等国家和省部级重点人才工程入选人才,直接纳入泉城"5150"引才倍增计划管理服务范围,其中全职引进的,分别参照"5150"引才倍增计划A类、B类创业创新人才项目资助。对我市自主申报入选国家高层次人才、"万人计划"人才、"泰山学者"、泰山产业领军人才的,按照国家、省人才资助经费额度给予入选人才1∶1配套。(牵头单位:市委组织部)

4.实施泉城产业领军人才支持计划。聚焦大数据与新一代信息技术、量子科技、智能制造与高端装备、生物医药、先进材料、产业金融、现代物流、医疗康养、文化旅游、科技服务等十大产业,以"高精尖缺"为导向,集中力量培养本土重点产业领军人才和团队。对入选的创业人才(团队),给予最高300万元项目经费资助,同时提供工作场所房租补贴、贷款贴息、知识产权质押、融资补贴等支持。对入选的创新人才(团队),给予最高200万元项目经费资助。对成长性和业绩突出的人才团队项目,根据实际需求予以滚动支持或追加资助。(牵头单位:市委组织部)

5.实施产业金融人才集聚计划。制定加强金融人才队伍建设的实施意见,5年内分层次引进培养一批紧缺型金融人才、领军型金融人才、金融高级管理人才和金融高级专业人才,打造产业金融人才特区。根据引进金融人才的层次和水平及对全市金融产业的贡献,可给予最高100万元的生活补贴。对于特别优秀的领军型、紧缺型金融人才,可按照"一事一议"的原则研究办理,享受更高待遇。(牵头单位:市金融办)

6.完善企业经营管理人才培养机制。研究制定加强企业家队伍建设的意见。建立泉城优秀企业家人才储备库,实施动态管理、跟踪培养。加大企业家培训力度,建立创新型企业家培训基地,定期选派重点产业领域的知名企业家到国(境)外学习交流。实行企业家培养导师制度,选择知名企业家担任导师,对新生代企业家提供指导、咨询和建议。建立高层次常态化的企业家参与全市战略决策对话咨询制度。(牵头单位:市经济和信息化委)

7.支持用人单位更好地发挥引才主体作用。制定支持重点企业加快引进高层次人才实施办法,遴选一批重点企业,实施人才工程配额制。企业引进高层次人才支付的一次性住房补贴、安家费、科研启动经费、子女教育费等费用,可据实在计算企业所得税前扣除。国有企业引进高层次人才产生的人才专项投入成本,可视为当年考核利润。我市事业单位引进A、B、C类高层次人才,可设立特设岗位,不受岗位总量、最高等级和结构比例的限制。对市属国有企业和事业单位引进的急需紧缺人才,经相关部门审核后,用人单位可单独制定收入分配倾斜政策,不纳入绩效工资总量。鼓励用人单位对急需紧缺人才实行协议工资制、项目工资制和年薪制,不纳入单位绩效工资总量基数。(牵头单位:市委组织部、市财政局、市人力资源社会保障局、市地税局)

8.积极推进市场化引才。完善高层次人才供需精准对接机制,建立开放共享的高层次人才信息平台。组织开展“海外行、城市行、高校行”等高端人才专项对接活动,举办海内外高层次创业创新大赛。在海内外高端人才密集地区设立人才工作联络站,构建常态化的人才联络网。实施重大引才活动服务外包,依托高端猎头机构,开展高层次人才寻访和引进工作。建立引才激励制度,对为我市引进落户 A、B、C、D 类人才的个人和中介组织,分别给予 60 万元、30 万元、20 万元和 10 万元奖励。对用人单位委托第三方机构招聘 D 类及以上层次人才的,在人才全职引进后,给予用人单位招聘费用 50%的补贴,每人次最高不超过 5 万元,每家用人单位每年补助最高不超过 20 万元。(牵头单位:市委组织部、市人力资源社会保障局)

9.深化“泉城学者”建设工程。加大柔性引才工作力度,建立柔性引才供需对接平台,支持用人单位在不改变人事、档案、户籍、社保等关系的前提下,通过顾问指导、短期兼职、技术合作、技术入股、合作经营等方式,柔性汇聚全球创新创业人才。对柔性引进的人才(团队),经评审认定,命名为“泉城学者”,并给予每人 10 万元生活补贴;对实施的项目,给予最高 100 万元的项目扶持资金。(牵头单位:市委组织部)

10.建立更具活力的省会人才集聚机制。研究制定有利于驻济中央、省直单位人才在济创新创业的支持政策、激励机制和服务办法。将驻济高等学校、科研院所等单位人才纳入我市资助服务范围,对新入选国家级重点人才工程的,给予最高 100 万元的配套资金补助。积极为高等学校、科研院所新引进的高层次人才提供户籍、住房、子女入学等服务。完善驻济中央、省直单位人才科技成果转化和产业化的支持机制,积极推动科技成果就地转化。支持中央、省直单位人才在济创业,享受引进人才创业优惠政策。建立健全深化校(院)市、校(院)企合作机制,促进校(院)高层次人才柔性流动。(牵头单位:市委组织部、市科技局)

二、健全人才发展激励保障机制

11.促进科技人才创新创业。允许高等学校、科研院所等事业单位科技人员在履行岗位职责、完成本职工作的前提下,经单位同意,可以兼职到企业从事科技成果转化,或者离岗创业,在 3 年内保留人事关系,相应享受职称评聘、保险等方面待遇;离岗创业期满后,符合条件的经批准同意可再延长 3 年。除高等学校、科研院所之外的事业单位的专业技术人员,也可以提出申请,经所在单位和

主管部门认定后也可享受上述政策。(牵头单位:市人力资源社会保障局)

12.加强科研成果转化激励。建立和完善职务发明成果收益分配制度,市属高校、科研院所中,职务发明成果转化收益按照不少于70%、不超过95%的比例用于奖励科研负责人、骨干技术人员等重要贡献人员和团队,团队负责人有内部收益分配权。鼓励和允许国有企业在科技成果转化实现盈利后,连续3~5年每年提取不高于30%的转化利润,用于奖励核心研发人员、团队成员及有重大贡献的科技管理人员。(牵头单位:市财政局、市科技局)

13.完善多元化人才投入机制。加大人才发展投入,整合市级财政人才发展资金,制定人才发展专项资金管理办法,加强对人才发展专项资金的动态管理和审核监督,提高资金效益。各县区都要设立人才发展专项资金,并不断增加资金规模。探索建立重点人才工程资助经费市和县区财政分担机制,根据县区财政状况确定差异化分担比例。创新人才发展金融支持,鼓励金融机构加大对人才企业信贷支持,探索推行"人才贷"等扶持方式。建立人才创业贷款担保专项资金,市财政每年出资1000万元,对在济创新创业人才的企业贷款,可给予每个企业最高贷款额度500万元的担保费用补贴或部分贴息。发挥政府投资引导基金引导作用,设立人才创新创业基金。(牵头单位:市财政局、市委组织部、市金融办)

14.完善有利于各类人才发展的税收政策。落实国家支持企业技术创新的研发费用加计扣除、高新技术企业所得税优惠、固定资产加速折旧、股权激励、股权分红、技术服务和转让税收优惠等激励政策。高新技术企业转化科技成果,给予本企业相关技术人员的股权奖励,技术人员一次性缴纳个人所得税有困难的,报主管税务机关备案,可在5年内分期缴纳税款。高校、科研院所等转化科技成果以股份或出资比例等股权形式给予个人奖励的,获奖人在取得股份、出资比例时,暂不缴纳个人所得税。对于我市十大产业重点企业的高级管理人才、科技骨干人才及新引进的急需紧缺高层次人才,可以结合企业地方经济贡献大小,按照个人工资薪金收入贡献额度,给予每个企业不超过10人,每人金额为贡献额度40%以内的奖励。(牵头单位:市地税局、市国税局)

15.加强人才发展载体建设。研究制定引进和共建产业技术研究院的意见,对引进共建的产业技术研究院,在资金保障、建设规划、科研条件、人才引进等方面给予支持。制定重点企业研究院建设管理办法,选择部分研发实力比较雄厚的企业,采取财政和企业共同投资的方式,建设重点企业研究院。在济南章丘高教科创片区规划建设济南高层次人才创新创业基地,整合市、区两级资源,在人才引进培养、公共服务平台、生活配套设施建设、融资服务等方面予以优先扶持、先试先行。鼓励高等学校、科研院所、企业、园区设立国家高层次人才工作站,按照省财政补助资金 1∶1 的比例予以配套建站经费。建设海外人才离岸创新创业基地，开展离岸创业托管和海外人才项目预孵化，打造国际化综合性引才平台。（牵头单位：市委组织部、市科技局、市科协）

三、推进人才管理体制改革

16.转变政府人才管理职能。推动人才管理部门简政放权，建立政府人才管理服务权力清单和责任清单，清理和规范人才招聘、评价、流动等环节中的行政审批和收费事项，强化人才管理部门宏观管理、公共服务、监督保障等方面职责。建立人才政策调查和评价机制，采取“一年一调查、一年一评估”方式，对人才政策落实情况进行跟踪研判，根据需要及时完善、清理有关政策性文件。（牵头单位：市委组织部、市编办、市人力资源社会保障局）

17.大力发展人力资源服务业。研究制定进一步促进人力资源服务业发展的政策措施，设立人力资源服务业发展专项资金 500 万元。放宽人力资源服务业准入限制，鼓励知名人力资源服务企业来济发展。促进人力资源服务机构集聚和规模发展，被认定为市级、省级、国家级人力资源服务产业园的，由市财政分别给予一次性补助 50 万元、100 万元、200 万元。加大高端猎头和国际知名人才寻访机构引进培育力度，加大高端猎头专业机构引进培育力度，对新引进国内外知名猎头机构的园区，经评审认定，可以按照每家 20 万元的标准给予一次性奖励。对新评定为“全省人力资源诚信服务示范机构”“年度全省人力资源服务业十大品牌”“全省人力资源服务业十强机构”“省级优质猎头服务机构”“人力资源服务新获驰名商标”的人力资源服务机构，按照省财政奖补资金 1∶1 的比例予以配套扶持。加强人力资源服务机构高级管理人员研修培养，打造一支素质优良、结构合理的人力资源服务业高端人才队伍。（牵头单位：市人力资源社会保障局）

18.成立济南高层次人才发展促进会。将济南专家协会换届更名为济南高层次人才发展促进会，通过政府购买社会服务方式，承接人才工程评审、人才培训、人才服务等项目，推动人才交流、政产学研合作，搭建政府和高层次人才、用人单位之间的沟通桥梁。（牵头单位：市委组织部）

19.设立泉城“人才驿站”。全市范围调剂 500 个事业编制作为人才编制“蓄水池”，滚动使用、动态管理。凡具有事业身份的高层次人才来济创新创业，5 年内保留其事业身份，并享受人事档案管理、档案工资晋升、职称评审等服务。（牵头单位：市编办）

20.设立招才引智专项出访计划。对党政机关、市属企事业单位的领导干部，因专题招才引智活动临时因公出国（境）的，可使用专项出访计划，不占用派员单位和个人出国计划。进一步简化和规范我市高层次人才因私出国(境)办理程序,提高高层次人才出国(境)事务办理效率。高等学校、科研院所担任领导职务的专家学者因公临时出国开展学术交流合作的,单位与个人的出国批次数、组团人数、在外停留天数可以根据实际需要安排。(牵头单位:市外侨办)

21. 建立招商引资与招才引智协同推进机制。以招商项目为载体打包引进领军人才与团队。实行招才引智和招商引资一体化考核,县区从市外全职引进1名国家高层次人才、“万人计划”人才,创业人才、创新人才分别视同完成1亿元、6000万元招商引资任务;从市外全职引进1名省部级创新创业人才工程人选,创业人才、创新人才分别视同完成5000万元、3000万元招商引资任务。(牵头单位:市投资促进局)

22. 促进人才向基层流动。落实好山东省加强基层专业技术人才队伍建设的实施意见,提高基层专业技术人才各项待遇水平。深入开展人才服务基层活动,建立市级重点人才工程人选基层志愿服务制度,推进专家服务基地建设。将服务基层成效作为市级人才工程的重要考核指标,市级人才工程项目适当向基层和县域倾斜,在名额分配、资金配套方面予以支持。完善科技副职工作机制,积极发挥科技副职在推动县域经济发展、促进产学研合作方面的作用。(牵头单位:市委组织部、市人力资源社会保障局)

23. 积极推进人才改革试验区建设。建设济南新旧动能转换先行区人才改革试验区,在人才培养引进、评价使用、流动配置、激励保障等方面,建立更加符合国际规则的人才政策体系、管理制度和服务模式,集聚引进一批新技术、新产业、新业态、新模式等新兴经济领域的高层次人才。积极落实济莱协作区省级人才改革试验区建设试点工作,在破除人才流动的体制壁垒和身份障碍、完善人才畅通流动制度体系、区域人才一体化等方面,开展改革创新实践。支持县区因地制宜,在人才集聚、政策创新等方面先试先行,建设一批特色人才改革试验区。(牵头单位:市委组织部)

四、完善人才公共服务体系

24. 建立人才“金卡”制度。为现有和新引进的高层次人才发放服务金卡,持卡的高层次人才可在创业投资、子女入学、医疗保健、交通社保、出入境管理等方面享受到及时高效专项服务。加快推进国际学校建设和社会优质教育资源办学,更好满足高层次人才子女对国际化教育和优质教育的需求,新引进的A、B、C类人才子女在就读方面,由市、区教育行政部门统筹协调、妥善安排。妥善解决新引进高层次人才配偶随迁安置问题,消除人才后顾之忧。完善高层次人才医疗保健待遇,A、B类人才参照享受我市一级医疗保健待遇;C、D类人才参照享受我市二级医疗保健待遇。完善人才服务绿色通道，优化人才服务窗口一站式办理，深化人才服务专员制度，对高层次人才实行跟踪服务。（牵头单位：市委组织部、市教育局、市公安局、市人力资源社会保障局、市卫生计生委）

25.实行更为便利的人才居留落户政策。建立引进人才落户绿色通道，引进海内外高层次人才，可不受原户籍所在地的限制在济落户，与其共同生活居住的配偶、未婚子女可以随迁，不受住所条件、居住年限、年龄等条件限制。在市人才服务局设立“人才集体户”，来济创业或就业的具有全日制本科及以上学历和学士及以上学位的毕业生，凭与用人单位签订的劳动合同或依法注册登记就业按规定参加社会保险，可申请落户。对我市重点企业、重大项目“成建制”引进的急需紧缺人才及团队，经市人才办统筹协调并审核后，可办理落户。（牵头单位：市公安局）

26.优化外籍人才管理服务。全面推行外国专家证和外国人就业证“两证合一”，建设济南市外国人来华工作公共服务中心，为外籍人才来济工作提供便利。对符合条件的外国专家取消来我市工作年龄限制，获得硕士及以上学位的外籍毕业生和外国留学生经申请可直接获得工作许可。扩大外籍高层次人才在口岸和境内申请办理R字签证（人才签证）的范围，健全完善外籍人才特别通道服务机制，为外籍人才及其家属提供签证受理和居留便利。（牵头单位：市人力资源社会保障局、市公安局）

27.实施人才安居工程。统筹市、县区资源，通过两级共建、县区自建或整合现有房源等形式，集中建设或储备一批人才安居房，作为新引进高层次人才周转房，周转期5年。允许人才集聚的大型企事业单位、产业园区平台利用自用存量用地，在不违反城市规划的前提下，建设人才公寓（单位租赁住房）等配套服务设施。完善高层次人才安居办法，对新引进的A类国内外顶尖人才，采取“一事一议”的方式解决住房问题；对B、C、D类人才，给予最高100万元的购房补贴或最长免租5年的住房。对企业新引进入户的全日制博士、硕士研究生，分别按照每月1500元、1000元的标准享受连续3年的租房和生活补贴。引进的D类及以上人才需要购买住房的，经本人申请并认定后，可不受户籍、在我市缴纳一定期限社会保险等限购政策影响。（牵头单位：市委组织部、市住房保障管理局）

28.建设人才公共服务信息平台。重点建设“一库两网五平台”。“一库”是指人才项目数据库，动态分析掌握全市人才现状；“两网”是指“中国济南人才”官网和“睿智人才”微官网，发布人才政策、工作动态、人才需求等信息，搭建互动交流平台；“五平台”是指信息发布、项目申评、管理评估、人才服务、供需对接等平台，打通全市各类人才服务渠道，让人才享受一键式、互动式的优质人才服务。（牵头单位：市委组织部、市人力资源社会保障局）

五、加强党对人才工作的组织领导

29.完善党管人才工作格局和工作机制。发挥党委(党组)在人才工作中的领导核心作用,深化组织部门人才工作牵头抓总职能。进一步明确人才工作领导小组及办公室职责任务和工作规则,健全成员单位人才工作述职报告制度,建立重点人才工作督办制度。理顺党委和政府人才工作职能部门职责,将行业、领域人才队伍建设列入相关职能部门“三定”规定。市人才管理部门要明确人才工作专门机构和人员,各县区党委组织部门要设立专职人才工作机构,配强专职工作人员。强化人才工作目标责任制考核,严格落实党委(党组)书记人才工作第一责任人责任,将人才工作纳入各级领导班子和领导干部综合考核,列为落实党建工作责任制情况述职的重要内容。(牵头单位:市委组织部、市编办)

30.充分发挥党的组织凝聚人才作用。深化落实党委联系专家制度,真诚爱护人才、关心人才、成就人才。加强人才思想联系,强化各类人才教育培训,深入开展国情省情市情研修。加强人才政策宣传解读,加大优秀人才和工作典型宣传力度,营造爱才敬才的良好氛围。(牵头单位:市委组织部)

各级各部门要认真贯彻落实中央、省委关于深化人才发展体制机制改革的有关精神和要求,对本实施意见未涉及的改革措施,要按照上级部门出台的配套文件,制定相应贯彻意见,切实抓好落实。各县区、济南高新区要根据本实施意见精神,结合本地实际,制定具体实施办法。市直各有关部门要根据任务分工,研究制定工作推进计划和具体措施,建立健全事中事后监管机制,确保规范有序推进。

济南市“侨六条”:
关于推进济南“侨梦苑”建设发展若干扶持政策

为积极推进济南“侨梦苑”建设,优化华侨华人创新创业和海外优质资源集聚环境,对接国家政策,加快产业集聚、项目落地、高端人才引进,更好地服务我市经济社会发展,根据国家、省、市有关政策规定,现提出支持济南“侨梦苑”建设若干政策。

一、组建“侨梦苑”产业投资基金,有效破解企业融资困局

在新旧动能转换基金下组建“侨梦苑”产业投资基金,先期规模10亿元。基金运作采用“项目基金+直投”模式,撬动社会资本,坚持市场化运作,分别为“侨梦苑”成长期企业提供产业基金支持,为初创期企业提供天使类基金或股权直接

投资支持，为企业提供科技成果产业化基金支持以及为企业提供其他产业投资基金支持。

1.支持范围。主要投向济南“侨梦苑”“一区一园六平台”范围内且纳入“侨梦苑”建设项目库的成长期和初创期重点企业、重点项目。

2.责任单位。济南产业发展投资集团有限公司、市外侨办。

3.申报审核程序。企业依据相关要求提供项目申报表、项目可行性研究、上两年度财务报表以及其他附件材料，由济南产业发展投资集团有限公司审核并办理。

二、设立“侨梦苑”贷款担保专项资金，为企业提供贷款担保支持

为解决入驻“侨梦苑”中小微企业融资难、担保难问题，引导融资性担保机构开展中小微企业融资担保业务，设立“侨梦苑”中小微企业贷款担保专项资金1000万元，由市经济和信息化委所属市融资担保有限公司成立专门团队，为符合条件的中小微企业对接贷款银行，开辟“绿色通道”，提供贷款担保服务。

1.支持范围。济南“侨梦苑”中小微企业。

2.责任单位。市经济和信息化委、市外侨办。

3.申报审核程序。企业依据申报要求提报企业相关资料、经中介机构注册会计师审计的上年度财务会计报告等资料，由市融资担保有限公司审核并办理。

三、设立“侨梦苑”风险补偿专项资金，为小微企业贷款提供支持

为建立政银小微企业信贷风险分担机制，引导银行业金融机构开展小微企业贷款业务，设立“侨梦苑”小微企业贷款风险补偿专项资金1000万元，按照“政银企”合作模式，专项补偿合作银行为“侨梦苑”小微企业贷款发生的风险。

1.支持范围。济南“侨梦苑”小微企业。

2.责任单位。市经济和信息化委、市外侨办。

3.申报审核程序。小微企业自愿向合作银行申请贷款，合作银行独立审核考察。贷款发生风险时，合作银行根据法院民事判决书等法律文书向责任单位申请风险补偿。

四、实施“侨梦苑”企业融资费用补助，解决企业融资难融资贵难题

对“侨梦苑”中小微企业年贷款额不低于50万元(含)且单笔贷款不超过1000万元(含)的流动资金贷款，可按年度实际融资费用的40%(小微企业可按50%)申请市财政补助，每个企业年补贴额最高不超过30万元，其中担保费补贴额最高不超过5万元。企业在同一年度内的贷款，只能享受1次财政贴息政策。申请融资

费用补贴的企业，符合条件的，可同时享受国家、省、市其他专项资金扶持政策。

1. 支持范围。济南“侨梦苑”中小微企业。

2. 责任单位。市财政局、市外侨办。

3. 申报审核程序。企业依据有关政策要求，提供申请报告、企业法人营业执照和纳税登记证复印件、中介机构出具的有防伪标识的上年度财务会计报告（复印并加盖企业公章）、银行贷款合同及支付利息和担保费用的单据（复印件并加盖贷款银行公章及企业公章）等材料，经属地财政部门初审后，报送市财政局复核办理。

五、设立“侨梦苑”专利质押融资专项资金，为中小微企业提供贷款支持

鼓励和支持“侨梦苑”科技型中小微企业开展专利质押融资，对企业以专利质押方式获得银行贷款并按时还本付息后发生的利息、担保费、专利评估费和保险费给予资助。其中，小微企业的单笔贷款按照贷款当年中国人民银行同期贷款基准利率的60%给予省财政贴息支持，每家企业年贴息额不超过20万元，补贴累计期限不超过2年，补贴总次数不超过3次；对专利评估费按照50%给予省财政补贴，每家企业年补贴额不超过5万元，补贴总次数不超过3次。市财政对中型企业专利质押融资费用按照40%给予每年最高不超过30万元的贴息和担保费支持，其中担保费补贴额最高不超过5万元。对企业投保的专利权给予职务发明专利2000元/件资助，每家企业年补贴额不超过2万元。享受该政策的企业不再享受融资费用补助政策。

1. 支持范围。济南“侨梦苑”中专利权质押合同已办理过专利权质押登记手续，质押贷款项目符合国家产业政策，出质的专利权权属清晰、合法有效、可以转让，并可以其知识产权出质获得金融机构专利权质押贷款的中小微企业。

2. 责任单位。市知识产权局、市财政局、市外侨办。

3. 申报审核程序。企业按要求提报《专利质押融资补助资金申报书》、国家知识产权局出具的专利权质押登记通知书复印件、专利权质押合同、借款合同、已偿还贷款本金和支付相应利息凭证复印件、专利评估报告复印件、保证合同，担保费用的单据复印件、保险费发票复印件、经中介机构注册会计师审计的上年度财务会计报告等资料，由市知识产权局审核并办理。

六、建立“侨梦苑”服务协同工作机制，为企业提供全链条“一站式”精准服务

（一）建立“侨梦苑”企业服务推进机制

园区企业服务部门要转变服务方式，提供全链条“一站式”精准服务，及时审

核上报相关材料，形成产业园区、所在区与济南产业发展投资集团有限公司、市经济和信息化委、市知识产权局、市财政局、市外侨办等相关部门和单位三级审核把关、相互协调、密切对接的工作推进体系，确保各项支持政策落地，促进“侨梦苑”企业做大做强。

（二）打造“侨梦苑”企业共享服务平台

依托立足山东、辐射全国的泉城科创成果交易大平台，建立侨梦苑企业创新发展共享服务平台，对接企业与创新创业资源供需双方，形成集科技成果转移转化、技术产权及知识产权交易、技术服务、咨询服务、科技金融服务等于一体的共享服务中心，更好地服务“侨梦苑”企业发展。

（三）健全“侨梦苑”企业名录和项目库

准确掌握企业生产经营情况和存在的实际困难，对新引进项目和洽谈项目分层次推进，积极协助完成落地、注册和签约阶段的各项工作，对缺少项目资金的企业主动对接基金公司等相关机构帮助解决资金困难，支持“侨梦苑”企业持续健康发展。

（四）深化“侨梦苑”企业“放管服”改革

在槐荫区、济南高新区政务中心开设为侨服务窗口，减少办理环节，简化办理流程，推行“网上办”“一次办”“我来办”政务服务“三办”事项，做到让企业最多跑一趟，为企业提供“店小二＋专业式”“全链条”的精准化服务。

上述政策具体申报审核规定，由相关责任单位根据工作需要另行制定。本政策由市财政局、济南产业发展投资集团有限公司、市经济和信息化委、市知识产权局、市外侨办负责解释。

本通知自公布之日起施行，有效期5年。

济南市“金九条”：
济南市加快区域性金融中心建设促进金融业发展若干扶持政策

为加快推进区域性金融中心建设，全面促进我市金融业发展，根据《山东省地方金融条例》、省政府关于加快金融改革发展的有关意见精神以及我市区域性金融中心建设指标体系三年行动纲要和2016年目标任务要求，按照政府引导、统筹推进、税收属地、分级负担的原则，制定如下扶持政策。

一、促进金融机构集聚发展的扶持政策

本扶持政策所称金融机构，是指注册地和税收户管地均在我市并经国家金融监管部门批准设立的相关机构。

（一）对新设立或新引进的法人金融机构，按其实缴注册资本规模给予一次性资金补助

实缴注册资本40亿元（含）以上的，补助1亿元；30亿元（含）至40亿元的，补助7000万元；20亿元（含）至30亿元的，补助5000万元；10亿元（含）至20亿元的，补助3000万元；5亿元（含）至10亿元的，补助1000万元；3亿元（含）至5亿元的，补助500万元；1亿元（含）至3亿元的，补助300万元；5000万元（含）至1亿元的，补助100万元。

（二）对法人金融机构增资给予一定补助

本扶持政策施行后新设立的金融机构增资的，参照本项政策第（一）条规定，按增资后达到规模对应的补助标准予以补足；本扶持政策施行前设立的金融机构增资的，参照本项政策第（一）条规定，仅对其增资部分给予补助。

（三）对新设立或新引进的法人金融机构一级分公司、区域金融总部机构以及法人金融机构的职能总部、运营总部、后台服务中心等，给予一次性补助

1. 对外资银行一级分行或办事处、全国股份制商业银行一级分行或省外城市商业银行一级分行，补助400万元；对省内城市商业银行一级分行，补助300万元。

2. 对保险公司一级分公司、证券公司一级分公司，补助300万元；对其他非银行类金融机构（信托公司、企业集团财务公司、金融资产管理公司、金融控股公司、期货公司、基金管理公司、交易所、登记结算公司等）一级分公司，补助200万元。

3. 对法人银行机构和保险机构的业务总部、运营管理中心或后台服务中心，补助350万元；对法人证券机构、期货机构和信托公司的业务总部或运营中心，补助200万元；对证券公司和期货公司的营业部，补助50万元。

4. 对已获补助的证券、期货营业部升级为一级分公司的，在原有补助基础上，参照本项政策第（三）条第2款规定的补助标准予以补足

5. 对金融机构在县域新设立的支行、支公司，补助50万元。

（四）对新设立或新引进的法人金融机构、法人金融机构一级分公司、区域金融总部机构以及法人金融机构的职能总部、运营总部、后台服务中心等自建或购买办公用房的，按建房核算成本或购房合同价格的2%给予一次性补助，最高不超过1000万元；租赁办公用房的，3年内每年按房屋租金的30%给予补助，累计补助额不超过500万元

二、促进股权投资（管理）企业发展的扶持政策

本扶持政策所称股权投资（管理）企业，是指依法进行工商登记，注册地和税

收户管地均在我市，企业名称、经营范围表述为“股权投资”或“股权投资管理”，且在发改部门或中国证券投资基金业协会进行备案管理的相关机构。

对股权投资(管理)企业，按照其实缴注册资本规模或实际募集资金规模给予补助，补助资金按两个会计年度进行分期支付，第一年支付30%，第二年支付70%。申请补助的股权投资(管理)企业，自注册之日起，两年内投资额度应达到注册资本(募集资金)总额的30%以上，其中投资我市实体经济的资金比例不低于投资额度的30%。

(一)以公司制形式设立的股权投资企业，实缴注册资本30亿元(含)以上的，补助1500万元；15亿元(含)至30亿元的，补助1000万元；5亿元(含)至15亿元的，补助500万元；3亿元(含)至5亿元的，补助100万元

(二)以合伙制形式设立的股权投资企业，根据其实际募集资金规模，对合伙企业委托的股权投资管理企业给予补助。实际募集资金50亿元(含)以上的，补助1500万元；30亿元(含)至50亿元的，补助1000万元；10亿元(含)至30亿元的，补助500万元；5亿元(含)至10亿元的，补助100万元

(三)对股权投资企业增资给予一定补助

本扶持政策施行后新设立的企业增资的，参照本项政策第(一)条或第(二)条规定，按增资后达到规模对应的补助标准予以补足；本扶持政策施行前设立的企业增资的，参照本项政策第(一)条或第(二)条规定，仅对其增资部分给予补助。

(四)对符合本项政策第(一)条或第(二)条规定的股权投资(管理)企业自建或购买办公用房的，按建房核算成本或购房合同价格的1.5%给予补助，最高不超过500万元；租赁办公用房的，3年内每年按房屋租金的30%给予补助，累计补助额不超过200万元

(五)市政府财政引导资金参与设立的股权投资(管理)企业享受的资金补助，按政府出资比例相应扣除政府出资部分享受的资金补助

三、促进融资租赁企业发展的扶持政策

本扶持政策所称融资租赁企业，是指注册地和税收户管地均在我市并经中国银监会依法批准设立的金融租赁公司和商务部门依法批准设立的融资租赁公司。

(一)对新设立或新引进的融资租赁企业，实缴注册资本10亿元(含)以上的，补助1200万元；5亿元(含)至10亿元的，补助800万元；2亿元(含)至5亿元的，补助500万元。补助资金按两个会计年度进行分期支付，第一年支付30%，第二年支付70%

(二)对融资租赁企业增资给予一定补助

本扶持政策施行后新设立的企业增资的,参照本项政策第(一)条规定,按增资后达到规模对应的补助标准予以补足;本扶持政策施行前设立的企业增资的,参照本项政策第(一)条规定,仅对其增资部分给予补助。

(三)融资租赁企业为本市企业提供融资服务的,按其当年为本市企业提供融资总额的0.5%给予补助,对每家融资租赁企业的补助额最高不超过500万元。申请补助的融资租赁企业当年累计为本市企业提供融资总额应不少于5000万元

(四)融资租赁企业购入本市先进装备制造企业生产的设备,按实际支付金额的0.5%给予补助,对每家融资租赁企业的补助额最高不超过500万元

(五)对符合本项政策第(一)条规定的融资租赁企业自建或购买办公用房的,按建房核算成本或购房合同价格的1.5%给予补助,最高不超过500万元;租赁办公用房的,3年内每年按房屋租金的30%给予补助,累计补助额不超过200万元

四、促进地方性金融组织发展的扶持政策

本扶持政策所称地方性金融组织,是指在我市设立的小额贷款公司、融资性担保公司、民间融资机构、地方金融资产管理公司、开展信用互助的农民专业合作社、典当行、商业保理公司、权益类交易场所、具有金融属性的大宗商品交易市场等机构和场所。

(一)对新设立或新引进的地方性金融组织,实缴注册资本10亿元(含)以上的,补助1000万元;5亿元(含)至10亿元的,补助600万元;3亿元(含)至5亿元的,补助300万元;1亿元(含)至3亿元的,补助150万元;5000万元(含)至1亿元的,补助60万元。补助资金按两个会计年度分期支付,第一年支付30%,第二年支付70%

(二)对地方性金融组织增资给予一定补助

本扶持政策施行后新设立的地方性金融组织增资的,参照本项政策第(一)条规定,按增资后达到规模对应的补助标准予以补足;本扶持政策施行前设立的地方金融组织增资的,参照本项政策第(一)条规定,仅对其增资部分给予补助。

(三)对新设立的地方性金融组织在依法履行报批程序中产生的包括审计、法律等中介服务费用,给予2万元补助

五、促进金融中介服务机构发展的扶持政策

本扶持政策所称金融中介服务机构,是指注册地和税收户管地均在我市,符

合下列条件并经认定的资产评估和信用评级机构以及达到一定规模和能级的金融法律服务、金融会计服务、金融信息与数据服务、金融保险中介服务、财富管理、金融培训与认证机构中经认定的行业领军企业。

（一）资产评估机构应取得中国证监会授予的从事证券、期货业务资产评估资质

信用评级机构须满足下列条件之一：(1)取得中国人民银行授予的银行间债券市场或信贷市场评级资格；(2)取得中国证监会授予的公司债发行评级资格；3.取得国家发展改革委授予的企业债发行评级资格。

（二）对新设立或新引进的金融中介服务机构购买办公用房的，按购房合同价格的1.5%给予补助，最高不超过200万元；租赁办公用房的，3年内每年按房屋租金的30%给予补助，累计补助额不超过100万元

六、促进企业上市挂牌、直接融资的扶持政策

本扶持政策所称企业，是指注册地和税收户管地均在我市的企业；上市公司是指在沪、深证券交易所以及在境外与我国政府签署证券监管合作备忘录的国家和地区证券交易所上市交易的公司；企业挂牌是指在全国中小企业股份转让系统（以下简称“新三板”）以及经省政府批准的省内区域股权交易市场挂牌。申请资金补助的企业通过首发上市融资、增发融资、发行债券获得的直接融资应主要投资我市。

（一）对拟上市企业根据上市工作实施进程分阶段给予扶持补助

按照当前的审核机制，拟上市企业在中国证监会山东监管局完成报备并正式进入辅导期的，补助150万元；中国证监会受理上市申报材料的，补助150万元；企业上市成功的，补助200万元。新迁入我市企业3年内成功上市的，除享受企业上市各项补助外，另补助100万元

（二）对通过借壳、买壳、吸收合并等资产重组形式实现上市的企业，一次性补助500万元；对在境外证券交易所上市的企业，一次性补助500万元

（三）对首发上市的公司按融资额（含通过借壳、买壳、吸收合并等资产重组形式上市的公司首次增发实现的融资额）给予补助：融资额达到10亿元（含，折合人民币，下同）以上的，补助80万元；达到5亿元（含）、不足10亿元的，补助50万元；不足5亿元的，补助20万元

（四）对拟上市公司按照上市要求进行财务调整规范而增加的地方经济贡献，按其贡献的一定比例予以补助。拟上市公司按其贡献的90%给予补助，补助总额不超过500万元；拟上市公司的自然人股东按其贡献的60%给予补助，补助总额不超过200万元

(五)对在全国中小企业股份转让系统挂牌的企业,一次性补助150万元;新三板挂牌后实施股票融资的,按实际融资额的3‰给予补助,每家企业每年补助额最高不超过30万元。对在省政府批准的省内区域股权交易市场挂牌的企业,一次性补助20万元

(六)鼓励企业进行债券融资。对发行公司债券、企业债券的,按实际融资额的2‰给予补助,每家企业每年补助额最高不超过50万元

(七)对由区域股权交易市场转到新三板挂牌、由区域股权交易市场或新三板进入上市程序的企业,参照本项政策第(一)条或第(五)条规定的补助标准予以补足

(八)市金融办、财政局每年度对各县(市)区(含济南高新区,下同)资本市场发展和企业上市挂牌工作进行考核,根据考核情况给予一定奖励。对各县(市、区)在推进企业上市挂牌过程中组织的各类重大活动给予适当补助

七、促进金融创新发展的扶持政策

(一)鼓励金融机构支持实体经济发展

将财政性存款与金融机构支持地方经济发展情况挂钩,并将金融机构对当地信贷投放的增量和增速水平作为分配财政性资金存款额度的重要依据。

(二)鼓励金融创新

对在争取国家重大政策支持、改革完善金融体制机制、创新设计金融产品、引进重大金融项目和维护金融稳定等方面作出重要探索取得突出成绩的机构和个人,经综合考核评定后予以奖励。

(三)推动组建金融控股集团

由市财政出资,利用现有产业引导资金、基金以及金融企业中的政府股权和资产,以“财政资金+金融资本”的形式吸引各类投融资平台和市属金融企业,推动组建济南金融控股集团。通过市场运作方式参股或控股其他金融机构,以推动金融机构、金融资源和金融人才集聚。鼓励有条件的县(市、区)组建金融控股集团(公司),并给予政策支持。

八、促进金融人才集聚的扶持政策

(一)安家补助

对新设立或新引进的法人金融机构、法人金融机构一级分公司、区域金融总部机构以及法人金融机构职能总部、运营中心、后台服务中心等的高管人员(原则上每家法人金融机构不超过5人,其他机构不超过3人),实缴注册资本5亿元(含)以上的融资租赁公司、实缴注册资本5亿元(含)以上的公司制形式的股

权投资企业或实际管理资本达到10亿元(含)以上的公司制形式的股权投资管理企业高管人员(原则上每家1人),参照《济南市引进海内外高层次人才规定》(济政发[2009]13号),给予一次性安家补助20万元。

(二)工作性补助

对新设立或新引进的法人金融机构、法人金融机构一级分公司、区域金融总部机构以及法人金融机构职能总部、运营中心、后台服务中心等的高管人员(原则上每家法人金融机构不超过5人,其他机构不超过3人),实缴注册资本5亿元(含)以上的融资租赁公司、实缴注册资本5亿元(含)以上的公司制形式的股权投资企业或实际管理资本达到10亿元(含)以上的公司制形式的股权投资管理企业高管人员(原则上每家1人),3年内每年给予12万元工作性补助。

(三)获得安家补助或工作性补助的高管人员

参照《济南市引进海内外高层次人才规定》(济政发[2009]13号)享受工商、税务、海关、银行、教育、卫生、户籍等绿色通道待遇。其未成年子女由异地、国(境)外转入我市就学入托的,由市教育局负责协调安置入学(园);高管人员(包括其配偶、父母)在指定市级医疗机构享受医疗优先待遇。

九、相关规定

(一)对我市区域性金融中心建设具有重要意义的重大项目,采取"一事一议"的办法给予特别优惠补助

(二)本扶持政策与其他相关政策不重复享受,实施细则另行制定

本扶持政策涉及的各项补助费用,由市本级与金融业相关企业纳税所在县(市、区)按5∶5的比例共同分担。设立市区域性金融中心建设专项扶持资金,列入年度财政预算,用于市级财政承担的补贴。各县(市)区原则上不再另行制定财政扶持政策,重点做好相关服务工作。

(三)享受本扶持政策的企业,应承诺持续在我市进行金融业经营活动,如确需迁离本市的,须提前告知并退还享受的补助资金

自建或购买办公用房的,在经营期内不得将办公用房对外租售和改变用途。企业因违规违法造成不良后果的,取消其享受本扶持政策的资格,已享受的补助须全额追还。

(四)本扶持政策自2016年1月1日起施行,与之前有关政策不一致的,以本扶持政策为准。今后,如国家和省调整相关政策,按调整后的政策执行

附录三　创新主体和平台

济南高新区典型创新平台介绍

一、千万亿次超级计算平台

千万亿次超级计算平台于 2011 年由科技部批准、山东省科学院主导建设成立，总投资 7.5 亿元，是全国六大国家超级计算中心之一，是国内首个全部采用国产中央处理器(CPU)和系统软件构建的超级计算机平台。

平台由 100 多人组成的专业技术团队进行专业化、市场化运营。团队成员都来自超级计算关键技术研究、开发、技术支持和应用服务相关专业领域，硕士以上学历人员超过 70%。设置平台运行部、科技计算部、工程计算部、综合管理部 4 个部门，并由全球 20 多位院士专家组成专家委员会提供技术指导。主要面向海洋科学、信息安全、气候气象、工业设计、生物信息、航空航天等领域，提供模拟仿真和计算服务，已形成一批世界领先的科技成果。累计已为省内外 400 多家用户单位提供 6000 多批次服务，平台利用率达 70%以上，基本上处于满负荷运转。

千万亿次超级计算平台是高新区专业化、市场化运营的典范，其管理运行模式值得推广复制。具体表现在三个方面：一是由专业技术团队管理运行，运行效率高、服务效果好；二是平台自生长能力强，40%的运行经费来自专业化服务收入；三是专业化增值服务能力强，平台发挥超级计算应用、仿真模拟等技术优势，面向战略新兴产业、前沿技术等多领域提供服务。

二、软件与信息服务外包公共服务平台

软件与信息服务外包公共服务平台于 2004 年由国家发改委出资 3000 万元、济南高新区齐鲁软件园发展中心主导建设成立，此后每年通过项目申报的方

式获取专项资金用于平台的升级扩建。截至目前，平台拥有设备资产 8000 多万元，累计资产超过 2 亿元。

平台委托省科技厅下属事业单位山东省软件评测中心运营管理，软件评测中心拥有 20 多人的技术团队，其中平台运营维护人员 3～5 人，主要负责日常维护、测试技术支持、等。平台免费向园区企业提供硬件资源和线上云服务两项服务，硬件资源方面拥有 4U 服务器 50 余台，主要给韩都衣舍、汉高等企业提供服务；线上云服务平台于 2011 年正式建成运营，可为企业提供软件开发、过程管理、测试和应用、外包服务等技术支持环境，目前利用率不高。目前平台资源整体利用率达到 70%。

软件与信息服务外包公共服务平台有效地推进高新区电子信息产业集群壮大，它显著降低企业成本、提高研发效率，吸引集聚电子信息企业，提高了产业集聚度。

三、集成电路设计平台

集成电路设计平台于 2008 年由省属事业单位山东省信息通信技术研究院主导，联合国家信息通信国际创新园共建成立，是国家级集成电路设计产业化基地配套工程。2014 年，为了配合联暻半导体招商项目落地，高新区财政出资 7000 余万元提高平台仪器设备配置。截至目前，平台累计投入 1 亿元。

平台配有 Synopsys、Cadence 等业界先进的整套 EDA 设计工具，建有 EDA 工作室、机房、测试实验室等硬件资源，配备 SUN 工作站和服务器、25T 网络储存磁盘阵列、晶元基台等设施，主要为集成电路设计企业提供软、硬件支持。平台有效地集聚集集成电路相关企业，带动高新区集成电路产业发展壮大，截至 2016 年年底，累计为华芯、概伦、鼎润等 20 家企业的 180 个产品提供支撑服务。

集成电路设计平台资源配备水平领先，但平台运行效率和公共性有待进一步提升。

四、通信测试平台、数字媒体技术平台、物联网嵌入式研发平台和卫星通信研发平台

通信测试平台、数字媒体技术平台、物联网嵌入式研发平台、卫星通信研发平台由山东省财政厅投资、省属全额事业单位山东省信息通信技术研究院主导建成，每年省财政厅单列平台运营费用预算。截至目前，四个平台共有资产 1142 套，累计总投资超过 1.6 亿元。

山东省信息通信技术研究院委托第三方运营公司负责四个平台的日常管理，每年向运营企业支付费用 120 万元。运营公司安排 3 人进行“物业式管理”，

负责设备开关、看管，不提供专业维护、调休、技术指导等服务。园区企业可通过线上预约，免费试用平台上的仪器设备。四个平台累计服务企业数达448家。

五、国家综合性新药研发技术大平台

国家综合性新药研发技术大平台于2010年由济南高新技术创业服务中心在济南药谷开工建设，2016年正式投入运营，总投资1.4亿元，建筑面积1.2万平方米，是全国15个国家综合性新药研发技术大平台之一，肩负着我国实现药物研究和医药产业由仿制为主向自主创新转变，逐步发展成为“医药强国”的重大使命。

大平台包括分析测试平台、药代动力学研究平台、分子生物学平台、中药创新药研发平台、药械结合平台、药物合成平台等六大子平台，由6家生物医药细分领域的专业公司代运营。拥有112个大小不同的功能实验室，汇集国内外一流仪器设备130多台，集聚中国海洋大学、山东大学、山东中医药大学、山东省药科院等多所高等院校和科研机构。大平台以创新券和平台使用券等支持政策为基础，主要面向小微企业提供仪器设备共享、药物检测等优惠服务，累计已为高新区生物医药类企业提供服务2000多次。

国家综合性新药研发技术大平台是国家药物创新体系的重要支撑平台、济南市“打造四个中心”的重要环节，战略位势高，资源集聚能力较强，对高新区生物医药中小微企业有一定的服务支撑作用。

六、生物医用材料与组织工程公共服务平台

生物医用材料与组织工程公共服务平台由济南高新技术创业服务中心与磐升生物技术有限公司(以下简称“磐升”)联合共建，总投资4600万元，重点为新药研发产业链前端的科技企业提供专业孵化育成服务。

平台依托磐升在创业孵化、天使投资、建海外平台、开放式合作创新等方面所积累的丰富经验，集聚哈佛医学院、新加坡南洋理工大学等20余所国际顶级医学机构，面向区内外生物医药领域的尖端创业者、创业团队、初创企业等提供专业技术服务(包括医药信息检索、查询、出具CNAS检测报告、CRO咨询等)、投融资服务(股权投资、小额贷款、数据库支持等)及多元化增值服务，在高新区打造出“平台型企业＋平台＋专业技术服务”的创业孵化新模式。平台采取“区内企业优惠化收费、区外企业市场价收费、创业企业不收费”的服务方式，截至目前，服务企业20余家，服务频次110多次，有力支持了生物技术企业研发创新。

生物医用材料与组织工程公共服务平台有力推动了高新区生物医药初创企业的快速发展，是政企合作建设的成功典范。具体表现在三个方面：一是平台通

过服务收费、申报课题、项目投资等获取收益，大大提升了平台自成长能力；二是平台为海外人才、创业团队、高端项目提供全链条孵化服务，逐渐成为高新区孵化经济内生驱动力；三是平台在入住要求上有着严格的入孵标准、入孵流程、孵化政策和毕业标准。

济南高新区主要孵化器名录

1.济南高新技术创业服务中心

类型：众创空间＋孵化器＋加速器

行业：综合性

地址：济南高新区港兴三路北段济南药谷

电话：0531-88037858

微信公众号：gh_Odfd46a388e8

官网：http://www.jnbi.cn/

济南高新技术创业服务中心成立于1992年10月，是科技部“国家级高新技术创业服务中心”“国家高新区先进孵化服务机构”、济南留学人员创业园、全国首批“国家级留学人员创业园”。济南药谷孵化基地共计12万平方米，软硬件设施齐全。创服中心“济南药谷”孵化器重点聚焦孵化培育，通过培育人才、技术、产品等方式，力争形成一个“集成性的创新创业平台、辐射性的创新服务枢纽、互动性的创新创业生态圈”，形成具有特色的区域创新发展创业孵化示范基地。

特色孵化模式：(1)建立企业联系人制度，引进中介服务机构，建立多层次融资方式，为企业提供基础孵化服务。(2)实现平台技术共享：依托国家(山东)重大新药创制平台(以下简称“大平台”)作为新药研发的技术支撑，重点打造医药中试、OEM、医药销售、医药物流、国际合作五大公共服务平台，相继建设和整合生物医药科技创新、信息服务、专业分析检测技术、医药销售及第三方医药物流等43个专业平台。(3)拓宽高端人才引进渠道，提供引智服务：打造国际人才项目云平台，通过搭建基于互联网的“虚拟面对面”洽谈平台，解决引才招商、项目洽谈中因为距离而产生的信息不对称、时间和差旅成本高、参与范围窄等问题。(4)开展国际间交流与合作，促进企业国际化发展：充分发挥中国-乌克兰高科技合作园及海外科技人才创业基地的优势，同时与海外数十个国家和地区的华人协会、中国留学生同学会、民间华人企业组织、美国梅森企业孵化研究中心、硅谷信息企业协会、德国中小企业协会、芬兰万达国际中心、新西兰怀卡托创新园等建立战略合作关系等。

孵化成果：创服中心济南药谷孵化基地自启动以来，累计孵化中小科技企业

562余家;在孵企业241家,200余家企业孵化毕业,孵化成活率达82.4%。累计转化高新技术项目500余项,其中210余项处于国内领先水平,100余项处于国际先进水平;申请专利1330余项,其中发明专利420余项。

2.济南中德中小企业协同创新中心

类型:孵化器

行业:装备制造、电子信息等

驻济联络办公室:山东省济南市高新区新泺大街1768号齐鲁软件园大厦B601室

海外办公室:德国莱茵费尔登-埃希特丁根卡尔斯鲁厄3号

电话:0531-88876275

微信公众号:gh_784c7584d824

官网:http://www.jadepark.org/

2016年9月,济南在德国斯图加特地区埃希特丁根市建立第一家海外科技孵化器——济南中德中小企业协同创新中心,旨在推进中德双方在智能制造、机器人平台、汽车、信息通信技术、环保技术等领域的交流与合作。创新中心的建立将推动中德双方的技术合作、产学研结合以及投资、并购等多种模式的协同发展,提升双方企业的综合竞争力。孵化器选址位置位于斯图加特市南部约20公里左右的卫星城市埃希特丁根地区,紧邻斯图加特国际机场及会展中心。

特色孵化模式:协同创新中心以已经与德国合作的济南企业、有意寻找与德国合作的济南企业、有意赴德国拓展市场的济南企业为服务对象,对有对德合作意愿的济南市企业提供免费入驻中心、商务咨询、财务代理、法律事务等服务以及技术咨询、项目对接、技术专利转让、国际化战略咨询服务等增值服务。除此之外,借助创新中心这一平台,组织济南—欧洲的各类交流活动,如企业对接会、资源交流、培训学习等。

孵化成果:创新中心已建成面积约1000平方米,配套企业办公室、多媒体会议室、贵宾室、厨房、休息区等,集聚了以山东和远智能科技股份有限公司、山东晶艺汉荣光电技术股份有限公司以及山东以琳智能科技有限公司为代表的20余家企业,并签订了以基于工业云的数字化工厂工程技术中心项目、有关增强现实技术在3D数字化展示中应用项目为代表的10余个合作项目。

3.智汇蓝海互联网品牌孵化基地

类型:众创空间

行业:互联网产业

地址:山东省济南市高新区鑫盛大厦2号楼22-24层

电话:0755-84571483

微信公众号:szzhihuilanhai

官网:http://www.zhihuilanhai.com.cn/

韩都衣舍电商集团打造的赋能型互联网品牌孵化基地,致力于为处在各发展阶段的互联网品牌提供量身定制、全覆盖式的综合服务,通过完整的服务链条及全方位的创投支持打造完整的互联网品牌生态孵化体系。

服务类型:依托韩都衣舍电商平台,综合利用天猫、京东、唯品会等平台、渠道,为入孵企业提供线上运营、品牌打造、精准营销、仓储物流一体化解决方案、客服全托管解决方案等专业性服务。

特色孵化模式:“场内孵化+云孵化”。“场内孵化”是指企业项目进驻孵化基地物理空间办公,借助孵化基地提供的服务,实现企业项目高速发展的孵化模式,现有52个品牌项目入驻;“云孵化”是指项目团队不需要进驻孵化基地物理空间办公,通过线上沟通和交流进行孵化服务,云孵化现有60个品牌项目。

代表性企业:烩道电商即济南烩道电子商务有限公司,成立于2015年7月,是一家围绕中餐标准化为核心的餐饮类电子商务服务公司,目前,企业年销售额5000万元。

4.圣克拉拉数据联盟公社

类型:众创空间

行业:大数据产业

地址:济南市高新区齐鲁软件园大厦北楼负一层

电话:0531-85550078

官网:http://sdscv.com/index.html

圣克拉拉数据联盟公社(英文名:Santa Clara Valley,简称“SCV”),SCV是一个针对大数据采集、研发和商用为主要发展方向的专业化创客中心,由济南硕邦信息科技有限公司来整体运营。

服务类型:大数据的专业化创客中心,创业项目涉及与大数据相关的数据采集、数据分析、数据商用等领域,并联合了山东温纳信息科技有限公司对专业化开发技术人员进行相关的培训,并可以进行程序员水平测试。

特色孵化模式:(1)资源丰富的现代创业环境、创新科技信息共享、创业团队实时评测、创业项目咨询推广、各种形式的培训、沙龙、项目对接活动等。(2)创业政策指导对接:围绕大数据的数据采集、数据存取、基础架构、统计分析、数据挖掘、模型预测、结果呈现以及项目商用为课题的创业导师授课;SCV于2016年2月被授予“畅思商学院山东分院”,可与深圳前海畅思商学院共享与其签约的国内知名的创业导师和实力雄厚的投融资合作伙伴。

孵化成果:我们将服务创客数及团队数200人次,入驻孵化项目35家,15家在孵项目成立注册企业,创业企业成活率60%。

5.创客药谷

类型:众创空间

行业:生物医药

地址:济南高新区港兴三路北段济南药谷A座22-25层

电话:0531-82375757

官网:http://www.jnckyg.com/

2010年3月由济南创客药谷生物医药产业发展有限公司投资成立。孵化面积约4500平方米,入驻率达80%,在孵企业22家。

特色孵化模式:(1)建有专业的生产和研发中心。其中,生产中心建设3个生产车间和2个公共分析平台,研发中心建设分子生物学实验室、细胞生物学实验室、再生医学实验室等场所,为企业提供专业化平台和仪器设备。(2)与院所共建联合实验室。创客药谷与哈佛医学院皮肤生物学研究中心、山东大学口腔医院等四方共建了“干细胞与转化医学联合实验室(山东)”,为企业提供开放式服务和临床专业化服务。(3)设立1000万元孵化基金,主要投资于生物医药领域。

代表性企业:济南磐升生物技术有限公司。从事人体细胞移植再生与修复皮肤技术的研发和产业化。已成功开发4类产品和1个三类医疗技术,2015年被认定为省级高新技术企业,2016年被评为“中国留学人员创业园百家企业‘最具成长性创业企业’”称号。

6.智库@创吧

类型:众创空间

行业:综合型

地址:山东省济南市高新区鑫盛大厦3号楼8层

电话:0531-58626262

微信公众号:创吧闯吧 zhikuchuangba

2015年8月成立。山东人才创业投资有限公司成立海右科技企业孵化器有限公司,专业运营智库@创吧和海右科技企业孵化器。智库@创吧是山东省内首家投资驱动型众创空间,已通过国家科技部备案。孵化空间面积4000平方米。

特色孵化模式:(1)采用项目经理机制为创业者提供一对一的创业辅导。(2)在投融资方面,由经验丰富的管理人员及创业导师帮助创业者完善商业模式及投融资对接。(3)项目投融资服务多元化,包含种子轮、天使轮、Pre-A 轮、A 轮等,并对优质项目或企业推荐天使投资人进行投资参股。

孵化成果:企业入驻率达 95%,在孵企业 35 家,累计毕业企业 3 家;承办了山东省"智库杯·青春@科技创吧"创意设计大赛等活动,累计组织 100 多次创新创业活动;智库@创吧已对 3 个项目进行风险投资/股权置换。

7.迪亚科技企业孵化器

类型:众创空间+孵化器+加速器

行业:电子信息、生物医药

地址:济南市高新区颖秀路 2766 号

电话:0531-55721027

官网:http://www.jndysy.com/

济南迪亚实业有限责任公司成立于 1998 年,注册资本 2000 万元,创业孵化面积 73000 平方米。迪亚孵化器为"国家级科技企业孵化器""国家小型微型企业创业创新示范基地""国家级众创空间""省级科技成果转移转化服务机构",参与起草制定了"科技企业孵化器国家标准"。

特色孵化模式:(1)迪亚孵化器积极推进"创业苗圃-孵化器-加速器"全链条创业孵化载体建设,推动"创客+投资"的孵化服务模式。孵化器征地 150 余亩(约 10 万平方米),计划投资 5 亿元,建设 15 万平方米的孵化加速器,可满足 30 家以上高成长型企业的创业发展空间需求。同时,孵化器也正在进行澳大利亚海外孵化孵化器的规划建设。(2)投融资服务,建立了 2000 万元创业孵化基金,为入驻企业提供科技金融和设备融资租赁服务。(3)服务平台:基础服务平台包括创业平台、信息共享平台、创业导师服务平台,专业平台包括国家网络监测中心、53 所新药检测平台、迪亚—英盛分子诊断检测中心公共服务平台等;引进国家知识产权局新一代专利检索及分析系统,对接山东省科技成果转化服务平台,向企业提供知识产权和技术交易服务。

孵化成果:孵化器累计引进国家高层次人才 7 人,山东省"泰山学者海外特聘专家"人才 8 人,济南市"5150 计划"人才 64 人,累计申报知识产权 715 项,孵化高新技术企业 44 家,新三板上市企业 3 家。

8.山东同科天地科技企业孵化器

类型:众创空间+孵化器+加速器

行业:生物医药、计算机软硬件、互联网产业

地址:山东省济南市高新区舜风路 322 号

电话:0531-88697217

微信公众号：山东同科天地科技企业孵化器有限公司 SDTKTD

同科天地科技企业孵化器于2008年5月成立。同科孵化器由山东同科天地科技企业孵化器有限公司创办，注册资金300万元，是科技部认定的国家级科技企业孵化器。孵化基地总建筑面积37万多平方米，占地面积47.63亩（约3万平方米），办公及孵化场地面积近6万平方米。

特色孵化模式：同科天地以孵化器为核心，建设"青年创业平台（苗圃）＋孵化器＋专业技术平台＋加速器"一体化的科技创业孵化链条，对不同发展阶段的科技企业，提供差异化服务。（1）为入驻企业提供房屋补贴、场地经营补贴、物业服务补贴及50万元的大学生创业基金和1000万元的种子资金等创业扶持资金政策。（2）与深圳市创新投资集团有限公司、中国高新投资集团公司等9家融投资企业设立了包括风投公司、担保公司、银行机构等机构的同科投融资联盟，设立了上亿元孵化资金，营造了园区内生物医药方向类的金融投资生态环境。（3）以技术联盟的形式，与企业联合组建生物医药开发与中试的公共技术服务平台体系；与济南高新创业服务中心、淄博高新创业服务中心等多个孵化器基地内的专业技术服务平台建立密切的合作关系和共享机制。

孵化成果：孵化器内外高层次创新创业人才180多人，国家高层次人才6人，山东省"泰山学者"4人，济南市"5150"高层次人才24人。化器入驻企业132家，其中培育孵化在孵企业76家（留学人员企业19家，科技孵化企业37家），毕业企业58家，创业团队32家；创业企业申请各项专利136项，发明专利119项；孵化企业累计销售收入3.68亿元。

9.山东博科创业孵化器

类型：众创空间＋孵化器

行业：电子商务、生物医药

地址：山东省济南市高新区工业南路51号

电话：0531-81219878

微信公众号：山东博科生物产业有限公司 gh_68c3fd519de0

官网：http://fwpt.biobase.cn/

山东博科创业孵化器和山东博科众创基地，将软件开发、试剂研发、机械设计和制造、配件生产、市场营销等方面业务暨生物医药上下游行业的业务以培养和引进团队企业化发展的模式展开，打造供需链和销售链，并培育孵化成企业，形成了"众创空间—科技企业孵化器—海外孵化器"的孵化体系、建立了"原材料与配件—生化试剂—生化设备"健康产业链条微生态。

特色孵化模式：（1）孵化器坚持四位一体的运作模式，即创业大赛、创业学院、创业基金、孵化基地四位合一。通过创业大赛筛选出优秀项目和创业团队，经过创业学院专业导师培训，入驻孵化基地，创业基金以入股形式注资，利用现有的生产线、营销经验等资源帮助优秀团队和项目孵化。(2)海外孵化体系，博科以“一带一路”发展为契机，完成七大海外孵化器的建设，完善孵化体系。博科现已在美国硅谷、阿联酋迪拜、印度班加罗尔运营建设了海外孵化器，正在筹备设立埃塞俄比亚、白俄罗斯等海外孵化器。(3)博科孵化器包括三大基地：科技企业基地、电子商务基地、成果转化基地，整合社会资源，为创业者打造一个立体式的孵化器。

代表性企业：山东博科保育科技股份有限公司、山东赛正电气有限公司、山东贝思网络技术有限公司、济南鑫贝西生物技术有限公司、山东中安生物安全检测有限公司等。

10. 山东德风科技企业孵化器有限公司

类型：众创空间＋孵化器

行业：智能制造

地址：济南高新区新泺大街 786 号

电话：0531-88875608

微信公众号：德风孵化器 gh_868dc6c5f310

官网：http://www.dffhq.com/

德风孵化器以山东省智能微电网标准化委员会和全国细分领域唯一产业集群——智能输配电产业集群为依托，以复旦—济南智慧能源研究中心和中国智慧能源产业技术创新战略联盟为支撑，以齐鲁软件园物联网产业基地为基础，以大陆股份 20 多年的信息化技术为背景，联合多家知名服务机构，以办公空间为核心载体，为创业企业提供一站式的创业孵化服务，打造立体循环创业生态园，重点帮助智慧能源领域的创业企业进行市场成果的转化。

特色孵化模式：(1)公共基础服务：企业行政服务、创业辅导服务、企业诊断服务、技术创新服务等。(2)公共服务平台支持，德风孵化器拥有智能仿真培训研究中心，以各类 DCS 系统为基础进行仿真研究与培训。(3)德风孵化器拟整合 2000 平方米空间，规划设立智能微电网展示中心，高新区管委会设立智能微电网专项经费 600 万元，与香港科技园共同建设智能微电网产业园区，打造绿色产业集群。

孵化成果：累计孵化培育企业 83 余家，其中在孵企业 59 家，毕业企业 24 家。

济南高新区重点企业名录

一、电子信息类

序号	企业名称	网址
1	浪潮集团	www. inspur. com
2	积成电子	www. ieslab. cn
3	华天软件	www. hoteamsoft. com
4	中孚信息	www. zhongfu. net
5	神思电子	www. sdses. com
6	晶正电子	www. nanoln. com
7	普联软件	www. pansoft. com
8	山大地纬	www. dareway. com. cn
9	华翼微电子	www. holichip. com

二、生物医药类

序号	企业名称	网址
1	齐鲁制药	www. qilu-pharma. com
2	赛克赛斯	www. successyaoye. com
3	华熙生物	www. bloomagebio-tech. com
4	磐升生物	www. chinapantheon. net
5	和美华农牧科技	www. hemeihua. com
6	福瑞达生物	www. fruida. com. cn
7	银丰生物	www. yfswjt. com
8	轩竹医药	www. xuanzhupharm. com
9	英盛生物	www. ivdys. com
10	九州通医药	www. jztey. com

三、智能装备

序号	企业名称	网址
1	中国重汽	www. cnhtc. com. cn
2	临工重机	www. lgmg. com. cn
3	鲁能智能	www. lnint. com
4	中车风电	www. crrcgc. cc
5	太古飞机	www. staeco. com
6	法因数控	www. fincm. com
7	桑乐太阳能	www. sangle. com
8	宝雅新能源	www. baoya-ev. com
9	邦德激光	www. bodor. cn
10	山东电工电气	www. sdee. sgcc. com. cn
11	易恒技术	www. sdyiheng. com
12	大陆机电	www. china-dalu. com
13	费斯托气动	www. festo. com. cn
14	斯凯孚	www. skf. com. cn

四、新兴服务业

序号	企业名称	网址
1	韩都衣舍	ww. handu. com
2	世纪开元	www. 36588. com

主要参考文献

一、中文文献

[1]杜德斌.全球科技创新中心：动力与模式[M].上海人民出版社，2015.

[2]杨虎涛.演化经济学讲义：方法论与思想史[M].科学出版社，2011.

[3]曹如中，刘长奎，曹桂红.基于组织生态理论的创意产业创新生态系统演化规律研究[J].科技进步与对策，2011，28(3)：64-68.

[4]曾国屏，苟尤钊，刘磊.从“创新系统”到“创新生态系统”[J].科学学研究，2013(01)：4-12.

[5]陈畴镛，胡枭峰，周青.区域技术创新生态系统的小世界特征分析[J].科学管理研究，2010，28(5)：17-20.

[6]陈健，高太山，柳卸林等.创新生态系统：概念、理论基础与治理[J].科技进步与对策，2016(17)：153-160.

[7]陈劲.从创新经济学到创新的政治经济学：对熊彼特创新理论的再理解[J].演化与创新经济学评论，2016(02)：60-70.

[8]陈衍泰，孟媛媛，张露嘉等.产业创新生态系统的价值创造和获取机制分析——基于中国电动汽车的跨案例分析[J].科研管理，2015(s1)：68-75.

[9]陈瑜，谢富纪.基于Lotka-Voterra模型的光伏产业生态创新系统演化路径的仿生学研究[J].研究与发展管理，2012，24(3)：74-84.

[10]杜勇宏.基于三螺旋理论的创新生态系统[J].中国流通经济，2015，29(1)：91-99.

[11]郭立新，陈传明.模块化网络中企业技术创新能力系统演进的驱动因素——基于知识网络和资源网络的视角[J].科学学与科学技术管理，2010，31(2)：59-66.

[12]贺团涛，曾德明.知识创新生态系统的理论框架与运行机制研究[J].情报杂志，2008，27(6)：23-25.

[13]胡京波，欧阳桃花，谭振亚等.以SF民机转包生产商为核心企业的复杂产品创新生态系统演化研究[J].管理学报，2014，11(8)：1116.

[14]黄鲁成.区域技术创新系统研究：生态学的思考[J].科学学研究，2003，21(2)：215-219.

[15]李丁.创新生态系统[J].21世纪商业评论，2006(5)：15-15.

[16]李其玮，顾新，赵长铁.创新生态系统研究综述：一个层次分析框架[J].科学管理研究，2016(01)：14-17.

[17]李万，常静，王敏杰等.创新3.0与创新生态系统[J].科学学研究，2014(12)：1761-1770.

[18]李湘桔，詹勇飞.创新生态系统——创新管理的新思路[J].电子科技大学学报(社科版)，2008，10(1)：45-48.

[19]李政刚.区域创新创业生态体系成熟度评价：例证7个国家级新区[J].长春大学学报，2018(01)：35-40.

[20]刘刚，张再生，吴绍玉.创新生态系统的生成机理与运行模式研究——基于美国硅谷和天津高新区的对比分析[J].科学管理研究，2017(6)：32-35.

[21]刘洪久，胡彦蓉，马卫民.区域创新生态系统适宜度与经济发展的关系研究[J].中国管理科学，2013，21(S2)：764-770.

[22]刘友金，易秋平.区域技术创新生态经济系统失调及其实现平衡的途径[J].系统工程，2005，23(10)：97-101.

[23]刘志春，陈向东.科技园区创新生态系统与创新效率关系研究[J].科研管理，2015(02)：26-31.

[24]潘剑英.科技园区创业生态系统特征与企业行动调节机制研究[D].浙江大学，2014.

[25]刘志峰.区域创新生态系统的结构模式与功能机制研究[J].科技管理研究，2010(21)：9-13.

[26]吕一博，蓝清，韩少杰.开放式创新生态系统的成长基因——基于iOS、Android和Symbian的多案例研究[J].中国工业经济，2015(5)：148-160.

[27]吕玉辉.企业技术创新生态系统探析[J].科技管理研究，2011，31(16)：15-17.

[28]欧忠辉，朱祖平，夏敏等.创新生态系统共生演化模型及仿真研究[J].科研管理，2017(12)：49-57.

[29]沈如茂，董纪昌，李建博.区域创新创业生态系统的研究综述[J].科技促进发展，2017(12)：963-973.

[30]孙冰，徐晓菲，姚洪涛.基于MLP框架的创新生态系统演化研究[J].

科学学研究,2016(08):1244-1254.

[31]覃荔荔,王道平,周超.综合生态位适宜度在区域创新系统可持续性评价中的应用[J].系统工程理论与实践,2011,31(5):927-935.

[32]汪锦熙.高新技术产业创新生态系统创新培育影响因素研究[J].技术与创新管理,2018(02):148-152.

[33]汪志波.产业技术创新生态系统演化机理研究[J].生产力研究,2012(3):192-194.

[34]王宏起,汪英华,武建龙等.新能源汽车创新生态系统演进机理——基于比亚迪新能源汽车的案例研究[J].中国软科学,2016(4):81-94.

[35]王娜,王毅.产业创新生态系统组成要素及内部一致模型研究[J].中国科技论坛,2013,1(5):24-29.

[36]吴绍波,顾新.战略性新兴产业创新生态系统协同创新的治理模式选择研究[J].研究与发展管理,2014,26(1):13-21.

[37]吴绍波,刘敦虎,彭双.战略性新兴产业创新生态系统技术标准形成模式研究[J].科技进步与对策,2014(18):68-72.

[38]武建龙,于欢欢,黄静等.创新生态系统研究述评[J].软科学,2017,31(3):1-3.

[39]杨荣.创新生态系统的功能、动力机制及其政策含义[J].科技和产业,2013(11):139-145.

[40]余建清,吕拉昌.城市创新生态系统指标体系的构建及其比较研究——以广州和深圳为例[J].规划师,2011,27(3):99-103.

[41]詹志华,王豪儒.论区域创新生态系统生成的前提条件与动力机制[J].自然辩证法研究,2018(03):43-48.

[42]张贵,刘雪芹.创新生态系统作用机理及演化研究——基于生态场视角的解释[J].软科学,2016(12):16-19.

[43]张利飞.高科技产业创新生态系统耦合理论综评[J].研究与发展管理,2009,21(3):70-75.

[44]张利飞.高科技企业创新生态系统平台领导战略研究[J].财经理论与实践,2013,34(4):99-103.

[45]张运生.高科技产业创新生态系统耦合战略研究[J].中国软科学,2009(1):134-143.

[46]赵放,曾国屏.多重视角下的创新生态系统[J].科学学研究,2014(12):1781-1788.

[47]冯志军.中国制造业技术创新系统的演化及评价研究[D].哈尔滨工程

大学,2012.

[48]黄春萍.基于CAS理论的企业系统演化机制研究[D].河北工业大学,2007.

[49]林婷婷.产业技术创新生态系统研究[D].哈尔滨工程大学,2012.

[50]张仁开.上海创新生态系统演化研究[D].华东师范大学,2016.

[51][荷]弗罗门著,李振明,刘社建等译.经济演化:探究新制度经济学的理论基础[M].经济科学出版社,2003.

[52][美]罗恩·阿德纳著,秦雪征等译.广角镜战略:企业创新的生态与风险[M].译林出版社,2014.

二、外文文献

[1]Adner R,Kapoor R. Innovation Ecosystems and the Pace of Substitution: Re-examining Technology S-curves[J]. Strategic Management Journal, 2016,37(4):625-648.

[2]Adner R. Match Your Innovation Strategy to Your Innovation Ecosystem[J]. Harv Bus Rev,2006,84(4):98-107.

[3]Alexy O, Reitzig M. Private-collective Innovation, Competition, and Firms' Counterintuitive Appropriation Strategies[J]. Social Science Electronic Publishing,2013,42(4):895-913.

[4]Allan Afuah. Innovation Management: Strategies, Implementation, and Profits[J]. Advances in Competitiveness Research,1998,6(6):578-580.

[5]Almirall E,Lee M,Majchrzak A. Open Innovation Requires Integrated Competition-Community Ecosystems: Lessons Learned from Civic Open Innovation[J]. Business Horizons,2014,57(3):391-400.

[6]Athreye S. Agglomeration and Growth: a Study of the Cambridge hi-tech Cluster[J]. 2001(5): 46-51.

[7]B. Carlsson, R. Stankiewicz. On the Nature, Function and Composition of Technological Systems[J]. Journal of Evolutionary Economics, 1991, 1(2): 93-118.

[8]Bergek A,Jacobsson S,Bo C,et al. Analyzing the Functional Dynamics of Technological Innovation Systems: A Scheme of Analysis[J]. Research Policy,2008,37(3):407-429.

[9]Bieber M, Engelbart D, Furuta R, et al. Toward Virtual Community Knowledge Evolution[J]. Journal of Management Information Systems, 2002,

18(4): 11-35.

[10]Breschi S,Malerba F. Sectoral Innovation Systems: Technological Regimes,Schumpeterian Dynamics,and Spatial Boundaries[J]. C Edquist Systems of Innovation Technologies Institutions & Organization,1997(5):55-64.

[11]Carayannis E G,Kaloudis A. A Time for Action and a Time to Lead: Democratic Capitalism and a New"New Deal" for the US and the World in the Twenty-first Century[J]. Journal of the Knowledge Economy, 2010, 1(1): 4-17.

[12]Carland J A C,Carland J W. Innovation: The Soul of Entrepreneurship[J]. Small Business Institute Journal,2009,3(1):4-10.

[13]Castellacci F. Technological Paradigms, Regimes and Trajectories: Manufacturing and Service Industries in A New Taxonomy of Sectoral Patterns of Innovation[J]. Mpra Paper,2007,37(6):978-994.

[14]Davide Chiaroni, Vittorio Chiesa, Federico Frattini. Investigating the Adoption of Open Innovation in the Bio - pharmaceutical Industry[J]. European Journal of Innovation Management,2009,12(3):285-305.

[15]Du J,Leten B,Vanhaverbeke W. The up-and Downsides of R&D Collaboration in Core AndnonCore Technologies[J]. Academy of Management Annual Meeting Proceedings,2013,2013(1):17416-17416.

[16]Edquist C. Reflections on the Systems of Innovation Approach[J]. Science & Public Policy,2004,31(6):45-49.

[17]Edquist C. Systems of Innovation: Technologies,Institutions and Organizations[J]. Social Science Electronic Publishing,1997,41(1):135-146.

[18]Estrin J. Closing the Innovation Gap: Reigniting the Spark of Creativity in a Global Economy[J]. Business Horizons,2008,52(5):513-514.

[19]Fagerberg J. Innovation: A Guide to the Literature[J]. Working Papers on Innovation Studies,2003:1-26.

[20]Freeman C. Innovation and the Strategy of the Firm[J]. The Economics of Industrial Innovation. Harmondsworth: Penguin Books,1974: 224-88.

[21]Freeman C. Technical Innovation,Diffusion,and Long Cycles of Economic Development [M]. The Long-Wave Debate. Springer, Berlin, Heidelberg,1987.

[22]Fukuda K,Watanabe C. Japanese and US Perspectives on the National Innovation Ecosystem[J]. Technology in Society,2008,30(1):49-63.

[23]Galli R, Teubal M. Paradigmatic Shifts in National Innovation Systems[J]. Edquist Ch. Systems of Innovation. Technologies Institutions, 1997 (5):4-12.

[24]Gawer A. Bridging Differing Perspectives on Technological Platforms: Toward an Integrative Framework[J]. Research Policy, 2014, 43(7): 1239-1249.

[25]Gerald Silverberg, Doris Lehnert. Long Waves and 'evolutionary chaos' in A Simple Schumpeterian Model of Embodied Technical Change[J]. Structural Change & Economic Dynamics, 1993, 4(1):9-37.

[26]Henry Chesbrough, Joel West. Open Innovation: Researching a New Paradigm[J]. Wim Vanhaverbeke, 2006, 84(4):1259-1259(1).

[27]Hu J L, Yang C H, Chen C P. R&D Efficiency and the National Innovation System: An International Comparison Using the Distance Function Approach[J]. Bulletin of Economic Research, 2014, 66(1): 55-71.

[28]Jimenez-Jimenez D, Sanz Valle R, Hernandez-Espallardo M. Fostering Innovation: the Role of Market Orientation and Organizational Learning[J]. European Journal of Innovation Management, 2008, 11(3): 389-412.

[29]Kapoor R, Lee J M. Coordinating and Competing in Ecosystems: How Organizational Forms Shape New Technology Investments[J]. Strategic Management Journal, 2013, 34(3):274-296.

[30]Keith Jackson. Entrepreneurship, Innovation and Business Clusters [J]. International Journal of Entrepreneurial Behavior & Research, 2012(1): 24-36.

[31]Lengrand L. Innovation Iomorrow: Innovation Policy and the Regulatory Framework: Making Innovation an Integral Part of the Broader Structural Agenda [M]. Office for Official Publications of the European Communities, 2003.

[32]Leydesdorff L, Etzkowitz H. Emergence of a Triple Helix of University-industry-government Relations[J]. Science and Public Policy, 1996, 23(5): 279-286.

[33]Lichtenthaler U. Intellectual Property and Open Innovation: An Empirical Analysis[J]. International Journal of Technology Management, 2010, 52 (3/4):372-391.

[34]M. P. Hekkert, R. A. A. Suurs, S. O. Negro, et al. Functions of Innova-

tion Systems: A New Approach for Analysing Technological Change[J]. Technological Forecasting & Social Change,2007,74(4):413-432.

[35]Malecki E J. Connecting Local Entrepreneurial Ecosystems to Global Innovation Networks: Open Innovation,Double Networks and Knowledge Integration[J]. International Journal of Entrepreneurship & Innovation Management,2011,14(1):36-59.

[36]Malerba,Jurandir. As Independências do Brasil: ponderaes teóricas em perspectiva historiográfica[J]. História,2005,24(1):99-126.

[37]Mantovani A,Ruizaliseda F. Equilibrium Innovation Ecosystems: The Dark Side of Collaborating with Complementors[J]. Social Science Electronic Publishing,2012,62(2):534-549.

[38]Mccarthy D J,Puffer S M,Graham L R,et al. Emerging Innovation in Emerging Economies: Can Institutional Reforms Help Russia Break Through Its Historical Barriers? [J]. Thunderbird International Business Review,2014,56(3):243-260.

[39]Moore J F. Predators and Prey: A New Ecology of Competition. [J]. Harvard Business Review,1993,71(3):75.

[40]Nambisan S,Baron R A. Entrepreneurship in Innovation Ecosystems: Entrepreneurs' Self - Regulatory Processes and Their Implications for New Venture Success [J]. Entrepreneurship Theory & Practice, 2013, 37 (5): 1071-1097.

[41]National Systems of Innovation: Toward A Theory of Innovation and Interactive Learning[M]. Anthem Press,2010.

[42]Nelson R R, Winter S G. In Search of Useful Theory of Innovation [J]. Research policy,1977,6(1): 36-76.

[43]Nelson R R. ,Rosenberg N. Technical Innovation and National Systems[J]. National Innovation Systems: A Comparative Analysis,1993,1: 3-21.

[44]Nelson R R. National Innovation Systems: A Retrospective on a Study[M]. Organization and Strategy in the Evolution of the Enterprise. Palgrave Macmillan UK,1996.

[45]Nelson,Richard R. ,ed. National Innovation Systems: A Comparative Analysis[M]. Oxford University Press on Demand,1993.

[46]Nelson, Richard R. An Evolutionary Theory of Economic Change [M]. Belknap Press,1985.

[47]Oksanen K, Hautamäki A. Transforming Regions into Innovation Ecosystems: A Model for Renewing Local Industrial Structures[J]. Innovation Journal,2014,19(2):Article 5.

[48]Ormala E. Managing National Innovation Systems[J]. Sourceoecd Industry,2014,volume 1999(100):1-112(112).

[49]Patel P,Pavitt K. National Innovation Systems: Why They are Important,and How They Might be Measured and Compared[J]. Economics of Innovation and New Technology,1994,3(1): 77-95.

[50]Persaud A. Enhancing Synergistic Innovative Capability in Multinational Corporations: An Empirical Investigation[J]. Journal of Product Innovation Management,2005,22(5): 412-429.

[51]Porter,M. E. The Competitive Advantage of Nations New York: The Free Press,1990.

[52]Rao R S,Chandy R K,Prabhu J C. The Fruits of Legitimacy:Why Some New Ventures Gain More from Innovation Than Others[J]. Journal of Marketing,2008,72(4):58-75.

[53]Rosenberg N. Factors Affecting the Diffusion of Technology[J]. Explorations in Economic History,2006,10(1):3-33.

[54]Samara E,Georgiadis P,Bakouros I. The Tmpact of Innovation Policies on the Performance of National Innovation Systems: A System Dynamics Analysis[J]. Technovation,2012,32(11):624-638.

[55]Schot J, Hoogma R, Elzen B. Strategies for Shifting Technological Systems: the Case of the Automobile System[J]. Futures,1994,26(10): 1060-1076.

[56]Schumpeter J A. Business cycles [M]. New York: McGraw-Hill,1939.

[57]Schumpeter J A. The Schumpttr: Theory Economic Development [M]. Harvard University Press,1934.

[58]Steven D. Allison,Jennifer B. H. Martiny. Resistance, Resilience, and Redundancy in Microbial Communities[J]. Proceedings of the National Academy of Sciences of the United States of America,2008,105(32):11512-11519.

[59]Still K, Huhtamäki J, Russell M G, et al. Insights for Orchestrating Innovation Ecosystems: The Case of EIT ICT Labs and Data-Driven Network Visualizations[J]. International Journal of Technology Management, 2014, 66

(2/3):243.

[60]Warnke P,Koschatzky K,Dönitz E,et al. Opening Up the Innovation System Framework Towards New Actors and Institutions[J]. Discussion Papers "Innovation Systems and Policy Analysis",2016(11):87-93.

[61]Watanabe C,Fukuda K. Japan's National Innovation System[M]. Wiley Encyclopedia of Management. John Wiley & Sons,Ltd,2015.

[62]Wood D,West J. Evolving an Open Ecosystem: The Rise and Fall of the Symbian Platform[M]// When Do Venture Capitalists Become Board Members in New Ventures? Emerald Group Publishing Limited, 2013: 349-386.

[63]Yin P L,Davis J P,Chhabra Y. Entrepreneurial Innovation: Killer Apps in the Iphone Ecosystem[J]. Social Science Electronic Publishing,2014, 104(5):255-259(5).

致 谢

没有一本书是作者本人能够独立完成的。在本书的写作过程中，我得到了来自各方的支持、鼓励和帮助，值此付梓之际，一并表示感谢。

首先要感谢济南高新区这个创新创业的大平台，在近30年的发展历程中，高新区人大胆地试、勇敢地改、拼命地闯、激情地干，探索出独具特色的创新发展道路，积累了丰富的实践成果、制度成果、理论成果，是本书创作的源头活水、丰厚滋养；其次要感谢济南高新区产业技术创新协同中心这个团结奋斗的创新型团队，短短2年时间，我们围绕打造协同创新生态，在无人走过的地方趟出一条新路，大家一起搜集资料，共同研讨思路，为本书的创作打下了坚实的基础，提供了坚强的支撑；特别要感谢国务院发展研究中心创新发展研究部马名杰部长对本书的写作给予的悉心指导，并在百忙之中为本书作序；还要感谢为本书提供材料和建议的各位领导、专家学者和企业家；最后要感谢家人、朋友的支持和鼓励。

真诚地希望各位读者不吝赐教，对本书提出宝贵的意见和建议，欢迎通过邮箱（wljexc@163.com）与我联系。

王来军

2018年12月